DIVALDO FRANCO

RESPONDE

Editores: *Luiz Saegusa* e *Claudia Zaneti Saegusa*
Direção Editorial: *Claudia Zaneti Saegusa*
Organização: *Claudia Zaneti Saegusa*
Capa: *Mauro Bufano*
Fotografia da Capa: *Stella Carvalho*
Imagem de Capa: *AdobeStock_maxidesign*
Projeto Gráfico e Diagramação: *Mauro Bufano*
Revisão: *Rosemarie Giudilli*
2ª Edição: *2024*
Impressão: *Lis Gráfica e Editora*

Esta obra foi editada anteriormente, com outra capa, mesmo conteúdo, em 2 volumes.

Parte da renda desta obra é revertida à Mansão do Caminho, obra social do Centro Espírita Caminho da Redenção, em Salvador, BA.

Dados Internacionais de Catalogação na Publicação (CIP)
(Câmara Brasileira do Livro, SP, Brasil)

Divaldo Franco responde / organizado por Claudia Saegusa. -- São Paulo : Intelítera Editora, 2024.

ISBN: 978-65-5679-048-0

1. Espíritas 2. Espiritismo 3. Franco, Divaldo Pereira - Médiuns - Entrevistas 4. Médiuns - Brasil I. Saegusa, Claudia.

24-189875 CDD-133.91092

Índices para catálogo sistemático:

1. Médiuns espíritas 133.91092

Tábata Alves da Silva - Bibliotecária - CRB-8/9253

Intelítera Editora
Rua Lucrécia Maciel, 39 - Vila Guarani
CEP 04314-130 - São Paulo - SP
(11) 2369-5377 (11) 93235-5505
intelitera.com.br | facebook.com/intelitera | instagram.com/intelitera

DIVALDO FRANCO

RESPONDE

SUMÁRIO

APRESENTAÇÃO

DIVALDO FRANCO é um orador extraordinário. Parece ter estrelas no céu da boca. Com sua palavra rica de beleza e de luz, encanta e esclarece multidões, em todo o mundo, acerca da Era Nova que se aproxima na Terra.

O presente trabalho traz toda a riqueza espiritual de Divaldo Franco nas diversas entrevistas que concedeu pela televisão.

Tive a dádiva de entrevistá-lo nos programas *Conversando com Divaldo Franco*, na TV Mundo Maior, e *Transição*, na Rede TV, e posso assegurar que fui especialmente tocada por sua imensa sabedoria e paz.

Sem ter conhecimento prévio das questões que lhe seriam submetidas, muitas das quais envolvendo temas de extrema complexidade, Divaldo responde prontamente sobre questões diversas de forma clara, lógica e didática.

Transcrevi alguns programas *Conversando com Divaldo Franco* e *Transição*, além disso, acrescentei perguntas que tratam dos mesmos temas e que foram analisadas em seminários por ele ministrados. Minha gratidão ao amigo Djair Ribeiro pelo precioso auxílio na elaboração de algumas perguntas.

Inseri notas de rodapé, para esclarecimento de leitores que, como eu, não conhecem todos os cientistas, pensadores, filósofos e outras personalidades citadas por Divaldo em suas respostas.

Descubra porque Divaldo Franco é considerado o "semeador de estrelas" e encante-se com seus ensinamentos nas páginas seguintes.

Claudia Zaneti Saegusa

SONHOS

SONHOS PARA O ESPIRITISMO

1 - Freud[1] afirma que os sonhos são expressões do nosso inconsciente. Já outros afirmam que os sonhos nada representam. Como o Espiritismo conceitua o sonho?

Divaldo Franco: Nós damos razão a ambas as correntes, porque os nossos arquivos no inconsciente mantêm as nossas experiências exitosas, as fracassadas e as não realizadas.

Sempre que anelamos por determinada coisa e não a logramos, geramos uma frustração e a arquivamos automaticamente no inconsciente, podendo retornar oportunamente como fenômeno anímico, na mediunidade, em que fazemos a catarse, ou como fenômeno onírico, através do sonho, quando libertamos essa fixação. De certo modo, a grande maioria dos sonhos é constituída pelas impressões que arquivamos e eliminamos no período do sono físico, sem maiores significados.

---

1 **Sigismund Schlomo Freud** (1856-1939), médico neurologista austríaco e judeu, fundador da psicanálise. Freud iniciou seus estudos pela utilização da hipnose como método de tratamento para pacientes com histeria. Ao observar a melhoria de pacientes de Charcot, elaborou a hipótese de que a causa da doença era psicológica, não orgânica. Essa hipótese serviu de base para seus outros conceitos, como o do inconsciente. Freud também é conhecido por suas teorias dos mecanismos de defesa, repressão psicológica e por criar a utilização clínica da psicanálise como tratamento da psicopatologia, através do diálogo entre o paciente e o psicanalista. Freud acreditava que o desejo sexual era a energia motivacional primária da vida humana. Ele abandonou o uso da hipnose em pacientes com histeria, em favor da interpretação de sonhos e da livre associação, como fontes dos desejos do inconsciente. Disponível em: <http://pt.wikipedia.org/wiki/Sigmund_Freud>. Acesso em: 1 de junho de 2010.

SONHOS E EXPERIÊNCIAS ESPIRITUAIS

2 - Alguns sonhos podem ser experiências espirituais?

Divaldo: À luz do Espiritismo, uma grande variedade de sonhos tem outras psicogêneses e podem, por exemplo, ser arquivos do inconsciente profundo, originados em outras reencarnações. Aquelas lembranças ressumam através do perispírito e voltam ao nosso cérebro como sendo imagens atuais, embora sejam de existências passadas.

Também podem ser resultados de fenômenos mediúnicos, graças ao desdobramento parcial do espírito, conforme assevera Allan Kardec,[2] esclarecendo que nesses momentos dão-se encontros espirituais, graças às viagens chamadas astrais – Allan Kardec não usa essa expressão –, não somente com desencarnados, mas com outros ainda reencarnados. Quando retornamos ao corpo somático, é fixado o sonho em nosso cérebro, mantendo as impressões de acordo com a nossa capacidade de lucidez.

Também experienciamos o sonho denominado freudiano, aquele que é defluente da libido, em que as nossas fixações sexuais – o ser humano, mesmo com toda a correção moral, é um animal sexual com o uso da razão – tomam corpo em forma de pesadelos, de acontecimentos não realizados, em conúbios, muitas vezes, tormentosos, resultado das fixações inconscientes, retornando de maneira perturbadora.

---

2 **Hippolyte Léon Denizard Rivail** (Lyon, 1804 - Paris, 1869) teve formação acadêmica em matemática e pedagogia, interessando-se mais tarde pela física, principalmente o magnetismo. Como escritor, dedicou-se à tradução e à elaboração de obras de cunho educacional. Sob o pseudônimo de **Allan Kardec**, notabilizou-se como o codificador do Espiritismo, também denominado de Doutrina Espírita. Disponível em: <http://pt.wikipedia.org/wiki/Allan_Kardec>. Acesso em: 1 de junho de 2010.

SONHOS COM PESSOAS QUE JÁ MORRERAM

3 - Algumas pessoas sonham com entes queridos que já morreram e se perturbam muito com isso. O que dizer a essas pessoas?

Divaldo: Muitas vezes, após o choque traumático da morte de um ser querido, o inconsciente arquiva imagens muito perturbadoras e, naqueles estados posteriores à morte, essas imagens vêm através do sonho atormentar-nos, dando a impressão de que as pessoas estão sofrendo muito ou que nos estão perseguindo, apresentando-se de uma forma deturpada, porque são imagens entorpecidas no inconsciente que se apresentam de maneira conflitiva. No entanto, a experiência tem demonstrado que, na maioria das vezes, são encontros verdadeiros com os seres queridos, o que é muito confortador, porque enseja a oportunidade de ter-se a certeza de que a vida continua.

Eu tenho uma experiência muito curiosa a esse respeito. Faz muitos anos desencarnou um amigo muito querido que frequentava a nossa Casa Espírita, e a família, quase de imediato, começou a desejar notícias, indagando-me como estaria o ser querido.

Eu respondia, invariavelmente: "No momento eu não tenho ideia..."

Esperamos passar o período de transição. Oito ou dez dias depois, o espírito Joanna de Ângelis[3] disse-me: "Nesta noite ire-

3 **Joanna de Ângelis** é a guia espiritual do médium espírita brasileiro Divaldo Franco, entidade à qual é atribuída a autoria da maior parte das suas obras psicografadas. A obra mediúnica de Joanna de Ângelis é composta por dezenas de livros, muitos deles traduzidos para diversos idiomas, versando sobre temas existenciais, filosóficos, religiosos, psicológicos e transcendentais. Dentre as suas obras, destacam-se as da Série Psicológica, composta por mais de uma dezena de livros, nos quais a entidade estabelece uma ponte entre a Doutrina Espírita e as modernas correntes da Psicologia, em especial a transpessoal e junguiana. Disponível em: <http://pt.wikipedia.org/wiki/Joanna_de_%C3%82ngelis>. Acesso em: 1 de julho de 2010.

mos levá-lo para que acompanhe o despertar do nosso querido irmão, no entanto, vou pedir-lhe para que mantenha muito silêncio".

Eu confesso que fiquei um tanto desconcertado, pensando que eu fosse tão barulhento que mesmo em estado de desdobramento parcial pelo sono iria causar perturbação! Mais tarde eu entendi o que a benfeitora espiritual desejara dizer.

Às 23 horas, eu me deitei e recebi passes longitudinais. Não poderia explicar como aconteceu o fenômeno, porém vi-me fora do corpo, parcialmente ao seu lado e, de imediato, sem que eu tenha uma noção lúcida de como fui transportado, vi-me numa região favorecida por uma luminosidade peculiar que não provinha de astro algum. A distância, eu vi uma construção pentagonal de uma matéria transparente que, do lado de fora, me permitia observar o que se passava lá dentro. Era uma clínica de repouso de recém-desencarnados.

A benfeitora conduziu-me, adentramos e, depois de atravessar vários corredores, subitamente eu vi o meu amigo amparado pela sua genitora. Ela encontrava-se sentada no leito e ele no seu regaço.[4] Então senti uma emoção muito grande, e, nesse momento, ele pareceu tremer. Vigilante, a benfeitora observou-me: "Silêncio emocional e mental".

Tratava-se de não emitir ondas perturbadoras, o que é compreensível. Adentramos no que chamaríamos de Clínica de Reabilitação Espiritual, exatamente no momento em que ele despertou, como alguém que acorda de um letargo comum ou de um pós-cirúrgico. Um tanto aturdido, ele foi identificando o ambiente em que se encontrava, subitamente viu o rosto da mãe e exclamou: "Mamãe, você aqui! Eu estou sonhando com você?"

4 Superfície ou concavidade formada pela roupa entre a cintura e os joelhos de pessoa sentada.

Ela respondeu: “Não, meu filho, você já retornou para casa”. “Então, eu morri?” perguntou. “Não, meu filho, você se transferiu do corpo para a vida espiritual, pois que ninguém morre, conforme você recordará, pois que você é espírita.” Ele chorou comovidamente. Fez perguntas a respeito da família, que ela esclareceu com infinito carinho. Então, ele passeou os olhos em volta do quarto e viu-me com o espírito Joanna de Ângelis. Surpreso, perguntou-me: “Divaldo, você também já morreu?” “Ainda não”, respondi-lhe.

Era tão real e vibrante! Então, eu lhe expliquei: “Vim trazido pela benfeitora para levar notícias suas aos familiares”.

Conversamos um pouco e, no dia seguinte, ao despertar, eu estava perfeitamente lúcido, recordando-me do acontecimento.

Telefonei à família e dei-lhes as boas notícias.

Essa é uma ocorrência que se dá amiúde com todas as pessoas em maior ou menor grau, de acordo com a sensibilidade e as leis do mérito, que nos escapam.

SIGNIFICADO DOS SONHOS

4 - Algumas correntes psicanalistas afirmam que os nossos conflitos se refletem nos sonhos e que alguns sinais revelam esse conflito. Somente para exemplificar: sonhos com cobras ou serpentes revelam que a criatura é possuidora de impulsos sexuais reprimidos. Seria isso verdadeiro?

Divaldo: Tudo é relativo. Essa corrente que vê na simbologia os estados dos conflitos de alguma forma também se apoia nas grandes experiências dos doutores Lacan,[5] o célebre francês, e Carl Gustav Jung.[6]

Jung, por exemplo, para poder penetrar em nosso inconsciente, usava das associações, isto é, a pessoa dizia uma palavra e ele apresentava a imagem associada, ou decodificava as informações oníricas e os símbolos que estavam no sonho, que levava os ignorantes a concluir por muitas superstições.

---

5 **Jacques-Marie Émile Lacan** (1901-1981), psicanalista francês. Formado em Medicina, passou da neurologia à psiquiatria, tendo sido aluno de Gatian de Clérambault. Teve contato com a psicanálise através do surrealismo e, a partir de 1951, afirmando que os pós-freudianos haviam se desviado, propõe um retorno a Freud. Para isso, utiliza-se da linguística de Saussure (e posteriormente de Jakobson e Benveniste) e da antropologia estrutural de Lévi-Strauss, tornando-se importante figura do Estruturalismo. Posteriormente encaminha-se para a Lógica e para a Topologia. Seu ensino é primordialmente oral, dando-se através de seminários e conferências. Disponível em: <http://pt.wikipedia.org/wiki/Lacan>. Acesso em: 1 de junho de 2010.

6 **Carl Gustav Jung** (1875-1961), psiquiatra suíço e fundador da psicologia analítica, também conhecida como psicologia junguiana. O conceito de inconsciente já está bem sedimentado na sólida base psiquiátrica de Jung antes de seu contato pessoal com Freud, mas foi com Freud, real formulador do conceito em termos clínicos, que Jung pôde se basear para aprofundar seus próprios estudos. O contato entre os dois homens foi extremamente rico para ambos, durante o período de parceria entre eles. Aliás, foi Jung quem cunhou o termo e a noção básica de "complexo", que foi adotado por Freud. Utilizando-se do conceito de "complexos" e do estudo dos sonhos e de desenhos, Jung passou a se dedicar profundamente aos meios pelos quais se expressa o inconsciente. Em sua teoria, enquanto o inconsciente pessoal consiste fundamentalmente de material reprimido e de complexos, o inconsciente coletivo é composto fundamentalmente de uma tendência para sensibilizar-se com certas imagens, ou melhor, símbolos que constelam sentimentos profundos de apelo universal, os arquétipos: da mesma forma que animais e homens parecem possuir atitudes inatas, chamadas de instintos ("fato" este negado por correntes de ciências humanas, como, por exemplo, em antropologia, o culturalismo de Franz Boas), também é provável que em nosso psiquismo exista um material psíquico com alguma analogia com os instintos. Disponível em: <http://pt.wikipedia.org/wiki/Carl_Yung>. Acesso em: 1 de junho de 2010.

O Livro dos Sonhos, que se apresenta como capaz de interpretá-los, elucida o que significa sonhar com noivado, casamento ou dente cariado, e assim por diante.

Cientificamente é muito complexa a interpretação dos sonhos, porque estão aí o inconsciente, o subconsciente, o ser espiritual, em uma mescla de informações variadas.

Eu confesso que pessoalmente sou muito mais simpático às teses da psicologia profunda de Carl Gustav Jung, porque elas me permitem completá-las com os desdobramentos espirituais. Esses desdobramentos espirituais que Jung começou a estudar, mas não definiu, confirmam que é o ser espiritual que está acima direcionando (*Self*), como em uma pirâmide, deixando que os conflitos se exteriorizem e as aspirações do superconsciente se delineiem.

SONHOS COM CONDUTAS CENSURÁVEIS

5 - Nós podemos transferir isso para pessoas que já têm uma conduta correta enquanto estão acordadas, mas, quando sonham, se veem em situações reprocháveis. Também se aplica o que você explicou?

Divaldo: Tratam-se, esses sonhos deploráveis, de reminiscências de outras existências. No passado, por exemplo, se eu tive determinado comportamento, o mesmo impressionou-me tanto que se me fixou no perispírito como culpa, arrependimento, asco por si mesmo, de tal maneira que, embora não se reflita hoje aquela sensação no estado de lucidez, ao adormecer, o inconsciente libera-o. Trata-se da catarse que faríamos numa sessão psicanalítica. No entanto, esta última recua à concepção, enquanto a primeira atinge as existências pregressas.

LEMBRANÇAS DOS SONHOS

6 - Há sonhos dos quais lembramos somente fragmentos, de outros recordamos com incrível nitidez seus detalhes, outros, ainda, que são muito estranhos e até mesmo dissociados da realidade. Qual a razão dessas diferenças?

Divaldo: Quando nos recordamos dos sonhos é porque os bons espíritos desejam que nos sirvam de diretriz, de advertência ou de roteiro; quando temos apenas fragmentos, é para que nos esforcemos na vigilância. E, quando são verdadeiros delírios, não têm nenhum significado.

SONHOS SEM LEMBRANÇA

7 - E quando nós não nos lembramos de nada?

Divaldo: É algo muito bom. Pessoas me dizem que nunca sonharam. Em realidade, todos sonhamos, mas há certos bloqueios que o espírito experimenta ao retornar ao corpo trazendo as imagens, porque o sonho dá-se quando ele está deslocado ou, então, quando o inconsciente desborda os conflitos. No entanto, em se tratando de um sonho espiritual, ele fica impresso no cérebro, mesmo que a pessoa não tenha lembranças.

Seres amados que desencarnaram, familiares que anelam por um contato sempre se comunicam conosco através dos sonhos. O esquecimento decorre de razões profundas no campo emocional, de conflitos e tormentos interiores.

Os conflitos, às vezes, são tão grandes que bloqueiam as recordações no inconsciente do indivíduo.

PESADELOS

8 - No livro *Nos Bastidores da Obsessão*, o espírito Manoel Philomeno de Miranda[7] ainda estava reencarnado e ele ia, em desdobramento, fazer os trabalhos no mundo espiritual. Ele foi a uma região de muita treva e de baixa vibração, quando voltou, perguntou aos benfeitores: "O que eu vou lembrar?" E eles responderam: "Vai ser como um pesadelo". Então poderíamos dizer que em alguns pesadelos nós estamos no mundo espiritual trabalhando no bem?

Divaldo: Sim. Quando estamos trabalhando em favor do bem, ao retornarmos, temos sensações eufóricas de vermos, por exemplo, pessoas queridas, seres angelicais: Jesus Cristo, Maria Santíssima. É como o nosso cérebro decodifica as imagens com as quais não está familiarizado.

Mas, quando se trata dessas regiões de sofrimento e angústia, como no caso em tela, ao qual Philomeno de Miranda se refere ao Anfiteatro, aquela região terrível que era comandada por um espírito grande hipnotizador, então, recordamos com sensações desagradáveis. As imagens são convertidas em angústia e estados de aflição sem aparente causa.

7 **Manoel Philomeno de Miranda** (1876-1942) foi um contabilista e espírita brasileiro. A partir da década de 1970, o seu nome foi adotado em psicografias, através da mediunidade de Divaldo Franco. Disponível em: <http://pt.wikipedia.org/wiki/Manoel_Philomeno_de_Miranda>. Acesso em: 1 de abril de 2012.

SONHOS E DESDOBRAMENTO

9 - É possível estabelecer uma diferenciação entre sonho e desdobramento? Como a pessoa faz para diferenciar?

Divaldo: Quando tem lógica, sem margem a qualquer confusão, pois o desdobramento é muito claro, tão real ou mais do que no estado de lucidez orgânica.

Nos sonhos, em geral, quase sempre ocorrem determinadas expressões não condizentes, às vezes tem todo um roteiro e um desfecho inesperado, noutras apresentam-se lacunas, enquanto no desdobramento temos a lembrança total, correta e feliz. Eu pessoalmente estabeleci uma diferença: os sonhos em *tecnicólor* são de desdobramento, o espírito vê e imprime no cérebro conforme percebe, enquanto os sonhos em *preto e branco* são aqueles que refletem muito as fixações do nosso inconsciente.

Alguém me perguntou, oportunamente, como seria em *preto e branco*. Quando se narra um sonho e diz-se o que aconteceu sem minúcias, é do inconsciente, enquanto o desdobramento é a vivência em tempo real com detalhes curiosos, como, por exemplo: "Eu vi uma campina verde, era um lugar com tais características", então foi um sonho em *tecnicolor*.

COMO REPROGRAMAR OS SONHOS

10 - Você, em algumas palestras, diz que é possível reprogramar o sonho. Como fazer isso?

Divaldo: Essa é uma proposta da psicologia, que podemos pôr em prática quando o desejarmos.

Quando se tem uma fixação neurótica, uma lembrança de algo culposo, sonha-se sempre com aquele fato desagradável acontecendo, ou com pesadelos que parecem levar à morte, a um acidente, a qualquer efeito grave. Ao despertar-se assustado, bem no momento máximo do acontecimento onírico, a pessoa refaz o sonho e programa o final feliz.

Volta a deitar-se e as últimas impressões transmitidas ao subconsciente fazem que o sonho se repita sem o impacto infeliz de antes.

É certo que não se dará no primeiro tentame. Necessita de muita insistência. Vamos encharcando o inconsciente com a proposta nova e no futuro sonho aquela imagem anterior substituída permitirá que o concluamos de maneira ditosa.

SENSAÇÃO DE QUEDA EM CRIANÇAS E ADOLESCENTES

11 - No caso de crianças e adolescentes, são muito comuns os sonhos em que eles se veem caindo em precipícios. Existe algum significado especial para esses sonhos?

Divaldo: Na criança, o espírito ainda não tomou conta totalmente do cérebro, segundo alguns especialistas como o doutor Banerjee,[8] o que ocorreria entre os sete e dez anos, embora Kardec diga que a reencarnação completa-se no momento da vida extrauterina, o que não quer dizer que o cérebro se apropriou de todos os seus valores transcendentais. Permanece no seu in-

8 **Hemendra Nath Banerjee** (1929-1985), diretor do Departamento de Parapsicologia da Universidade de Rajasthan, Índia, realizou uma série de investigações acerca de diversos casos de crianças que se lembravam de suas vidas anteriores. Publicou o livro *Vidas Pretéritas e Futuras*.

consciente a imagem de queda, de descida, de mergulho, que é a *lembrança* dolorosa da passagem pelo canal vaginal. Nos adolescentes, já são as primeiras reminiscências de acontecimentos anteriores, em que a culpa ainda não se manifestou, assim como a responsabilidade e o arrependimento ainda não se conscientizaram. Então o cérebro decodifica esse tipo de conflito como uma queda no abismo, onde vai despedaçar-se ou afogar-se. É o caso de reprogramação do sonho, caso seja repetitivo.

SENSAÇÃO DE QUEDA EM ADULTO

12 - E quando o adulto sonha que está caindo?

Divaldo: Significam, invariavelmente, conflitos de culpa de que a pessoa tem necessidade de libertar-se. Em razão disso, surgem esses tipos de pesadelos terríveis, especialmente de quedas, ou quando, ao contrário, há sensações de liberdade e de paz interior, sonha-se que se está voando, em verdadeiro desdobramento espiritual.

SONHOS E OBSESSÃO

13 - Através dos sonhos pode haver uma interferência de um campo obsessivo?

Divaldo: Normalmente, para os espíritos atrabiliários e muito endividados, os seus adversários utilizam-se desse momento de parcial desprendimento para apavorá-los e fazê-los despertar assustados, criando inibições, episódios de insônia, e de tal forma se repetem essas aparições tormentosas que o paciente passa a ter transtornos complexos na emoção, derrapando nas obsessões ou depressões.

SONHOS PERTURBADOS

14 - Uma noite de sonho perturbado atrapalha a vida cotidiana?

Divaldo: Sem a menor dúvida, por causa da ingestão dos fluidos negativos, quando sob a ação de Entidades perversas. Nesses transtornos, ocorre também abalo psicológico e o indivíduo perde a consciência, que fica dominada por imagens afligentes que, durante o dia, levam-no a estados deploráveis de conduta. Daí a importância da oração. A oração antes de dormir abre-nos as formosas portas do mundo espiritual.

É comum as pessoas irem deitar-se e ligarem a televisão, assistindo películas de sexo explícito, de violência, ou, então, os noticiários deprimentes. Toda essa carga é introjetada no inconsciente, proporcionando sono inquieto e sonhos infelizes.

Se, no entanto, permitir-se fazer uma boa leitura, arquivando no inconsciente imagens boas, desejos nobres de realização, de apreço, além de tranquila a noite, ela será povoada de sonhos positivos.

PREPARAÇÃO PARA O SONO

15 - Então a preparação para o sono é fundamental no processo de transição?

Divaldo: Tanto quanto o bom despertar, porque, para que haja o *repouso* dos neurônios cerebrais e possam continuar as neurocomunicações tranquilas, é necessário que não haja na mente excitações que provoquem aceleração e produção de neuropeptídios que podem descarregar no organismo efeitos colaterais, que seriam os transtornos de humor, os sentimentos de culpa, a inquietação, o mal-estar. Uma boa preparação pode provocar o bem-estar, a euforia, o despertar saudável, a alegria de viver.

PREMONIÇÃO

16 - Existem sonhos premonitórios?

Divaldo: Sem dúvida nenhuma. Basta que nos recordemos do sonho que teve Zacarias com sua mulher, Isabel, que era infértil, quando o anjo veio dizer-lhe que ela seria mãe, assim como de tantos outros pequenos e grandes vultos da história da humanidade.

O sonho premonitório nada mais é do que uma informação recebida no Além, que nós trazemos intacta. O tempo, que é relativo, conforme Einstein,[9] permite aos espíritos penetrarem no que chamamos amanhã, como naquilo que chamamos ontem.

Muitas vezes eu tinha dificuldade de entender isso, em razão do tempo linear, o sempre hoje. Certo dia, um espírito amigo explicou-me que um indivíduo se encontrava no alto de uma montanha parecida com um cone arredondado e viu que alguém começava uma viagem numa estrada que a contornava em ascensão. Do alto, ele via o indivíduo, portanto, o presente, mas, alongando a vista, via uma ponte caída, então ele podia prever que o automóvel não iria ultrapassá-la, o que representava o futuro, ao tempo em que igualmente via o trecho percorrido, que era o passado. Ora bem, através de uma imagem grotesca como essa, eu consegui entender esse tempo.

---

9 **Albert Einstein** (1879-1955), físico teórico alemão radicado nos Estados Unidos. Cem físicos renomados o elegeram, em 2009, o mais memorável físico de todos os tempos. É conhecido por desenvolver a teoria da relatividade. Recebeu o Nobel de Física de 1921, pela correta explicação do efeito fotoelétrico; no entanto, o prêmio só foi anunciado em 1922. O seu trabalho teórico possibilitou o desenvolvimento da energia atômica, apesar de não prever tal possibilidade. Disponível em: <http://pt.wikipedia.org/wiki/Einstein>. Acesso em: 1 de junho de 2010.

O tempo tem outra dimensão de acordo com o nível de evolução do ser espiritual ou do planeta, conforme o seu movimento de rotação e translação à volta do sol ou de outro astro.

Dessa forma, os espíritos superiores sabem o que vai acontecer e muitas vezes informam durante o sonho, e a pessoa retorna com essas imagens nítidas.

Allan Kardec aborda a questão com muita propriedade, e o espírito Joanna de Ângelis desdobra-a no livro *No Limiar do Infinito*, num capítulo muito bonito sobre sono e sonhos.

DESDOBRAMENTOS DE DIVALDO

17 - Por ser médium você tem muitos desdobramentos. O que você lembra quando retorna?

Divaldo: Dos desdobramentos, eu recordo invariavelmente uma média de 60%, tal a nitidez, mesmo porque um grande número é provocado pelos benfeitores, quando me convocam para atividades mediúnicas. Então me aplicam um tipo de passe magnético e eu me desdobro do corpo com facilidade. Mas os sonhos dos meus conflitos, os meus sonhos de inquietações e de ansiedades ou de fixações, eu identifico logo como sendo da vida atual.

É curioso notar que eu tenho sonhos constantes viajando, por causa do meu condicionamento, e, nesses sonhos, estou sempre perdendo a pasta com os meus documentos, então sempre acordo angustiado, pela perda da passagem, dos poucos valores, ou de qualquer coisa que alguém teria furtado ou eu esquecido em algum lugar. Isso até conhecer a técnica da reprogramação, quando comecei a trabalhar esses sonhos afligentes. Era eu ter um sonho que ia pegar o avião e não o alcançava, por exemplo, e, ao acordar ansioso, dizia a mim mesmo que estava tudo bem. Logo reprogramava, entrando no avião na última hora e chegando ao destino em paz. Nunca mais sonhei com a perda de documentos ou atrasado para alcançar o voo, que é uma coisa do meu cotidiano.

DESDOBRAMENTO MARCANTE DE DIVALDO

18 - Você poderia narrar algum desdobramento que tenha sido marcante para você?

Divaldo: Vários, principalmente no encontro com seres queridos desencarnados. Recebo muitas correspondências, nas quais as pessoas me escrevem pedindo informações, e essas informações devem ser muito cautelosas, dentro de uma ética de respeito à dor. Os bons espíritos, vez por outra, por meu intermédio, nos últimos tempos, mandam uma ou outra mensagem, em razão do pouco tempo de que disponho para esse mister, enquanto antes eram mais frequentes.

Outras vezes eu me desdobro conscientemente, sempre conduzido pela benfeitora espiritual Joanna de Ângelis e tenho os encontros.

Recordo, por exemplo, de uma cena que marcou profundamente a minha vida. Desde há muitos anos, a partir de 1948, temos um movimento dedicado ao espírito Auta de Souza,[10] a nobre poetisa potiguar, cognominada *a cotovia triste*, que se celebrizou com um único livro, *Horto*, e com quem nós temos muita familiaridade. Chico Xavier[11] recebeu muitos poemas a mim dedicados, como *Agora, Mãos*, e outros, cujos originais eu guardo com muito carinho.

---

10 **Auta de Souza** (1876-1901), poetisa brasileira da segunda geração romântica (ultrarromântica, byroniana ou Mal do Século), autora de *Horto*. Escrevia poemas românticos com alguma influência simbolista e de alto valor estético. Segundo Luís da Câmara Cascudo, é "a maior poetisa mística do Brasil". Disponível em: <http://pt.wikipedia.org/wiki/Auta_de_Souza>. Acesso em: 2 de junho de 2010.

11 **Francisco Cândido Xavier** (1910-2002), nascido como Francisco de Paula Cândido Xavier e mais conhecido popularmente por **Chico Xavier**, notabilizou-se como médium e célebre divulgador do Espiritismo no Brasil. Disponível em: <http://pt.wikipedia.org/wiki/Chico_Xavier>. Acesso em: 2 de junho de 2010.

Certa feita eu me senti fora do corpo, e o espírito Auta de Souza me disse: "Divaldo, nós vamos hoje visitar regiões muito dolorosas – que nós espíritas chamamos de regiões umbralinas, e que os católicos chamariam de regiões purgatoriais. Seremos guiados pela rainha Santa Isabel de Portugal.[12] Eu conhecia de nome a rainha santa e possuía ligeiras informações sobre a sua vida de dedicação aos pobres e sofredores, principalmente rica de amor e de caridade, enquanto rainha de Portugal.

Sem dar-me conta, eu estava diante de uma Entidade de rara beleza, como se fosse entretecida de luzes cambiantes levemente douradas, comandando um grupo que ia adentrar por uma região pantanosa. Ela ia à frente com rosas e, à medida que ia atravessando aquele pântano, periodicamente lançava uma rosa que produzia um arco-íris colorido e caía no chavascal iluminando-o. Os espíritos infelizes gritavam, pediam socorro para tirá-los daquela região de horrores.

Os espíritos que seguiam atrás atiravam redes luminosas e os aflitos nelas se agarravam com sofreguidão. Eram redes magnéticas que os traziam de volta, mas, quando o arrependimento não era legítimo, a rede rompia-se e eles continuavam em desespero no mesmo local.

Esse fato teve lugar numa terça-feira, e, a partir de então, os bons espíritos me disseram, através de Auta de Souza, que a

---

12 **Isabel de Aragão** (1271-1336), infanta aragonesa e, de 1282 até 1325, rainha consorte de Portugal. Ficou popularmente conhecida como **Rainha Santa Isabel** ou, simplesmente, **A Rainha Santa**. A história mais popular da Rainha Santa Isabel é sem dúvida a do milagre das rosas. Segundo a lenda portuguesa, a rainha saiu do Castelo do Sabugal numa manhã de inverno para distribuir pães aos mais desfavorecidos. Surpreendida pelo soberano, que lhe inquiriu aonde ia e o que levava no regaço, a rainha teria exclamado: *São rosas, senhor!* Desconfiado, D. Dinis inquiriu: *Rosas, no inverno?* D. Isabel expôs então o conteúdo do regaço do seu vestido e nele havia rosas, em vez dos pães que ocultara. Disponível em: <http://pt.wikipedia.org/wiki/Santa_Isabel_de_Arag%C3%A3o,_Rainha_de_Portugal>. Acesso em: 1 de junho de 2010.

rainha santa, com uma equipe de nobres espíritos, visita essas regiões dolorosas em nome do amor de Nosso Pai.

Eu, que fui católico, lembrei-me de uma tradição da igreja romana. Em maio, mês dedicado à mãe de Jesus, no dia 31, a Senhora dos anjos desce aos *infernos* e com o escapulário liberta alguém. Que curioso, era exatamente alguma visão psíquica do passado, semelhante a essa que foi incorporada à tradição da igreja e que no mundo espiritual é real, com ligeiras modificações.

PESADELOS EM CRIANÇAS

19 - Quando as crianças acordam chorando e dizem ter tido pesadelos, qual deve ser a postura dos pais?

Divaldo: A melhor terapêutica é a calma, conversando tranquilamente com o filhinho e esclarecendo-o com palavras simples sobre a ocorrência.

Se, por acaso, ele ainda não tem sete anos e o espírito se encontra no processo de fixação total, mergulhando nos neurônios cerebrais, quando a criança estiver dormindo, devem conversar com ela, transmitindo-lhe segurança e paz. O fenômeno normalmente é efeito do espírito que reencarna com medo, que tem receio de não ser bem-sucedido na prova e, naqueles estados de parcial consciência, aturde-se e retorna ao corpo apavorado. Outras vezes, seus inimigos aguardam-no além da linha do sono convencional, e ele se assusta com o reencontro, devendo os pais falar-lhe docemente, logo no primeiro sono: "Você é muito amado, você veio porque eu o desejei".

Isso, porém, num tom hipnótico, facultando confiança e segurança ao espírito para continuar na sua trajetória. E, quando forem questões de perturbações, dizerem: "Meu benzinho, papai está aqui, mamãe está com você, durma novamente, eu vou vigiar um pouco, depois eu também vou deitar-me, mas antes ficarei vigiando".

É de bom alvitre aplicar-lhe passes, a terapêutica do toque através da bioenergia que todos possuímos. Orando e pedindo a Deus como fazia Jesus, nós transmitiremos energias saudáveis e poderemos ajudar o filhinho a repousar em confiança e tranquilidade.

CRIANÇAS COM VISÕES

20 - E quando a criança diz que está sentindo ou vendo coisas? Alguns pais dizem que isso não é nada, que não há nada.

Divaldo: É importante elucidar, enfrentar a realidade, numa linguagem compatível ao entendimento da criança.

Os meus fenômenos mediúnicos começaram quando eu tinha quatro anos e meio, e meus pobres pais, que não entendiam de nada, diziam que aquilo era loucura, que nada existia, sendo muito pior essa informação do que a explicação que me pudessem haver dado, porque na hora em que eu tomei consciência que eram os espíritos passei a acostumar-me com eles. Era a população *invisível* que existe ao nosso lado e que está na Terra, em volta de todos nós, porque o mundo espiritual interpenetra o mundo físico, como sendo o mundo da energia.

Os pais devem abordar o fato com tranquilidade, elucidando: "Realmente você encontrou alguém, se assustou, mas isso vai passar, é um amiguinho seu muito querido, você vai entender".

HISTÓRIAS INFANTIS

21 - Qual a importância das histórias que se contam para as crianças antes do sono?

Divaldo: Elas são fantásticas, porque lhes enriquecem a imaginação, principalmente os contos de fadas e as narrativas da vida de Jesus, dos santos, dos homens e mulheres de bem.

A característica terapêutica dos contos de fadas, hoje muito bem explicados pela psicologia de Jung ou mesmo pela psicologia e pela psicanálise, faculta que a mente fique enriquecida e a criança não tenha pesadelos, porque ela vai mais pela magia das palavras, pelo que pode entender, e, é claro, entra numa faixa vibratória diferente, na qual os espíritos perturbados não podem movimentar-se.

CRIANÇA E TELEVISÃO

22 - Devemos ter cautela com as crianças que dormem assistindo à televisão?

Divaldo: Hoje vejo desenhos animados, sem nenhuma pretensão de censurar coisa nenhuma, que trazem monstros, já não se contentando os desenhistas em apresentar seres que vão destruir a Terra, mas aniquilar o Universo. Ora, na imaginação infantil, essas mensagens criam conflitos terríveis e naturalmente pesadelos hórridos.

CONSIDERAÇÕES FINAIS

23 - Suas considerações sobre sonhos.

Divaldo: Dizia Platão[13] que a vida física é um *sonho*, considerando-se a realidade do mundo espiritual. Na indumentária carnal, estamos em um período transitório, a nossa vida psíquica é o nosso ontem, mas ela também desenha o nosso amanhã. Sonhar faz bem, procuremos então introjetar as melhores ideias, os bons pensamentos, as orações, as leituras edificantes e durmamos em paz, porque o Senhor nos conduzirá ao seu reino.

---

13 Platão (Atenas, 428/427 a.C-348/347 a.C), filósofo e matemático do período clássico da Grécia Antiga, autor de diversos diálogos filosóficos e fundador da Academia em Atenas, a primeira instituição de educação superior do mundo ocidental. Juntamente com seu mentor, Sócrates, e seu pupilo, Aristóteles, Platão ajudou a construir os alicerces da filosofia natural, da ciência e da filosofia ocidental. Disponível em: <http://pt.wikipedia.org/wiki/Plat%C3%A3o>. Acesso em: 1 de junho de 2010.

DEPRESSÃO

DEPRESSÃO, TRISTEZA E MELANCOLIA

24 - Como definir o estado depressivo e como diferenciar da tristeza e da melancolia?

Divaldo: A melancolia era um termo clássico, desde a Grécia Antiga, e o encontramos em Hipócrates[14] e em Galeno,[15] que, no século II d.C., fazendo a abordagem da melancolia, dizia tratar-se de um distúrbio procedente da bílis negra, a triste herança de Adão.

O termo melancolia sobreviveu largamente na história da medicina.

A palavra depressão surgiu pela primeira vez na literatura inglesa por volta do fim do século XVII, começo do século XVIII.

A tristeza é um ato de introspecção, mas nem sempre é melancólica. A melancolia tem raízes mais profundas, e, quando essa melancolia é demorada, torna-se patológica. Todos temos momentos de tristeza, momentos de melancolia que podem durar alguns dias.

---

14 **Hipócrates** (Cós, 460 a.C-Tessália, 377 a.C.) é considerado por muitos uma das figuras mais importantes da história da saúde, frequentemente considerado "pai da medicina", referido como uma das grandes figuras, entre Sócrates e Aristóteles, durante o florescimento intelectual ateniense. Disponível em: <http://pt.wikipedia.org/wiki/Hip%C3%B3crates>. Acesso em: 2 de junho de 2010.

15 **Cláudio Galeno** ou **Élio Galeno** (Pérgamo, c. 131 – provavelmente Sicília, c. 200), mais conhecido como Galeno de Pérgamo, proeminente médico e filósofo romano de origem grega e provavelmente o mais talentoso médico investigativo do período romano. Suas teorias dominaram e influenciaram a ciência médica ocidental por mais de um milênio. Disponível em <http://pt.wikipedia.org/wiki/Galeno>. Acesso em: 2 de junho de 2010.

Freud, ao publicar, por volta de 1900, o livro que ele intitulou *Melancolia*, assevera que é natural a todo indivíduo que passa por uma perda, a perda de um objeto, de um relacionamento, de um emprego, de alguém quando morre (eu não concordo aí com o pai da psicanálise, porque ninguém perde outrem quando ele morre, devendo dizer-se que morreu ou faleceu), ficar triste, melancólico. Sendo considerado normal, por um período de até quatro semanas, no entanto, quando se prolonga além disso, trata-se de um fenômeno patológico, uma depressão.

Então, a tristeza, digamos, é a primeira fase de desencanto, a melancolia é uma tristeza profunda, a depressão é uma denominação moderna ao transtorno da melancolia.

CAUSAS DO AUMENTO DOS TRANSTORNOS EMOCIONAIS

25 - As estatísticas não são precisas, mas estima-se que entre 15% a 25% da população mundial sofra de alguns dos transtornos psiquiátricos, como a depressão crônica, o distúrbio bipolar, o transtorno obsessivo-compulsivo e a síndrome do pânico. Quais as causas dessa verdadeira epidemia? Podemos afirmar que é fruto do comportamento da sociedade atual ou existe outra explicação?

Divaldo: Do ponto de vista espírita, todos esses fenômenos são do espírito, doente é o espírito, como, aliás, assevera a Organização Mundial de Saúde: "Não existem doenças, mas doentes".

Quando o indivíduo tem débitos perante a Consciência Cósmica, quando é um enfermo espiritualmente, encontra-se com predisposição para deixar-se afetar por essas ondas de perturbação, de desajustes, esses conflitos que vêm como heranças ancestrais dos seus desaires.

Dessa maneira, a melancolia e a depressão, os distúrbios do pânico e outros transtornos igualmente graves encontram-se em germes no espírito que é devedor.

Existem, no entanto, fatores endógenos, tais como a hereditariedade – assevera-se que todo aquele que descende de um depressivo tem 30% de probabilidade de ser depressivo também, mas, se ele descende de um casal de depressivos, essa probabilidade sobe a 70% –, as enfermidades infectocontagiosas, as sequelas dessas doenças que respondem pela irrupção do estado depressivo, do transtorno obsessivo-compulsivo, do distúrbio do pânico, etc. Existem também os fatores de natureza exógena, aqueles externos, tais como os relacionamentos psicossociais, os fenômenos socioeconômicos, as induções e efeitos desses relacionamentos, a ansiedade, o medo, a solidão e as ocorrências denominadas como perdas. Todos eles contribuem de alguma forma para a instalação desses transtornos de conduta.

Foi Emil Kraepelin,[16] o notável *pai da psiquiatria moderna*, que estudou a depressão sob dois aspectos: o unipolar e o bipolar, que mais tarde seriam considerados como distúrbios da afetividade.

Esses fatores psicossociais referidos, o medo, a ansiedade, a solidão, são responsáveis por graves transtornos, como fruto da

16 **Emil Kraepelin** (1856-1926), psiquiatra alemão. É comumente citado como o criador da moderna psiquiatria, psicofarmacologia e genética psiquiátrica. Kraepelin alegava que as doenças psiquiátricas são principalmente causadas por desordens genéticas e biológicas. Suas teorias psiquiátricas dominaram o campo da psiquiatria no início do século XX e, na sua essência, até os dias de hoje. Kraepelin contrariava a abordagem de Sigmund Freud, que tratava e considerava as doenças psiquiátricas como causadas por fatores psicológicos. Disponível em: <http://pt.wikipedia.org/wiki/Emil_kraepelin>. Acesso em: 2 de junho de 2010.

nossa vida de *tempo sem tempo*, porque vivemos encarcerados no transcurso das horas, vivenciando compromissos perturbadores, o que produz ansiedade, induzindo-nos, sem dúvida, a alguns transtornos psicológicos muito graves.

O Espiritismo, no seu paradigma científico, apresenta uma terceira psicogênese para todos esses fenômenos perturbadores, que denominamos como a lei de causa e efeito, defluente das reencarnações de cada espírito. Nessa lei, encontram-se os fatores predisponentes e preponderantes para a instalação dos transtornos clássicos, academicamente considerados. Nesse postulado, o Espiritismo identifica uma outra síndrome, a da obsessão, que se constitui da interferência de espíritos perversos em nossas vidas.

Os gregos asseveravam que os deuses podem nos castigar, dando lugar ao surgimento da melancolia, no entanto, Aristóteles[17] refere que Platão e Sócrates,[18] periodicamente, entravam em melancolia e naqueles estados eram inspirados pelos mesmos deuses. Aí identificamos duas vertentes: a melancolia punitiva e a inspiradora.

---

17 **Aristóteles** (384 a.C. - 322 a.C.) filósofo grego, aluno de Platão e professor de Alexandre, o Grande. Seus escritos abrangem diversos assuntos, como a física, a metafísica, a poesia, o teatro, a música, a lógica, a retórica, o governo, a ética, a biologia e a zoologia. Juntamente com Platão e Sócrates (professor de Platão), Aristóteles é visto como uma das figuras mais importantes, e um dos fundadores, da filosofia ocidental. Disponível em: <http://pt.wikipedia.org/wiki/Arist%C3%B3teles>. Acesso em: 14 de setembro de 2010.

18 **Sócrates** (469-399 a.C.), filósofo ateniense, um dos fundadores e dos mais importantes ícones da tradição filosófica ocidental. As fontes mais importantes de informações sobre Sócrates são Platão, Xenofonte e Aristóteles (alguns historiadores afirmam só se poder falar de Sócrates como um personagem de Platão, por ele nunca ter deixado nada escrito de sua própria autoria.). Disponível em: <http://pt.wikipedia.org/wiki/S%C3%B3crates>. Acesso em: 2 de junho de 2010.

No entanto, hoje, como escreve muito bem o periodista americano de nome Solomon,[19] no seu notável livro *O Demônio do meio-dia*, a depressão toma conta do mundo, na sociedade norte-americana são dezenas de milhões de indivíduos crônicos, outros tantos experienciando-a na fase primária, e, depois do atentado de 2001, essas cifras aumentaram. No Brasil, cujas estatísticas não são muito divulgadas, a depressão hoje alcança uma estatística surpreendente.

ANSIEDADE

26 - A Organização Mundial de Saúde afirma que o século XXI é o século da depressão, mas não só a depressão tem crescido muito, a ansiedade também. Inclusive, Joanna de Ângelis, no livro *Conflitos Existenciais*, dedica-lhe um capítulo. Por que isso tem ocorrido?

Divaldo: Porque o individuo não se conforma com aquilo que tem, que lhe é concedido, e procura ganhar o tempo de maneira inadequada, com velocidade. Na atualidade, as informações viajam com muita rapidez e o volume é surpreendente, graças aos veículos de comunicação de massa, alcançando índices elevados, impossíveis de ser absorvidos. Essa busca sôfrega pelas ocorrências externas impede a vivência íntima, o contato com o Si profundo, desaguando em perversa ansiedade.

---

19 **Andrew Solomon** (1963), escritor nascido em Nova York. Ele escreve para publicações como o *New York Times*, *The New Yorker*, e *Artforum*, sobre temas como depressão, os artistas soviéticos, o renascimento cultural do Afeganistão e a política da Líbia. Seu livro mais recente, *O Demônio do meio-dia: um atlas de depressão*, ganhou o National Book Award 2001, foi finalista para o Prêmio Pulitzer 2002, e foi publicado em 24 idiomas. Disponível em: <http://en.wikipedia.org/wiki/Andrew_Solomon>. Acesso em: 2 de junho de 2010.

Os modernos tratadistas da questão asseveram que sofremos uma fissão em nossa psique, durante o processo da evolução antropológica.

O que antes era unidade agora se apresenta em caráter duplo em nossa mente – eixo *ego-self* – parecendo que somos dois eus, o angélico e o demoníaco, que ficou muito bem caracterizado na obra de Stevenson,[20] *O Médico e o Monstro*. Esse bem e esse mal, muitas vezes lutando em nosso íntimo, desgastam-nos e levam-nos a armazenar conflitos e inquietações maiores do que podemos suportar. Ao mesmo tempo, gostaríamos de acompanhar o processo da evolução, estar a par dos acontecimentos, participar dos eventos, surgindo-nos o medo de ficar na retaguarda, e, como efeito, somos devorados pela ansiedade.

A ansiedade é um fenômeno psicológico natural, que tem lugar quando estamos esperando algo, quando encontramo-nos na expectativa de qualquer acontecimento bom ou mau. Em casos dessa natureza, a ansiedade é considerada normal, mas, quando experimentamos palpitação, temos sudorese fria, começamos a experimentar dores de cabeça e problemas de natureza digestiva, já se encontra instalada uma ansiedade patológica.

Este é o século, sim, dos ansiosos, que poderíamos acrescentar como sendo o dos insatisfeitos. Estamos sempre querendo mais, sem possibilidade de administrar o que já temos.

---

20 **Robert Louis Balfour Stevenson** (1850-1894), novelista, poeta e escritor de roteiros de viagem. Escreveu clássicos como *A Ilha do Tesouro*, *O Médico e o Monstro* e *As Aventuras de David Balfour* também traduzido como *Raptado*. Disponível em: <http://pt.wikipedia.org/wiki/Robert_Louis_Stevenson>. Acesso em: 2 de junho de 2010.

SÍNDROME DO PÂNICO

27 - Outro distúrbio que tem atingido níveis alarmantes é a síndrome do pânico. Qual a explicação que o Espiritismo oferece para esse transtorno?

Divaldo: A síndrome do pânico é relativamente moderna. Segundo os historiadores da psiquiatria, foi o psicólogo Da Costa,[21] por volta de 1870, que, analisando as síndromes da depressão, na qual estava incurso o que hoje chamamos de pânico, definiu as características desse mal.

O nome pânico vem do deus Pan, que na tradição grega apresenta-se com metade do corpo com forma humana e a outra com modelagem caprina. O deus Pan era guardador das montanhas da Arcádia e, quando alguém adentrava nos seus domínios, ele aparecia, produzindo no visitante o estado de pânico, palavra essa derivada do seu nome. Portanto, é um distúrbio muito antigo.

Invariavelmente a psicogênese do ponto de vista espírita encontra-se na consciência de culpa do paciente por atos perturbadores praticados na atual existência ou em existências pretéritas, o que proporciona um comportamento inseguro, desconfiado. Trata-se de alguém que busca esconder-se no corpo para fugir dos problemas que foram praticados anteriormente. Quando irrompe a síndrome do pânico, a sensação é terrível, porque é semelhante à da morte. É eminentemente um distúrbio feminino, embora atinja também, segundo os especialistas, o sexo masculino.

Segundo estou informado, faltando, naturalmente, confirmação científica, a síndrome do pânico nunca matou ninguém

---

21 **Jacob Mendes da Costa**, ou **Jacob Mendez Da Costa** (1833-1900), norte-americano, foi médico e cirurgião. Ele é particularmente conhecido pela descoberta da síndrome de Da Costa (também conhecida como o coração de soldado), um transtorno de ansiedade que ele observou pela primeira vez em soldados na Guerra Civil Americana e documentou em um estudo de 1871. Disponível em: <http://en.wikipedia.org/wiki/Jacob_Mendes_Da_Costa>. Acesso em: 2 de junho de 2010.

durante o surto, entretanto, aquela sensação horrorosa é praticamente igual à de morte.

Que fazer? Orar. Ter a certeza de que ela é de breve curso, procurar respirar profundamente, acalmar-se, vincular-se a Deus, rogar a proteção dos espíritos nobres. Assim, lentamente, dá-se uma descarga de adrenalina, procedente das glândulas suprarrenais, e o indivíduo refaz-se, passando aquele período mais doloroso, fazendo simultaneamente a terapêutica com um psiquiatra e, de acordo com a psicogênese, um psicólogo ou psicanalista. Nada obstante, eu sugeriria pessoalmente que a pessoa procurasse também as terapêuticas espíritas, quais as das boas palavras, das reuniões doutrinárias, do conhecimento de si mesmo, dos passes ou bioenergia, da água magnetizada e, por extensão, do socorro que os bons espíritos propiciam através das reuniões mediúnicas de desobsessão, que dispensam a presença dos pacientes.

TOC – TRANSTORNO OBSESSIVO-COMPULSIVO

28 - Existe um crescimento no número de portadores do transtorno obsessivo-compulsivo (TOC). Como a Doutrina Espírita explica esse transtorno no qual a pessoa comporta-se de maneira estranha, como lavar as mãos compulsivamente ou confirmar se a porta está trancada inúmeras vezes, dentre outros. Isso decorre da existência atual da pessoa ou são reflexos das reencarnações anteriores?

Divaldo: Poderemos afirmar que tanto pode resultar de transtornos da afetividade na infância, como a insegurança, fruto de uma mãe castradora ou supermãe, de um pai negligente, que geram no indivíduo aquele tormento da repetição, como pode também ter uma origem anterior, porque todos os nossos padecimentos atuais têm sempre uma causa, que, não sendo desta vida, é de existência anterior. Allan Kardec é muito claro em *O Evangelho Segundo o Espiritismo*, esclarecendo a questão conforme enunciado.

Normalmente, o TOC é um distúrbio muito grave, porque afeta o sistema nervoso central, e a pessoa nessa condição quase psicótica desgasta-se e necessariamente exige cuidadosa terapia especializada. Também recomendo que, ao lado da terapia médica, psiquiátrica, se for o caso, que seja realizada a assistência espiritual, buscando o esforço em favor da autoiluminação, da meditação, da prece, da construção interior de novos hábitos, para poder libertar-se desse perverso condicionamento repetitivo e perturbador.

MELHOR TERAPIA PARA OS TRANSTORNOS EMOCIONAIS

29. Há duas correntes na medicina clássica sobre o melhor método para o tratamento desses transtornos. Os psiquiatras geralmente defendem a necessidade de se normalizar as desordens bioquímicas do cérebro, responsáveis pelos distúrbios emocionais. Já os psicólogos e psicanalistas defendem a necessidade de o indivíduo autoconhecer-se para identificar e sanar os conflitos emocionais desencadeadores do problema. Esses distúrbios psiquiátricos têm cura, e qual seria a melhor terapia para encontrá-la?

Divaldo: Recorrendo-se, sem dúvida, à terapêutica psiquiátrica. Acredito, pessoalmente, que a problemática dos neurotransmissores em disfunção responde perfeitamente por esses e outros tantos transtornos. É claro que, para que tal ocorra, há fatores genéticos, portanto endógenos, e a psicologia pode contribuir de maneira eficaz para o reequilíbrio. O psicoterapeuta pode ajudar o paciente a encontrar esse fator que lhe desencadeia o transtorno de graves consequências, mas, para que se refaça o equilíbrio entre os neurotransmissores, sem dúvida a terapia psiquiátrica, utilizando os medicamentos específicos, irá contribuir com maior eficiência para a solução do problema.

O Espiritismo, por sua vez, oferece, dentro das técnicas modernas da doutrina, a conscientização do paciente, conduzindo-o à realidade do ser que é, despertando-o para a compreensão de que somente se sofre aquilo que é resultado de ações infelizes. Desse modo, propiciando-lhe a visão em torno da evolução reencarnacionista de que estes são efeitos de outros males praticados ontem, a mudança atual de conduta, mediante a ação da caridade, pelo bem que possa fazer, pela reflexão, pela prece, adquire méritos, e, por extensão, reequilibram-se os neurônios, porque o perispírito recebe reforço de energias saudáveis. É o perispírito, esse *modelo organizador biológico*, em cujo campo se expressam todos os órgãos, o responsável pelas boas assim como pelas más ocorrências nas atividades físicas, emocionais e psíquicas.

TRATAMENTO NO CENTRO ESPÍRITA

30 - Que tipo de tratamento os Centros Espíritas podem oferecer para os portadores desses transtornos? Caso o problema seja detectado, o Centro Espírita pode assumir o tratamento sozinho e orientar a pessoa a abandonar o tratamento médico ou o psicólogo?

Divaldo: Jamais! A função do Espiritismo não é curar corpos, mas erradicar os males que se encontram na alma e se manifestam através dos problemas orgânicos.

A função do Centro Espírita é estar ao lado da ciência, como esclareceu o codificador. A ciência tem a sua própria metodologia, e o Espiritismo não veio substituí-la, mas completá-la, indo, portanto, além das suas conclusões, pois que a ciência estuda os efeitos enquanto o Espiritismo remonta às causas.

Se algum médium ou instituição recomendar o abandono da terapia médica, abandone-se quem fez tal proposta, porque vai contra as diretrizes básicas da Doutrina Espírita.

Todo Centro Espírita deve ter um atendimento fraternal, para que a pessoa apresente seus problemas, dando lugar ao diálogo esclarecedor, no qual se intercambiam ideias, trabalham-se os problemas e os esclarecimentos pertinentes. O atendente fraterno é o companheiro que esclarece, e, logo depois, de acordo com a problemática do paciente, encaminha-o para os diversos setores da Instituição, onde as nossas terapêuticas, todas elas energéticas, baseadas no Evangelho de Jesus, irão auxiliá-lo a fazer o seu tratamento, autodescobrir-se, autorrealizar-se terapeuticamente, sem abandonar o concurso precioso da ciência acadêmica.

TRANSTORNOS EMOCIONAIS E OBSESSÃO

31 - A atuação de um espírito infeliz, chamado obsessor, e que algumas religiões chamam de 'encosto', pode provocar esses distúrbios? Como identificar se isso está ocorrendo?

Divaldo: O claro e o escuro entre uma problemática de ordem psicológica, psiquiátrica e uma obsessiva é muito sutil, não havendo uma fronteira bem delineada que possa estabelecer onde começa o fenômeno obsessivo ou tem início o psicológico ou o psiquiátrico.

Genericamente, em todo e qualquer transtorno de natureza psicológica e psiquiátrica ou mesmo distúrbio orgânico, o espírito é o doente, sendo, desse modo, válida a terapia de natureza espiritual. O despertar do paciente para o bem, com a consequente mudança de comportamento moral, sempre para melhor, constitui o mais seguro recurso de recuperação.

Os espíritos podem provocar transtornos que classificaríamos dentro dessas variadas denominações e serem apenas obsessão. A obsessão pode ser simples, uma indução hipnótica e perturbadora, por fascinação, um narcisismo, uma autoconfiança exagerada, ou ser uma subjugação, o estágio no qual o indivíduo perde completamente o controle físico, emocional e mental.

Numa análise superficial, irá identificar-se o fenômeno como sendo exclusivamente de natureza acadêmica, embora a sua origem de natureza espiritual, e, prolongando-se, transforma-se também num distúrbio orgânico, quando então teremos uma obsessão com efeitos fisiológicos danosos. Noutras vezes, o fenômeno é fisiológico, e, prolongando-se, atinge determinado nível no qual os espíritos perturbadores ampliam ou pioram o quadro, por isso a terapêutica deve firmar-se dentro dos cânones acadêmicos e simultaneamente às propostas espíritas, para tornar saudável o espírito reencarnado e, por extensão, afastar as Entidades perniciosas, através da psicoterapia que denominamos como doutrinação.

DEPRESSÃO E MORTE

32 - A depressão pode levar alguém à morte?

Divaldo: É claro que sim. O indivíduo pode sofrer um tipo de surto muito grave, negar-se à alimentação, abandonar-se totalmente ao desprezo, deixar que enfermidades parasitas que nele se encontram, e muitas vezes não se manifestaram, tomem conta do seu organismo, produzam o depauperamento de forças e, por fim, a morte. Noutras vezes, pode levar o indivíduo ao suicídio, porque o paciente deseja libertar-se daquela situação deplorável, daquela angústia, daquele estado de morte em vida e salta no abismo para fugir. Ainda em outras situações, ele é inspirado a tomar essa atitude pelos seus inimigos desencarnados, que realizam o desforço, levando-o ao suicídio, graças, portanto, à obsessão.

DAMA DAS VIOLETAS

33 - A propósito das alternativas de tratamento para a depressão, você poderia contar a história da mulher que ficou conhecida como a dama das violetas?

Divaldo: É uma das belas histórias da psiquiatria contemporânea. Um grande psiquiatra americano, Milton Erickson,[22] foi chamado para atender uma senhora que estava em estado de depressão profunda fazia alguns anos. Quando ele foi vê-la, por solicitação da família, perguntou-lhe se gostaria que ele falasse a verdade, pois que era um psiquiatra, e se ela estava disposta a receber-lhe a colaboração. A senhora, com certa indiferença, concordou. Depois de alguns minutos, ele pediu-lhe licença para percorrer a sua casa. A casa era pintada em tons grisê,[23] tudo era muito sombrio, mas, quando ele chegou numa varanda, notou que ela cultivava violetas. Então, ele percebeu que ali estava um fator que poderia despertar nela sentimentos positivos e terapêuticos.

---

22 **Milton Hyland Erickson** (1901-1980), psiquiatra estadunidense, foi especialista em terapia familiar sistêmica e uma das autoridades mundiais nas técnicas de hipnose aplicadas à psicoterapia. Foi fundador e presidente da Sociedade Americana de Hipnose Clínica, membro da Associação Americana de Psiquiatria, Associação Americana de Psicologia e da Associação Americana de Psicopatologia. Entre as contribuições de Erickson está a sua influência na programação neurolinguística que foi baseada, em parte, em seus métodos de trabalho. Disponível em: <http://pt.wikipedia.org/wiki/Milton_Erickson>. Acesso em: 12 de agosto de 2010.

23 Cinzento.

Retornando ao quarto, disse-lhe: "Notei que a senhora gosta de violetas". Ela respondeu: "Realmente, é a minha única paixão". Ele conversou longamente com ela e despediu-se.

Ele havia notado um acúmulo de convites e cartões sobre a mesa da sala de jantar, que não haviam recebido atenção.

Veio-lhe a ideia de realizar uma terapêutica especial. Sugeriu à família que lhe mandassem novos convites, e, na conversa final com a paciente, propôs-lhe que ao ser convidada para algo e não podendo ir mandasse um vaso de violetas, espalhando beleza e repartindo aquilo de que gostava com as demais pessoas. Ela aceitou a sugestão e a partir dali começou a receber muitos convites. Porque não saísse de casa, mandava os vasos de violetas, até que, subitamente, ela deu-se conta de que sua coleção havia terminado. Sentiu-se estimulada a comprar novas mudas, o material para confecção de vasos novos e, à medida que o tempo transcorria, foi-se libertando da inércia e tornando-se ativa no seu mister. Quando, mais tarde, desencarnou, a cidade em que morava sentiu-lhe a falta e denominou-a a *Dama das Violetas*.

PREVENÇÃO DA DEPRESSÃO

34 - Muito se fala do tratamento da depressão. Mas como podemos evitar chegar a esse quadro?

Divaldo: Às vezes, é difícil, porque o indivíduo é fragilizado em decorrência dessas circunstâncias externas do medo, da ansiedade, da solidão, do desamor.

Estando vulnerável, quando ocorre algo que o abala profundamente, ele foge para dentro de si mesmo e perde o interesse pelos valores da vida. Nesse caso, uma psicoterapia preventiva seria o valioso recurso da prece, tornar-se útil, procurar fazer o bem ao próximo, porque, mediante esse labor, fortalece-se, e, quando vêm os golpes chamados do destino, terá resistência para poder superá-los, reconhecendo o valor da sua existência, sabendo-se útil, assim estando estimulado a continuar a viver, a trabalhar em favor da sociedade. Não aceitar o mal, procurar sempre cultivar o ideal de viver, a alegria de ser útil, porque a vida é uma bênção. O espírito Joanna de Ângelis sugeriu-me oportunamente cinco itens para a felicidade.

O primeiro item, segundo ela é "A vida é bela".

Ora bem, se reflexionarmos, realmente a vida é bela em todos os seus aspectos. Em toda parte está presente a harmonia, canta a celeste música da beleza.

O segundo item é "Eu nasci para amar".

A maioria das pessoas sempre acha que nasceu para ser amada, olvidando-se que o amor não é um jogo de interesse, mas a própria razão de ser da vida.

O terceiro item é "Eu nasci para servir".

Se nos dedicarmos a servir, nossa vida adquire significado. Enquanto desejamos ser servidos, ainda nos encontramos na fase infantil da emotividade.

O quarto item é "O mal que me fazem não me faz mal, o mal que me faz mal é o mal que eu faço, porque me torna um homem mau".

Em realidade, ninguém faz mal a outrem, porque sempre ele é feito a si próprio, assim como o bem. Quando o indivíduo se dedica ao mal, ei-lo infeliz em sua ação.

E o quinto item é "Há um sol brilhando dentro de mim".

Quando o Sol brilha dentro de mim, a alegria, o objetivo essencial da vida nunca se apresenta entre sombras, qual ocorre com uma lâmpada, na qual a claridade vem de dentro para fora. Se alguém carrega uma lâmpada, embora a luz que irradia também projete sombra, quando o seu brilho é interior, um sol interno, tudo é luz, há alegria, há vida, não há depressão.

SOFRIMENTO DOS FAMILIARES

35 - Além dos possuidores desses transtornos e distúrbios emocionais, os parentes mais próximos (pai, mãe, marido, esposa, filho) sofrem uma carga muito grande de angústia e aflição. O que você poderia dizer a esses familiares?

Divaldo: Que amem os seus pacientes. Toda vez que num grupo familiar acontece algo perturbador, todo o grupo está incurso no mesmo débito. Não somos viajantes solitários, somos grupos espirituais que constituímos famílias biológicas e famílias espirituais. Quando temos em casa um paciente com transtorno dessa natureza, somos afetados inevitavelmente.

Ao invés da irritação, da exigência para que ele reaja, a paciência, a bondade, porquanto o paciente não pode reagir, porque tem carência de serotonina,[24] noradrenalina,[25] dopamina,[26] e isso produz um estado de "morte interior".

Que lhes damos segurança, simpatia, afetividade, que os estimulemos à terapêutica e insistamos, mesmo que eles se neguem, que procuremos levá-los ao especialista, para que possam libertar-se desse estado crepuscular, mas não nos deixemos dominar pela revolta ou pela amargura para não assimilar essa energia deletéria, considerando que esse ser, essa ave ferida, está junto ao nosso coração, porque fazemos parte do grupo que um dia feriu também a outrem.

---

24 **Serotonina** - Substância cristalina, derivada da triptamina, encontrada em pequena quantidade no cérebro, que é um neurotransmissor e tem ação vasoconstritora; hidroxitriptamina.

25 **Noradrenalina** - Hormônio relacionado à adrenalina.

26 **Dopamina** - Catecolamina natural, com uso terapêutico.

ANJO PROTETOR

ANJO DA GUARDA PARA O ESPIRITISMO

36 - O Espiritismo reconhece os anjos da guarda?

Divaldo: Sem sombra de dúvidas, todos nós reencarnamo-nos sob a proteção de uma entidade superior vulgarmente conhecida pela tradição como sendo o nosso anjo da guarda. Na linguagem espírita, naturalmente, denominamos como sendo nosso guia espiritual. Trata-se de um espírito nobre que nos inspira desde antes do berço e que durante a nossa existência acompanha-nos, ensejando-nos, na condição de um mestre, de um orientador, de um benfeitor, a oportunidade do nosso desenvolvimento intelecto-moral.

TEMPO DE PROTEÇÃO

37 - Esse espírito protetor, esse anjo da guarda, está o tempo inteiro ao lado do seu protegido?

Divaldo: Não necessariamente. Invariavelmente esses espíritos abençoados pela evolução permanecem em verdadeiros núcleos de atividade transcendental e sempre, quando necessário, apresentam-se ou acorrem em defesa e em proteção dos seus beneficiários, não se tornando necessário que sempre lhes estejam ao lado, como se fossem capatazes, porquanto os espíritos, principalmente os nobres, movimentam-se com velocidade superior à da luz, pois que através do pensamento. Sempre que se faça necessária a sua presença, eis que eles se apresentam com tranquilidade. Embora sendo nosso benfeitor espiritual, realiza outras tarefas, podendo, concomitantemente, ser mentor de outros indivíduos ou até mesmo de outros grupos de indivíduos.

PROTEÇÃO DE FORMA OSTENSIVA

38 - Por que eles não fazem essa proteção de uma forma mais ostensiva, que nós pudéssemos perceber mais a presença desses espíritos protetores?

Divaldo: Eles o fazem, sim. Ocorre que nós não sintonizamos com essa presença. Aí está o Sol abençoado ajudando-nos, e um grande número de pessoas, sem nenhum motivo, evita-lhe receber os raios benéficos, que tanto ajudam a fixação das vitaminas e o desenvolvimento orgânico. Os Guias espirituais nos ajudam, mas nós estamos mergulhados na matéria grosseira e nem sempre nos encontramos em sintonia com eles. Mesmo quando deixamos de atender às suas instruções, às orientações, às inspirações, ao código de ética moral que vige em todo o universo e nos afastamos da trilha do bem, eles permanecem ajudando-nos sem enfado. Se por acaso a sua assistência fosse mais ostensiva, iria prejudicar-nos o livre-arbítrio, diminuindo a nossa própria capacidade de discernir, ao tempo em que perderíamos o contato com a realidade e deixaríamos de desenvolver as nossas aptidões internas. Como excelentes mestres, auxiliam-nos, mas deixam que realizemos as tarefas, sem imposições, para que o mérito seja nosso.

REQUISITOS PARA SER ANJO DA GUARDA

39 - Quais são as características, os predicados, os requisitos para um espírito receber a tarefa de ser um anjo da guarda? Ele tem que ser um santo?

Divaldo: De maneira nenhuma. Porque a santificação na Terra pela tradição é sempre outorgada por uma entidade religiosa, mas o espírito pode ser um indivíduo santificado pelo bem, pode até mesmo não ter tido uma religião definida, havendo sido a sua a religião do amor, da solidariedade, da beneficência.

Quando nos recordamos dos grandes construtores da humanidade, que mais nos importa: a sua religião ou aquilo que fizeram para que o progresso se estabelecesse na Terra? Quando nos recordamos, por exemplo, de Pasteur[27] trabalhando para libertar-nos da raiva, desde o animal até a criatura humana, apresentando-nos o soro antirrábico. Será importante saber qual foi a sua denominação religiosa? Mesmo que não a tivesse, a sua religião foi a solidariedade humana. Qual a religião que Jesus pregou? O amor como sendo a base para a felicidade humana.

Então, esses indivíduos não necessitam da auréola de santificação emprestada pelas criaturas, muitas vezes sem que a sua vida haja correspondida a essa gratificação, mas aqueles que se santificaram pelo bem, pela caridade, pelo devotamento, são esses os guias espirituais das criaturas humanas.

ANJO DA GUARDA E O RESULTADO DE SEU TRABALHO

40 - Esse espírito protetor responde pelo resultado do trabalho que ele fez. Se o protegido não andar bem, ou se o protegido consegue andar no bom caminho, ele vai lucrar alguma coisa com isso, ou não?

Divaldo: Imaginemos um mestre que administra uma aula. Ele dispõe de alguns discípulos, uns atentos, outros rebeldes, outros mais indiferentes, diversos desinteressados. O mestre tenta

27 **Louis Pasteur** (1822-1895), cientista francês. Suas descobertas tiveram enorme importância na história da química e da medicina. É lembrado por suas notáveis descobertas das causas e prevenções de doenças. Suas descobertas reduziram a mortalidade de febre puerperal, e ele criou a primeira vacina para a raiva. Seus experimentos deram fundamento para a teoria microbiológica da doença. Foi mais conhecido do público em geral por inventar um método para impedir que leite e vinho causem doenças, um processo que veio a ser chamado pasteurização. Disponível em: <http://pt.wikipedia.org/wiki/Pasteur>. Acesso em: 2 de junho de 2010.

atraí-los à aula, mas, se não consegue, procura desincumbir-se do compromisso assumido que é o seu dever. A sua gratificação é a aprendizagem dos alunos que se interessaram pelo crescimento intelecto-moral.

Quando os guias espirituais apresentam-se na fase de protetores – que seria uma classe um pouco abaixo –, são os amigos de muitas horas, permanecendo conosco mais constantemente, sob o comando daquele que realmente é o nosso guia espiritual. Quando, por exemplo, eles não logram atingir as metas delineadas para nós, entristecem-se, como bons educadores que são, mas isso não os perturba de maneira nenhuma, porque eles sabem que, mais tarde, voltaremos ao caminho do bem.

No entanto, quando os frutos são opimos[28] e nós respondemos de maneira edificante às suas instruções, eles exultam e, de alguma forma, são compensados pela alegria do serviço exitoso.

ANJO PROTETOR DO BRASIL

41 - Somente o indivíduo, somente as pessoas possuem um anjo protetor ou guia espiritual, como você disse, ou também os grupos de pessoas, a sociedade, ou até mesmo as nações? Por exemplo, o Brasil tem um anjo protetor?

Divaldo: Naturalmente que sim. Os indivíduos formam grupos, esses grupos, associações e comunidades. É natural que entidades mais elevadas numa progressão vão ascendendo desde o guia espiritual do individuo àquele que é responsável por uma comunidade, por uma nação.

Segundo as tradições, o anjo Ismael é considerado o guia espiritual do Brasil. É semelhante a um chefe de Estado que tem eficiente equipe de administradores nas várias áreas, que se encar-

28 Abundante, fecundo, fértil, rico e excelente.

regam de atender aos vários setores, sendo a decisão final sempre a ele pertencente, e, quando tem dificuldades, recorre a Jesus que é o guia espiritual do planeta terrestre.

Há, portanto, toda uma graduação, dentro dos níveis da evolução. Allan Kardec classificou os espíritos desde os primários até os anjos, arcanjos, querubins, potestades, em uma escala infinita que vai desde a nossa ideia primitiva até o estado de perfeição relativa que nos está destinado.

PEDIDOS PARA O ANJO DA GUARDA

42 - O espírito protetor pode atuar para atender um pedido nosso, como soprar os seis números da Mega Sena acumulada? Ou então, por exemplo, para arrumar casamento?

Divaldo: Claro. Ele pode, sim, porque normalmente tem a presciência, mas não o faz, porque seria privilegiar um indivíduo em detrimento de uma comunidade e, com essa proteção, que seria absurda, tornar o indivíduo frívolo, irresponsável.

A função dos espíritos nobres não é a de uma *buena dicha*,[29] assevera Allan Kardec, nem se encarrega de procurar empregos, enunciar números de sorte, ou proporcionar casamentos.

Muitas vezes, pessoas vêm até mim e pedem para que eu interfira junto aos benfeitores espirituais, a fim de que se casem. Eu costumo responder, de maneira jocosa, embora gentil, que procurem um médium casado, porque, comigo, não deu certo, até hoje não me proporcionaram o casamento. É certo que eles não se envolvem nesses problemas da afetividade, que se encontram desenhados em nossos compromissos morais em decorrência da conduta em existências anteriores.

29 Boa sorte.

Melhor será proceder bem, trabalhar e granjear o merecimento das leis soberanas da vida, porque a felicidade independe do dinheiro, do casamento, do emprego. É um estado interior que logramos graças à consciência tranquila, ao caráter reto e ao trabalho digno.

ALCANCE DA ATUAÇÃO DO ANJO PROTETOR

43 - Para exemplificar melhor ainda o trabalho ou a atividade do anjo protetor, o anjo da guarda ou guia espiritual, vamos imaginar uma situação hipotética, uma pessoa que deseja atirar em outra, mas a bala por algum motivo não atinge a pessoa que era o alvo. Pode, nesse caso, o anjo da guarda, o guia espiritual ter desviado essa bala? E a criança que caiu da janela e ficou pendurada pela fralda, pode ser ação do espírito protetor?

Divaldo: Cada caso é um caso. Allan Kardec diz, por exemplo, que, se vamos passando por uma construção e cai um tijolo em nossa cabeça, não foi atirado por um espírito mau, mas um espírito bom pode inspirar-nos a evitar passar por ali naquele momento, ou contornar aquela situação, o que impediria um acidente.

No caso de uma bala, segundo Allan Kardec quando abordou a questão das chamadas balas mágicas, que eram conhecidas na época, o espírito não irá desviar a bala, mas poderá interferir no sistema nervoso do agressor para que ele perca a pontaria. É uma ocorrência que depende da lei do mérito daquele que seria a vítima. Se ele não estiver incurso em débito como decorrência da lei de causa e efeito, não lhe acontecerá um dano daquela natureza, qual seja ser vítima de um homicídio.

No caso da criança a que se referiu a imprensa, ao cair do edifício, ela foi amparada por uma lança que lhe prendeu a fralda, evitando-lhe o choque brutal no solo. Podemos acreditar na possibilidade também de uma interferência de um espírito nobre, seu guia espiritual, para poupá-la da tragédia, já que necessitaria continuar a sua atual existência, porque lhe será útil como uma reencarnação proveitosa.

PROTEGIDO REBELDE

44 - Se o protegido é rebelde, o espírito protetor pode abandoná-lo?

Divaldo: Nunca! O bom mestre não abandona o aluno recalcitrante, antes procura mudar de metodologia, a fim de conquistá-lo. Qualquer educador sabe que existem vários recursos para atingir a finalidade que busca. Tanto pode usar o método direto, como utilizar de sutilezas. Então, no caso de um espírito nobre que acompanha o indivíduo irrefletido, que é frívolo, rebelde, ele continua ajudando-o, naturalmente lamentando as ocorrências infelizes, qual sucede com um educador da infância que, vendo o menino traquinas ou a menina rebelde, sabe que essa conduta é transitória, e chegará o seu momento de amadurecimento psicológico.

Desse modo, o bom espírito nunca abandona o seu protegido, mesmo quando, por acaso, ele se afasta da sua companhia. O espírito Emmanuel,[30] através do venerando apóstolo Chico Xa-

30 **Emmanuel** é o nome dado pelo médium espírita brasileiro Chico Xavier ao espírito a que atribui a autoria de boa parte de suas obras psicografadas. Esse espírito era apontado por Chico Xavier como seu *orientador espiritual*. A obra mediúnica atribuída a Emmanuel é composta por dezenas de livros, muitos deles traduzidos para diversos idiomas. São romances históricos, livros de aconselhamento espiritual, obras de exegese bíblica, etc. Disponível em: http://pt.wikipedia.org/wiki/Emmanuel_(esp%C3%ADrito). Acesso em: 4 de junho de 2010.

vier, tem uma imagem muito curiosa, informando que o espírito protetor pode ser comparado a um guarda-sol ou a um guarda-chuva. Se o indivíduo deixa essa proteção de lado, o instrumento não corre atrás dele, permanecendo onde foi deixado, até que desperte para a realidade e retorne em busca da cobertura acolhedora, da sua proteção.

PRESSENTIMENTOS

45 - Vez por outra somos envolvidos por uma voz interna, como se fosse um pressentimento. Nesse caso seria uma advertência do nosso guia espiritual, do nosso anjo da guarda?

Divaldo: Allan Kardec revela em *O Livro dos Espíritos* que, muitas vezes, chega-nos uma primeira ideia, que é chamada voz interior. Invariavelmente pertence a um espírito bom, guiando-nos para a trilha do bem, direcionando-nos com segurança quando estamos numa encruzilhada de indecisões, quando estamos diante de problemas que surgem e não sabemos qual a melhor conduta. Allan Kardec recomenda o silêncio, a oração, o recolhimento e a primeira ideia que venha, por certo, é transmitida pelo anjo da guarda ou guia espiritual.

JOANNA DE ÂNGELIS

46 - A sua mentora é o espírito Joanna de Ângelis. Ela o acompanha desde que você nasceu. Como foi descobrir que sua mentora havia sido mulher?

Divaldo: Eu acredito que muito antes de eu nascer, segundo me revelou oportunamente. Por ocasião da codificação kardequiana, ela teria sido convidada para fazer parte do grupo de espíritos que contribuíram para a grande revelação espírita e constituíram a equipe de *O Consolador*. A sua contribuição deu-se mediante uma mensagem com o pseudônimo *Um espírito amigo*, que está inserta em *O Evangelho Segundo o Espiritismo*, de Allan Kardec, e é intitulada *A paciência*. Contou-me, também, que aproximadamente cem anos antes de construirmos a Mansão do Caminho,[31] ela teria reunido, no mundo espiritual, um grupo de seres que lhe eram muito queridos e estabeleceu a programação para essa atividade, na qual nos envolvemos, em razão de constituirmos uma família espiritual, cujos vínculos precedem a reencarnações já remotas. Desse modo, estamos comprometidos desde antes de reencarnarmos, e teria me preparado para a tarefa modesta que venho exercendo sob a sua inspiração e em nome de Jesus Cristo.

Durante muitos anos apareceu-me como uma claridade, causando-me muita dificuldade em identificá-la. No dia 5 de dezembro de 1945, contava eu 18 anos, transmitiu uma mensagem psicofônica através de mim e, falando aos amigos – éramos cinco pessoas –, sugeriu que a chamássemos de um espírito amigo.

Posteriormente, estando com Chico Xavier, em março de 1948, na sua residência em Pedro Leopoldo, após dormir na sua casa abençoada, perguntei-lhe pela manhã quem era o meu guia espiritual. Há uma curiosidade em todos nós a esse respeito, Chico Xavier, bondoso e nobre, sorriu e disse que não conseguia identificar os contornos, mas se tratava de um ser nobre, que ele pensava haver sido mulher em uma das suas últimas reencarnações.

---

31 **A Mansão do Caminho** é a obra social do Centro Espírita Caminho da Redenção, situada em Salvador, no estado da Bahia, fundada em 15 de agosto de 1952 pelo médium e orador espírita Divaldo Pereira Franco e por Nilson de Souza Pereira. Disponível em: <http://pt.wikipedia.org/wiki/Mans%C3%A3o_do_caminho>. Acesso em: 1 de março de 2012.

Por ocasião do sesquicentenário da independência do Brasil, esse espírito amigo revelou-me que havia sido a reencarnação da Abadessa Joana Angélica de Jesus,[32] mais tarde cognominada como mártir da independência da Bahia.

Posteriormente, quando eu me encontrava na cidade do México, em 1969, proferindo uma conferência na *Gran Logia Mazonica Valle Del México*, ela apareceu-me e sugeriu-me visitar um lugarejo chamado *San Miguel Neplanta*, que fica entre a cidade do México e Cuernavaca, informando-me que havíamos vivido ali. Através de amigos identifiquei o local, e um engenheiro de petróleos me levou no domingo seguinte até lá. Só então, fiquei sabendo que havia nascido ali uma mulher muito nobre, que se imortalizou com o nome de Sóror Juana Inês de La Cruz.[33] Mas o seu nome civil era outro: Juana de Asbaje, filha de uma mexicana com um nobre espanhol. Juana Inês de La Cruz foi considerada a primeira mulher feminista das Américas, era chamada a monja da biblioteca, pois já no seu tempo, no século XVIII, ela possuía aproximadamente 5.000 volumes, criando, sem o desejar, um problema cultural entre a Ordem e ela própria. Perseguida pela abadessa, viu-se constrangida a abdicar da biblioteca e, com o seu sangue, firmou o seu testamento doando a biblioteca ao monastério, renunciando a tudo e indo cuidar dos pestosos, quando

32 **Sóror Joana Angélica de Jesus** (1761-1822), religiosa concepcionista baiana, nascida no Brasil colônia, que morreu defendendo o Convento da Lapa em Salvador (Bahia) contra soldados portugueses. Disponível em: <http://pt.wikipedia.org/wiki/Joana_Ang%C3%A9lica>. Acesso em: 2 de junho de 2010.

33 **Sóror Juana Inés de La Cruz** ou, simplesmente, **Sóror Juana**, religiosa católica, poetisa e dramaturga nova-espanhola (pelo que se a considere mexicana, também se pode tomá-la como espanhola), nascida em data incerta (estima-se que foi entre 1648 e 1651), em San Miguel Nepantla, perto de Amecameca e falecida na Cidade do México em 1695. Foi a última dos grandes escritores do Século de Ouro. Disponível em: <http://pt.wikipedia.org/wiki/Juana_In%C3%A9s_de_la_Cruz>. Acesso em: 2 de junho de 2010.

desencarnou contaminada pela epidemia. Essas informações e outras foram-me chegando ao largo do tempo.

JOANNA DE ÂNGELIS HOJE

47 - Como é o seu relacionamento com ela nos dias de hoje?

Divaldo: É um relacionamento íntimo, com muito respeito. Generosa e amiga, sempre que possível está comigo, principalmente nas atividades espirituais, inspirando-me, conduzindo-me, a fim de que eu erre menos em face de uma vida de muitas viagens para divulgar o Espiritismo. Sempre terminadas as atividades fora do Brasil ou em outras cidades do nosso país, ela aparece-me e apresenta-me espíritos locais que são convidados para psicografar e, graças a esse comportamento, tem-me sido possível não interromper o trabalho da escrita mediúnica.

Ela é sempre a responsável pela administração geral dos fenômenos mediúnicos que por mim ocorrem. Muitas vezes apresento-lhe dúvidas, formulo questões, pedindo-lhe esclarecimentos e sou generosamente atendido. Digamos que é uma mãe generosa, amiga e austera, não me permitindo uma intimidade que pudesse descer ao nível de um relacionamento vulgar.

ANJO DA GUARDA E OBSESSÃO

48 - Qual a missão do nosso anjo da guarda diante de uma obsessão?

Divaldo: A de um educador. Ele fica ao lado, procura que a nossa mente abra espaço para ele nos inspirar, sendo o amigo cuidadoso, nunca, porém, o fiscal que nos guarda. Às vezes desejamos que o nosso guia espiritual faça a nossa tarefa, o que não é possível, pois que a sua missão é esclarecer-nos e auxiliar-nos a resgatar os nossos erros.

O que podemos fazer para tê-lo mais perto? Sintonizar com o seu pensamento, porque ele sempre está em sintonia conosco. Certo dia contou-me Chico Xavier uma sua experiência pessoal. Ele estava passando por um grave problema moral, e então perguntou a Emmanuel: "O senhor não diz nada!" E o nobre mentor respondeu-lhe, interrogando: "Como?" E ele se referiu: "O meu problema!" O benfeitor, sereno, esclareceu-o: "Mas eu já venho dizendo-lhe como se comportar há muito tempo. Chico, havia um homem que era muito querido e aquele que o protegia deu-lhe um chapéu de chuva, depois ofereceu-lhe uma capa de chuva, mais tarde doou-lhe uma bota de borracha para a chuva, por fim, deu-lhe um guarda-chuva. É claro que ele estava lhe dizendo que ia chover.

Quando veio a chuva, o homem gritou: 'O que faço?' E o amigo respondeu-lhe: 'Use tudo o que eu lhe dei.'

Eu venho escrevendo por seu intermédio há muito tempo, avisando-o a respeito de acontecimentos desastrosos, agora que chegou um deles, use tudo quanto lhe ofereci. Ou você deseja que eu lhe tire a provação? Se eu o fizesse, como é que você iria evoluir?"

Também, oportunamente, quando eu experimentei muitos desafios, eu disse a Joanna de Ângelis: "A senhora escreve a todo mundo por meu intermédio, dá conselhos comovedores, e, no entanto, eu estou sofrendo e a senhora não diz nada! Quem já viu algo assim?" Ela sorriu, melancólica, e respondeu-me, perguntando-me: "Meu filho! Nunca lhe disse nada?" Ao que eu respondi: "Não, senhora. Depois de tantos anos de mediunidade escrevente, não tenho uma página que a senhora haja dirigido a mim".

Ela, muito serena, redarguiu: "Algum de nós está equivocado, senão vejamos: tome o livro *Messe de Amor* ou um outro qualquer da nossa lavra". Eu fui à estante e retirei um deles.

Ela propôs-me: "Leia uma página qualquer". E eu li, "tu fazes, tu sabes, tu necessitas".

No silêncio natural que se fez, ela esclareceu com doçura: "Vê o pronome que uso: tu! Tu publicas para os outros porque queres, mas eu estou dizendo tudo isso para ti".

E remontou a Allan Kardec quando esclarece que os médiuns devem aceitar primeiro para si as mensagens de que são objeto antes que para os outros. Nunca mais me deixei enganar nessa questão! Quando começa a chover, já abro o guarda-chuva.

Então, estamos diante exatamente da ajuda do anjo da guarda que não tem a tarefa de diminuir-nos ou impedir-nos as dores abençoadas que nos ajudam no processo da evolução.

Um amigo, que é excelente médium, disse-me: "Divaldo, quando eu estou com problemas, eu não peço ajuda aos guias espirituais, porque eles adoram que a gente sofra... (Risos)"

Eu retorno a Chico Xavier. Nos anos quarenta, ele estava muito doente, sofria de uma problemática infecciosa do aparelho respiratório, e um dia ele pensou que iria morrer, não podia resistir àquilo. Sentou-se à porta da cozinha da casa que dava para o quintal da sua irmã Luiza e começou a orar, preparando-se para a morte. Nesse momento, apareceu-lhe Emmanuel e perguntou-lhe: "O que tens?" "Estou morrendo" – respondeu – "se eu morrer, o senhor me recebe?" "Não posso, porque tenho um compromisso urgente" – contestou. E foi embora.

Ele sentiu-se mais aflito. Nesse ínterim, apareceu-lhe o espírito Scheilla, que lhe fez a mesma pergunta, e ele respondeu: "Estou morrendo... se eu desencarnar agora você me recebe?" "Não posso, Chico" – redarguiu-lhe a amiga espiritual – "porque eu estou com um compromisso com Emmanuel".

Ele ficou desanimado, quando surgiu o doutor Bezerra de Menezes,[34] que lhe indagou: "Chico, o que se passa?" Ele desabafou: "Doutor Bezerra, por um acaso o senhor tem algum remédio para esta besta?" O benfeitor, gentil, respondeu com bom humor: "Chico, eu não fui veterinário na Terra, mas vou ver o que eu posso fazer!"

... E ele viveu apenas mais sessenta anos.

DIALOGAR COM O ANJO DA GUARDA

49 - O que você poderia falar para pessoas que querem estabelecer um diálogo com seu anjo protetor?

Divaldo: Eu diria que faça uma viagem interior, que procure silenciar, aquietar a mente. No momento em que aquietar a mente, em uma penumbra, num lugar tranquilo, abra-se à oração, não é necessário ter uma fórmula, porque orar é abrir a alma a Deus e falar-Lhe na condição de um filho que necessita da proteção de seu pai. Nesse silêncio interior que se estabelece, sempre chega a inspiração. Invariavelmente, no começo é um monólogo, é uma voz que vem monocórdia, repetitiva, e vai chegando à nossa mente. Logo depois, somos impelidos a fazer perguntas e estabelece-se um diálogo.

Todos nós podemos entrar em contato com os bons espíritos, desde que nos predisponhamos a isso, pois que com aqueles menos bons isso se dá naturalmente, face à nossa conduta nem sempre elevada. Mas os espíritos bons, sábios, os guias espirituais, exigem um estado de paz interior, de equilíbrio emocional, para poder se estabelecer realmente a comunicação que todos podemos lograr.

---

34 **Adolfo Bezerra de Menezes Cavalcanti** (1831-1900) foi um médico, militar, escritor, jornalista, político e expoente da Doutrina Espírita no Brasil. Disponível em: <http://pt.wikipedia.org/wiki/Bezerra_de_menezes>. Acesso em: 1 de março de 2012.

MORTES COLETIVAS

PROPÓSITO DE DEUS NAS MORTES COLETIVAS

50 - Periodicamente a humanidade é surpreendida com acontecimentos que causam a morte de muitas pessoas, algumas decorrem de eventos da natureza como *tsunamis*, terremotos ou desabamento de terra, outras já decorrem da ação do homem, como acidentes de avião. Qual o propósito da divindade nessas mortes coletivas?

Divaldo: O egrégio codificador da Doutrina Espírita Allan Kardec, em *O Livro dos Espíritos*, na sua terceira parte, a *Lei de destruição*, faz uma análise dessas tragédias coletivas e interroga aos benfeitores da humanidade o que pretende a divindade com essas desencarnações coletivas. E, para surpresa de Allan Kardec e nossa, os benfeitores disseram que era para fazer a sociedade progredir. O comentário é vasto, e nessa mesma questão o codificador pergunta se não teria a divindade outros recursos para promover o progresso dessas pessoas. Os espíritos informaram que sim, e isso acontece através de fenômenos naturais, como epidemias, insucessos de vária ordem, fenômenos sísmicos e outros. Então, Allan Kardec volve à questão, indagando que, se num caso desses, muitos inocentes não seriam vítimas dos infelizes acontecimentos. Os benfeitores espirituais assinalam que não, porque dentro do código das soberanas leis, somente nos acontece aquilo de que temos necessidade para evoluir. A lei de causa e efeito estabelece os parâmetros não somente dos resgates coletivos como também das técnicas que induzem os indivíduos a esses resgates calamitosos.

Observamos, por exemplo, que nos acidentes aéreos pessoas chegam num momento e resolvem mudar a viagem, desenvolvendo um esforço tremendo, enquanto outros lutam para poder ser incluídos naquele voo e, como resultado, padecem essas consequências que estão dentro da sua programação evolutiva. É sempre providencial, portanto, que se mantenha a confiança em Deus, quando acontece algo lamentável e doloroso, como este que estamos examinando, especialmente os familiares, que ficam embrulhados nos mantos sombrios da saudade, e talvez também para alguns desencarnados, porque, surpreendidos de maneira inesperada, experimentam grande choque ao despertar no além, considerando que todas essas ocorrências estão dentro dos códigos da Soberana Justiça.

CORRELAÇÃO COM AS REENCARNAÇÕES ANTERIORES

51 - Então, podemos dizer que existe uma correlação desses acidentes com as reencarnações anteriores das vítimas?

Divaldo: Sem dúvida. Há uma vinculação, inclusive, entre os indivíduos que são vítimas. Imaginemos como eram as guerras do passado, como são algumas calamidades do presente, quando há conciliábulos de pessoas que estão vinculadas pelos mesmos interesses sórdidos em prejudicar a comunidade, através de fenômenos perturbadores e destrutivos. Essa ligação irá ressurgir quando reencarnarem e serão atraídos pela lei das afinidades para que estejam no mesmo local, a fim de coletivamente resgatarem o delito.

FAMILIARES E A LEI DE CAUSA E EFEITO

52 - E os familiares, eles se veem repentinamente afastados daqueles entes queridos. Eles também estão vinculados às leis de causa e efeito?

Divaldo: Com certeza que sim. Imaginemos que em uma programação bélica sempre há aqueles que são os construtores intelectuais da calamidade, os programadores que ficam na retaguarda, de igual maneira, o mesmo ocorre em determinados problemas de natureza individual, sempre alguém interfere para que isso tenha lugar e fica às ocultas. Através das bênçãos da reencarnação, voltam a nascer dentro do impositivo biológico, para que haja uma afinidade característica, e, então, com a partida de um ou outro, que seriam talvez os mais responsáveis, a dor atinge também aqueles que foram os antigos programadores intelectuais. Sob qualquer ponto de vista, todos são dignos da nossa ternura, de compreensão e de preces, tantos os que viajaram para o Grande Lar, como os que ficaram na Terra dominados pelo sofrimento da saudade.

VÍTIMAS DE VÁRIAS IDADES

53 - Nesses acidentes, temos vítimas que têm idade mínima e outras que já estão com a idade avançada. Também, nesses casos, existe a lei da causa e efeito?

Divaldo: Sem dúvida, porque para nós que estudamos a Doutrina Espírita a idade biológica não é importante. É fundamental o fenômeno da transformação moral do espírito. O espírito, estando reencarnado num corpo juvenil, não implica que seja de primeiras experiências, tratando-se antes de um espírito velho sob o aspecto da sua idade evolutiva, não do aspecto biológico.

O corpo é novo, mas o espírito traz experiências, nesse caso, bastante difíceis, que deve ressarcir. Por consequência, nas calamidades coletivas, ele se liberta das imposições que geraram os seus conflitos e a sua agressão às leis divinas, libertando-se, por fim, o que é realmente importante.

PREPARATIVOS PELA ESPIRITUALIDADE SUPERIOR

54 - Aprendemos que, para a espiritualidade superior, não existe improviso. Como é o atendimento, como é o preparativo dessa espiritualidade superior no caso desses eventos? Anteriormente e também depois que ocorre, tanto para os desencarnados como para os que ficam?

Divaldo: Poderia parecer que os benfeitores programam a desencarnação coletiva. Não é exatamente assim. Quando as circunstâncias mesológicas favorecem o acidente, os benfeitores têm conhecimento anterior. Vamos imaginar a possibilidade de uma falha em qualquer um dos equipamentos, a possibilidade de equívoco humano, os fatores climatéricos, as circunstâncias geológicas como terremotos, maremotos, erupções vulcânicas, *tsunamis*, então uma lei de afinidades atrai os indivíduos àquele evento que ensejará a libertação dos crimes do passado em forma coletiva.

Ficou tristemente célebre no Brasil e no mundo o incêndio de um circo em Niterói, quando crianças, aos milhares, perderam a vida biológica e centenas de pais ficaram em grande desespero. Na ocasião, em uma página de incomparável beleza, o espírito irmão X, pseudônimo de Humberto de Campos,[35] através

35 **Humberto de Campos Veras** (1886-1934) foi um jornalista, político e escritor brasileiro. Disponível em: <http://pt.wikipedia.org/wiki/Humberto_de_Campos>. Acesso em: 1 de março de 2012.

da mediunidade do venerando apóstolo Francisco Cândido Xavier, narrou o que teria sido a sua causa anterior, centrada numa ocorrência grave do tempo do cristianismo primitivo. Então a lei demorou aproximadamente dezenove, quase vinte séculos, para reunir os espíritos delituosos e, num acontecimento fortuito, o toldo do circo foi levado às chamas e com um alto poder de combustão caiu sobre a multidão, sendo devorada pelas chamas.

A Divindade, portanto, permite que os fatores mesológicos, assim como os propiciatórios sejam previstos pelos mentores, que também contribuem para reunir todos esses seres que estão vinculados entre si, ocorrendo, desse modo, uma pré-programação.

Certo dia o espírito Joanna de Ângelis disse-me: "O acaso, o improviso nas leis soberanas seria o resultado de um trabalho muito bem elaborado para dar certo naquele momento, que é o objetivo da programação". Mas esses espíritos, por outro lado, os que desencarnam, são recebidos por seus familiares no Além, por outras entidades amorosas, qual ocorria nos espetáculos do circo romano, nos períodos do cristianismo primitivo. Quando as feras dilaceravam as carnes e os espíritos se libertavam, hosanas estavam cantando no ar, outros mártires que os haviam precedido recebiam-nos e os levavam às regiões felizes. Nas grandes dores, nas grandes tragédias, sempre está presente a misericórdia de Deus compensando as aflições de todos.

ATENDIMENTO NO PLANO ESPIRITUAL

55 - Como essas mortes são coletivas, o atendimento no plano espiritual também é coletivo?

Divaldo: Exatamente. Grande número de benfeitores amorosos se encarrega de atender aqueles que são as atuais vítimas no seu processo de libertação.

CONDIÇÃO DE CHEGADA NO PLANO ESPIRITUAL

56 - Todos chegam na mesma condição no plano espiritual?

Divaldo: Não, necessariamente, porquanto estão em variados níveis intelecto-morais. No grupo, tanto existem pessoas de grande elevação, filhos e pais devotadíssimos, cônjuges, nubentes e parceiros feitos de ternura, como outros mais primitivos, agressivos, e cada qual desperta com o seu patrimônio em regiões equivalentes ao seu estágio evolutivo, embora todos recebam a mesma ajuda.

Imaginemos um acidente rodoviário em que um ônibus perde a direção, tomba no abismo e todos os passageiros são feridos. Todos são atendidos, mas cada qual recebe o tratamento conforme o estado de gravidade e conforme também a receptividade que tenha para o atendimento médico-hospitalar. No mundo espiritual também, sem dúvida, um bom número se perturba, porque não está preparado para a grande viagem. O codificador, ainda em *O Livro dos Espíritos*, interrogou sobre isso: "Que sucede com aqueles que têm morte violenta, homicídios, suicídios, tragédias deste ou de outro porte?" Os benfeitores contestaram: "Perturbam-se, e essa perturbação pode ser de dias, meses e até anos".

Que sucede se eu adormeço aqui e desperto em um país estranho? Estranho porque mentalmente eu não estou localizado nele, embora no meu inconsciente haja registros de alguma vez haver ali estado. Há um choque emocional muito grande, logo a seguir, as lembranças dos seres queridos que ficaram na Terra, depois, o recordar dos projetos em elaboração e, por fim, o desespero pelo não feito, pelo desejo do que gostaria de fazer. Eis porque vale a pena estarmos preparados, como se cada momento fosse o último da nossa experiência carnal, embora sabendo que todos são sempre beneficiados, cada qual, porém, dentro do seu nível de evolução.

DOR NA HORA DA MORTE

57 - Cada um vai ter a desencarnação de acordo com a sua evolução?

Divaldo: Nos casos de incêndios em que os gases tóxicos, a fumaça vai asfixiando a pessoa no momento do desencarne, aí existe a dor, a angústia, a aflição, que também fazem parte desse fenômeno do processo evolutivo. Cada desencarnação é específica. Nas mortes coletivas, como no caso de *tsunamis*, no momento de horror, o impacto é tão grande que o espírito desliga-se do corpo, experimentando, naturalmente, logo depois, a desencarnação, após a morte biológica, mediante a parada cardíaca, a morte do tronco cerebral. A seguir ocorre a desvinculação dos liames materiais, que pode demorar de acordo com os méritos de cada um.

FORMAÇÃO DO GRUPO QUE IRÁ MORRER

58 - Há narração de pessoas não estão presentes no momento de um acidente e deveriam estar lá, enquanto outras que não deveriam estar, ali se encontram e acabam desencarnando. Não existe coincidência nesse caso?

Divaldo: Exatamente, não existe coincidência. Essas pessoas vieram substituir outras e, como não faziam parte daquele grupo, o que seria fatal, pois não deveria haver sobreviventes, então cederam lugar a quem estava vinculado aos infratores.

Quando digo infrator, não há caráter pejorativo, trata-se de pessoas comprometidas negativamente com as leis cósmicas. E quem, dentre nós, se encontra isento de responsabilidade, quem entre nós não haja cometido determinados delitos, não apenas hoje, mas em existências transatas? Desta forma, no peso de valores, aqueles que não estavam incursos no retorno de alguma forma não estão presentes, enquanto os que estão em sintonia tomam os lugares e desencarnam dentro do projeto da lei.

MENSAGEM PARA OS FAMILIARES

59 - Não temos como mensurar a dor dos familiares, daquelas pessoas que tiveram parentes que desencarnaram nessas tragédias. O que poderia dizer para confortá-las?

Divaldo: Sigmund Freud, o notável pai da psicanálise, escreveu que a morte é uma dilaceração dos sentimentos, e o espírito Joanna de Ângelis diz-me que, quando a morte arrebata um ser querido, leva também metade daquele que ficou na retaguarda. Muitas vezes, o desencarnado recupera-se com relativa facilidade, mas aquele que ficou com a existência ceifada pela sua ausência experimenta uma dor inominável.

Eu lhes diria que se recordassem de Jesus descido da cruz e da dor de Maria contemplando o filho inerme, mas se recordassem também que, logo depois de três dias transcorridos, veio a ressurreição. Os nossos mortos vivem. A saudade do corpo, da convivência, será longa, mas passados esses dias de impacto pior, penso, a dor será mais profunda, porque será aquele espinho cravado na saudade, no sentimento. Então, eu diria como um psiquiatra materialista informou-me oportunamente. Disse-me ele: "Eu não creio na imortalidade da alma. Quando um paciente vem ao meu consultório e fala da perda de alguém pela morte, eu lhe pergunto quanto tempo viveu com o ser querido. E ele me responde: 'X anos'. 'Então recorde-se' – digo-lhe, por minha vez – 'desse largo período de convivência com ele e não lamente a interrupção, evoque as horas felizes e olvide por momento a hora da tragédia'".

Desse modo, direi a esses pais, a esses filhos, a esses afetos, a todos aqueles que estão vinculados aos que viajaram para o Grande Lar, que logo mais, no momento adequado, quando o fenômeno biológico de cada um de nós interromper-se através da morte, haverá o reencontro. Que se programem para esse momento feliz, evocando as horas vividas juntos, fazendo todo o bem possível em memória deles, em vez de os evocar no momento trágico da desesperação, recordando-se, isto sim, da convivência ditosa que foi mantida.

MORTES PREMATURAS

MOTIVO DAS MORTES PREMATURAS

60 - O ciclo natural da vida é que os pais morram antes dos filhos. Quando se dá o inverso e os filhos morrem primeiro, existe muita dor, muito sofrimento, tanto para os pais como para os demais familiares. Nesse contexto, qual é a razão de crianças, em tão tenra idade, desenvolverem doenças graves como a Aids e o câncer?

Divaldo: Allan Kardec, em *O Livro dos Espíritos*, faz uma bela abordagem sobre as mortes prematuras. Essas desencarnações prematuras estão dentro da ficha evolutiva, não somente daqueles que devem retornar, que vêm à Terra apressadamente para cumprir um período que lhes ficou faltando em experiências anteriores, como também para propiciar àqueles que os amam a oportunidade da reflexão.

A vida, examinada do plano físico para o mundo espiritual, é feita de incógnitas, mas no sentido inverso, do plano espiritual para o físico, é muito diferente. Sem dúvida, a morte sob qualquer aspecto considerado, é uma grande ceifadora de alegria. Freud assevera, no seu notável livro *Melancolia*, quando estuda o capítulo sobre o luto, que a morte é tão perversa que o indivíduo passa por um período de abatimento, de quase depressão, que dura invariavelmente até quatro semanas, no entanto, quando por acaso prolonga-se por mais tempo, transforma-se em um transtorno depressivo.

Do ponto de vista espírita, é uma provação. Provação para os pais, não para a criança. O espírito no corpo infantil liberta-se, e, ao libertar-se do antigo débito, prossegue em evolução, em melhores condições. No entanto, para quem fica, a dor, a frustração constituem testemunhos muito sérios, que devem levar a profundas reflexões a respeito dos nossos limites e da imortalidade, da sabedoria de Deus.

Nessa provação, que muitas vezes tem o caráter expiatório, porque os genitores não conseguem superá-la com facilidade, o indivíduo deve voltar-se para os porquês e buscar em Deus a única solução, aliviando a dor com a certeza do reencontro no futuro.

Cumprida a provação, o espírito retorna para continuar o processo da afetividade, renascendo no mesmo reduto doméstico ou através de outros corpos e acercando-se do antigo lar, prolongando a convivência, que momentaneamente ficou interrompida.

MORTES TRÁGICAS

61 - Uma criança que morre de forma trágica nasce predestinada a morrer daquela forma?

Divaldo: Não. Não há uma destinação para o fatalismo negativo. Uma criança que é vítima de situações deploráveis, pela imprudência ou perversidade, pela alucinação humana ou pelos fatores hoje existentes na Terra, não estava programada para morrer dessa forma, porque essa fatalidade anularia a lei do livre-arbítrio. Desencarnar é uma fatalidade, mas isso ocorrerá de maneira compatível com o mérito ou débito que traga de existências passadas. Se é um débito muito forte, as circunstâncias naturalmente se apresentarão dolorosas, lamentáveis e chocantes, se é de menor importância, a sua desencarnação será suave e sem traumas.

Soubemos recentemente de uma desencarnação terrível, a de uma criança que foi arrastada quarteirões seguidos por jovens alucinados. Ela não necessitava daquilo para evoluir, pois que, ao primeiro impacto da queda, ocorre a concussão cerebral e, portanto, o espírito já não experimenta nenhuma sensação de dor, sendo trágico o fato pelos efeitos que defluem, por atentar contra tudo que é nobre, digno do estágio de civilização e ética que já existe em nós.

Esse traumatismo craniano bloqueia de imediato a sensibilidade, como nos acidentes aéreos e outros. Ao primeiro impacto, os nossos nervos, melhor dizendo, as nossas artérias e os vasos explodem em razão da alta velocidade e, então, a morte é imediata, impedindo que os espíritos sofram.

O sofrimento advém pelo apego à matéria, em razão da sensualidade, porque cada qual desencarna conforme se encontra moralmente. Os sensualistas, do ponto de vista geral, os gozadores dos prazeres, das comodidades, apegam-se aos despojos e não se conformam em abandoná-los, experimentando as dores morais, que não pertencem ao gênero de morte, mas à própria condição espiritual.

RETORNO DA CRIANÇA AO MUNDO ESPIRITUAL

62 - Quando a criança chega ao mundo espiritual o que acontece?

Divaldo: É recebida carinhosamente, seja por acidente ou pelo fenômeno natural das mortes convencionais. Espíritos generosos que lhe programaram a reencarnação recebem-na e a conduzem a verdadeiros educandários, por falta de uma outra palavra, que são colônias onde se vão desenvolvendo, como se estivessem na Terra. Naquela primeira fase, permanece com as características da idade em que desencarnou, experimentando, com o tempo, as alterações como se estivesse no invólucro físico. Quando os pais desencarnam, não irão reencontrar, por exemplo, um adulto, porque o espírito se apresentará com a idade em que desencarnou.

A alegria desse momento renova os genitores saudosos e, com o tempo, assumem as características típicas da sua evolução.

BULIMIA E ANOREXIA

63 - Por que existem hoje tantas crianças e jovens com bulimia e anorexia?

Divaldo: São reminiscências de reencarnações passadas. Conversando com Chico Xavier, no período em que a família de uma jovem, Ann Quinlan,[36] residente no Estado de *New Jersey* nos Estados Unidos, conseguiu desligar os aparelhos que a mantinham em vida vegetativa, falávamos a respeito do prosseguimento da vida orgânica, porquanto se encontrava com morte cerebral fazia oito anos, sobrevivendo ainda dois anos sem nenhuma ajuda artificial. Percebendo minha estranheza, o amigo esclareceu-me: "Divaldo eu interroguei a Emmanuel sobre isso, porque também a mim me causou surpresa a continuidade da sua existência, ao que ele, bondosamente, respondeu-me que ela era uma ex-viciada, desde a existência anterior e reencarnou-se trazendo o vício, que infelizmente não soube vencer, sendo vítima da *overdose* que a martirizou, ajudando-a no resgate do grave drama".

---

36 **Karen Ann Quinlan** (1954-1985). Quando ela tinha 21 anos, ficou inconsciente depois de voltar de uma festa. Ela tinha consumido diazepam, dextropropoxifeno e álcool. Depois que entrou em colapso e parou de respirar, por duas vezes durante 15 minutos ou mais, os paramédicos levaram Karen Ann para o hospital, onde ela ficou em um estado vegetativo persistente. Ela foi mantida viva por vários meses sem melhora, os pais dela solicitaram a interrupção de cuidados hospitalares ativos para permitir que ela morresse. O tribunal decidiu a favor de seus pais. Embora Quinlan fosse removida da sustentação ativa da vida durante 1976, viveu em coma por quase uma década até sua morte de pneumonia em 1985. Disponível em <http://en.wikipedia.org/wiki/Karen_Ann_Quinlan>. Acesso em: 9 de agosto de 2010.

Muitas vezes, essas crianças que trazem hoje o transtorno depressivo bipolar, a bulimia e outros fenômenos perturbadores estão conduzindo as heranças do uso indevido dos recursos orgânicos e reencarnam em grande sofreguidão, repetindo as experiências infelizes para as superar, o que nem sempre conseguem. O transtorno se apresenta como verdadeira compulsão, exigindo dos pais e dos educadores altas doses de amor e cuidados terapêuticos para a sua recuperação.

JOVENS SUICIDAS

64 - Por que muitos jovens recorrem ao suicídio?

Divaldo: Porque nós vivemos numa sociedade paradoxal, imediatista, em que os valores éticos são controvertidos. O indivíduo triunfante nem sempre logra o êxito através dos valores morais que são celebrizados pela tradição filosófica.

É o momento em que o sexo transformou-se em um objeto de promoção social, humana e econômica. Os padrões de comportamento são atingir a fama a qualquer preço, e, quando a criança ou o adolescente percebe que não vai conseguir, a vida para ele perde o sentido.

Famílias desestruturadas, porque os pais brigam por qualquer coisa, num total desrespeito aos filhos em formação emocional e moral, são os exemplos típicos desses fenômenos. Infelizmente, a educação é muito conflitiva no ninho doméstico, não havendo o respeito aos valores morais, conforme se refere Allan Kardec, em *O Livro dos Espíritos*, elucidando que não se trata da educação conseguida apenas pelos livros, mas pelos hábitos morais que se infundem através da própria conduta na intimidade do lar. Como consequência, há uma desestruturação infantil, gerando insegurança, pois que o mundo é muito agressivo para a mente em formação, a violência toma conta de todos os arraiais da sociedade, e aqueles que são emocionalmente frágeis, por herança das existências passadas, parecem sentir uma imensa e inexplicável saudade do mundo espiritual, embarcando nessa terrível tragédia do suicídio, atirando-se ao abismo sem fundo.

PAIS DE JOVEM SUICIDA

65 - E o que os pais podem fazer para ajudar esse suicida?

Divaldo: Vigiar, durante a vida infantil, dando mais amor. Os pais modernos preocupam-se em oferecer coisas, em vez da presença, fugindo do lar sob o pretexto de ganhar mais dinheiro para oferecer comodidades dispensáveis, e o amor que deveria ser essencial passa a ser oferecido por meio de funcionários remunerados. Com o tempo, esses pais transformam-se em fornecedores, quase desconhecidos pelos filhos, que não os amam, porque não são amados por eles. Ideal seria que déssemos menos coisas e nos déssemos muito mais, no entanto, o nosso egoísmo não nos permite isso.

A criança, sentindo-se desamada, porque não bastam as palavras que diga o pai ou a mãe, mas sim a sua vibração de carinho, que é captada, torna-se rebelde, frustrada. Com muitas coisas, porém sem a essencial, foge da realidade e atira-se nos conflitos, porque não dispõe de afetos para compartir as preocupações, os medos, as incertezas.

Depois de consumado o suicídio, os pais devem orar, sem ressentimento, envolvendo em ternura o ser amado, e rogando a Deus a Sua misericórdia e amor. As ações de benemerência em favor dos desencarnados queridos são-lhes valiosos contributos para se sentirem felizes.

PAIS QUE PERCEBEM TENDÊNCIA SUICIDA

66 - O que os pais devem fazer quando percebem a tendência suicida no filho?

Divaldo: De imediato levá-lo a um especialista, cercá-lo de carinho, oferecendo-lhe segurança emocional, despertando-lhe confiança, a fim de que possa expor o conflito que o aturde.

Tratando-se de tristeza, é até mesmo um fenômeno saudável, quando de breve duração, mas, quando se prolonga, transforma-se numa forma de melancolia, e essa melancolia pode dar um salto para um surto depressivo e o indivíduo tentar fugir pelo suicídio, porque a vida não lhe tem nenhum sentido. Aos primeiros sinais, portanto, como a insônia, o sono interrompido durante a noite, os pesadelos fortes, a tristeza periódica, o desinteresse pelos estudos, pela higiene, são sintomas que denotam a instalação do transtorno depressivo, que pode conduzir à fuga terrível pelo suicídio. Vale, portanto, a pena levá-lo ao especialista na área da psicologia, da psiquiatria, mas também a uma instituição espírita para que seja beneficiado pelos recursos psicoterapêuticos que a doutrina coloca ao alcance de todos quantos os desejem, tais como: os passes, a água magnetizada, a oração, a desobsessão, porque, invariavelmente, há influências espirituais, mesmo na idade infantil e juvenil que nos parece tão risonha. Devemos repetir sempre que o espírito reencarnado nesse período traz comprometimentos e os seus adversários vigiam-no, perseguem-no. Por meio dessas providências preventivas, poderemos evitar as tragédias do cotidiano.

GESTAÇÃO QUE NÃO CHEGA AO FIM

67 - No Brasil, segundo dados da Unicef, 3,3% das crianças nascidas morrerão antes de chegar aos cinco anos de idade. Quais seriam os propósitos de Deus ao encaminhar à Terra espíritos que viverão tão poucos anos, ou então a gestação que não chegará ao fim?

Divaldo: Esses fenômenos são problemas decorrentes de reencarnações transatas. Esses espíritos, alguns ainda em fase primária do desenvolvimento, na hora da grande transição, têm a sua chance de resgatar os seus débitos, através de enfermidades degenerativas, de dificuldades ambientais, socioeconômicas, assim como dos efeitos doentios das injustiças sociais que vigem no planeta, ou fatores outros que nos escapam, vivendo apenas breve período de tempo, ou mesmo não logrando o renascimento.

Quando alcançarmos o elevado nível da verdadeira fraternidade e procurarmos contribuir para o bem geral, naturalmente essa incidência diminuirá muito. Mas mesmo desencarnando jovens, crianças, recém-nascidos e aqueles cuja gestação não se completa estão enquadrados no programa propiciatório do progresso, porque a dor que experimentam com a frustração, e aos pais martiriza, transforma-se em lenitivo para a evolução, uma vez que o sofrimento não tem somente o caráter punitivo, mas também o de reeducação moral.

Em uma bela mensagem, que se encontra em *O Evangelho Segundo o Espiritismo*, uma veneranda entidade canta: "Ó dor bendita", porque através dela despertamos para reflexões profundas, tendo em vista que a vida terrestre é cheia de imagens ilusórias e tudo sucede com muita rapidez e fugacidade, quase com ausência de tempo para reflexionar. A dor, então, convoca-nos à meditação e à valorização da existência física.

VÍTIMAS DA VIOLÊNCIA

68 - Alguns casos ocorridos, como o do menino João Hélio, que foi arrastado pelas ruas do Rio de Janeiro, preso no cinto de segurança e da adolescente Eloá, que foi assassinada pelo seu ex-namorado. Como refletir à luz do Espiritismo sobre esses casos?

Divaldo: Constatamos que, infelizmente, ainda é muito primária e imediatista a cultura terrestre. Quando Allan Kardec asseverou que a Terra é um planeta inferior, explicou que assim o era porque os espíritos que a habitam ainda são inferiores.

Isso naturalmente não justifica, mas esclarece que, nesse caldeirão de paixões, muitas vezes espíritos nobres permitem-se o sofrimento, para servirem de exemplo para outros, como no caso da criança referida, que a todos comoveu, tornando-se um verdadeiro mártir de mentes desarvoradas, assim concluindo uma etapa muito dolorosa e deixando uma lição profunda de amor.

No outro caso, em Santo André, o da moça assassinada, constatamos o paradoxo que resulta da compaixão pela vítima e o ódio terrificante do criminoso, que, infelizmente, não passa de um psicopata infeliz, e que deveria ter recebido tratamento antes do hediondo crime, qual ocorre com outros tantos que se encontram em nosso meio. Bastava que se observasse também o comportamento da jovem que, aos doze anos, se enamora de um adulto, permitindo-se leviandades que culminaram no infausto acontecimento. Lamento muitíssimo o sofrimento da genitora da vítima, no entanto, permito-me pensar, também, na mãe do criminoso, que igualmente considero infeliz. A genitora da jovem, no auge da sua dor, teve um dos mais belos gestos humanitários, que foi doar os órgãos saudáveis da sua filhinha para salvar outras vidas. A morte, portanto, da menina, dela fez uma missionária do bem, adicionado à grandeza materna que perdoou o algoz de sua filha.

O Espiritismo explica que fenômenos lamentáveis dessa ordem são muito complexos numa análise em torno da reencarnação. A Divindade não necessita que tomemos a adaga da justiça para cobrar os erros do próximo, porque dispõe de mecanismos sublimes que proporcionam a reparação do mal praticado pelo infrator. Na sua alucinação, porém, o tresvariado preferiu ser o "justiceiro", tombando no abismo irremediável da própria loucura, que o levará a um processo longo de martírio e recuperação, enquanto a sua vítima tornou-se uma heroína do bem.

CAUSA DA MORTE DE CRIANÇAS E JOVENS NO BRASIL

69 - No Brasil, uma pesquisa da Unicef revela que, das crianças e jovens entre 10 e 19 anos que morrem, 60% acabam tendo mortes trágicas, por acidentes, atropelamentos, homicídios. Como entender esse contexto nacional?

Divaldo: Penso que, apesar da estatística alarmante sobre o Brasil, o problema é universal, digamos que é terrestre. Allan Kardec estudou a problemática nas leis morais de *O Livro dos Espíritos*, que são fascinantes. Trata-se do terceiro livro da Obra e são fundamentadas na lei de amor. Essa lei de amor foi desdobrada por Kardec em dez outras leis, dentre as quais a de destruição, explicando a ocorrência das calamidades sísmicas que assolam o planeta com frequência, assim como dos crimes hediondos, das guerras, de toda sorte de selvageria. Morrer é um fenômeno natural, biológico, e essas mortes coletivas angustiantes, assim como as individuais, convidam a sociedade a reflexões em torno do significado existencial.

No caso dessas mortes juvenis, conforme os dados estatísticos do IML, constatamos que as vítimas também se encontram incursas no grupo dos espíritos que estão tendo a sua chance, em razão do período de transição entre o *mundo de expiações e provas* e o de *regeneração*. Muitos espíritos que ainda se encontram no estágio do primarismo evolutivo, vêm reencarnando-se a fim de desfrutarem da chance de avançar com o progresso ou serem afastados do planeta para experiências em outro orbe momentaneamente inferior. Todos, portanto, temos o dever de cooperar em favor da Terra renovada, utilizando-nos dos valores do bem de toda espécie e amparando esses seres rebeldes e indolentes, aos quais as Soberanas Leis aplicam os corretivos compatíveis com as suas necessidades de evolução.

PAIS DAQUELES QUE COMETEM OS CRIMES

70 - Quando ocorreu o acidente com o menino João Hélio, chamou a atenção uma entrevista concedida pela mãe de dois rapazes que estavam no carro que arrastou o menino. Ela disse: "Eu não criei monstros". Muitas pessoas se esquecem da dor dos pais daqueles que cometem os crimes. O que você poderia dizer a esse respeito?

Divaldo: Que estes, sim, são as grandes vítimas, porquanto aquele que desencarna nessas circunstâncias recebe do Alto misericórdia e compaixão sendo amparado com infinita ternura, em sua condição de vítima. Em toda condição de vítima, quando não existem motivos atuais, vamos encontrá-los em existências pregressas e essa condição dá ao indivíduo oportunidade de sublimar-se. Quanto àqueles pais que ficam destroçados, estes estão experimentando também rudes provações, que irão contribuir para o seu aprimoramento moral e espiritual.

É necessário que pensemos, principalmente, tanto nos pais da vítima como nos dos algozes. Ninguém, exceto psicopatas, cria um filho para vê-lo na condição de um monstro, de destruidor de vidas. Essa mãe cujo filho foi um dos responsáveis por esse crime hediondo, que comoveu a todos quantos tomaram conhecimento, sofre ao ser apontada como sendo a genitora do infame. Provavelmente, ela daria tudo para que ele fosse um cidadão, no entanto, todo esse emaranhado nas leis das reencarnações faz parte do nosso projeto de vida.

Deveremos estar vigilantes desde os primórdios da vida infantil, trabalhando a educação moral dos filhos, porque eles não nos pertencem, conforme assevera Gibran Kalil Gibran[37] dizendo que os nossos filhos não são nossos filhos, são os filhos e as filhas da ânsia da vida por si mesma, na sua bela obra *O Profeta*.

Esses indivíduos que apresentam psicopatologias graves e têm tendências para os crimes hediondos revelam-se através de pequenos comportamentos na infância, quando matam pássaros, quando maltratam animais, quando perturbam gatos e cães, quando chutam as coisas, assim criando condições para os crimes hediondos.

---

37 **Gibran Khalil Gibran** (1883-1931), também conhecido simplesmente como **Khalil Gibran**, de origem libanesa, foi ensaísta, filósofo, prosador, poeta, conferencista e pintor, cujos escritos, eivados de profunda e simples beleza e espiritualidade, alcançaram a admiração do público de todo o mundo. Disponível em: <http://pt.wikipedia.org/wiki/Khalil_Gibran>. Acesso em: 4 de junho de 2010.

Heine,[38] o grande poeta e filósofo alemão, deixou escrita uma frase, que eu li num campo de concentração, afirmando: "Quando se queimam livros – que foi um dos primeiros atos de Hitler contra os judeus – logo mais se queimarão pessoas".

Quando notarmos essas manifestações inabituais na criança, deveremos trabalhar a sua educação, embora alguns psicólogos afirmem que a educação pouco pode fazer, porque a problemática é genética. Os hábitos adquiridos, porém, tornam-se diretrizes de vida, e eles são frutos da educação boa ou má que seja ministrada. Então, os pais, desde cedo, devem vigiar as tendências dos filhos e corrigir as perturbadoras e negativas com amor, não se tornando coniventes, quer por comodidade, quer por ignorância, ou para não criar problema no relacionamento com os descendentes. Desse modo, são necessários amor e disciplina.

MORTE INDESEJADA

71 - Por que a morte é tão indesejada?

Divaldo: Porque a nossa cultura é ainda materialista, sempre pensamos no bem viver, estamos preocupados em amealhar recursos para gozar, preocupados com a velhice, com a doença, mas não com a imortalidade.

---

38 **Christian Johann Heinrich Heine** (1797-1856), importante poeta romântico alemão, conhecido como "o último dos românticos." Boa parte de sua poesia lírica, especialmente a sua obra de juventude, foi musicada por vários compositores notáveis, como Robert Schumann, Franz Schubert, Felix Mendelssohn, Brahms, Hugo Wolf, Richard Wagner e, já no século XX, por Hans Werner Henze e Lord Berners. Seus escritos geraram desconforto nas autoridades alemãs e Heine foi tido como subversivo, sofrendo com a censura. Em relação à censura sofrida, Heine proferiu uma de suas mais conhecidas citações: "Aqueles que queimam livros, acabam cedo ou tarde por queimar homens". De fato, entre os livros queimados pelos nazistas, em 1933, na *Opernplatz* (Praça da Ópera) de Berlim, estavam as obras de Heine. Disponível em: <http://pt.wikipedia.org/wiki/Heinrich_Heine>. Acesso em: 4 de junho de 2010.

Numa cultura espiritualista, realmente digna desse nome, a morte faz parte do cardápio da vida. Se, diariamente, nos preocuparmos que o momento chegará em que ela será a libertadora da vida, teremos outra atitude.

A notável psiquiatra suíça, naturalizada americana, doutora Elizabeth Kübbler-Ross,[39] que criou a tanatologia, escreveu em um dos seus livros que a cultura americana é tão imediatista em torno da vida física que procura mascarar a morte, maquilando o desencarnado, utilizando de outros recursos, para poder ocultar ou diminuir o impacto da morte. Estudando longamente pacientes terminais, ela quebrou os tabus, demonstrando que a morte é o fim da organização biológica, mas não o fim da vida. Graças à tanatologia, foram criadas equipes de pessoas para acompanhar o paciente terminal e para dar assistência à família, lucidamente dando outro significado à morte e ao morrer.

Quando nos recordamos de Jesus, aos 33 anos crucificado, mas falando de vida eterna e de ressurreição, conforme Ele nos veio demonstrar, alegramo-nos porque constatamos que o fantasma da morte se dilui. A grande megera, a morte, sede, então, lugar a uma alvorada de imortalidade, porque morrer é uma bênção, principalmente quando cumprimos com os nossos deveres, já que a matéria se decompõe, degenera e, por melhores que sejam os recursos da estética, das cirurgias e da medicina, em favor da sua preservação, chega o momento no qual o retorno é inevitável.

Em face dessa realidade, deveremos diariamente pensar na morte como São Francisco. Certo dia, quando capinava o jar-

---

39 **Elisabeth Kübbler-Ross, M.D.** (1926-2004), psiquiatra nascida na Suíça, autora do inovador livro *On Death and Dying*, em que ela primeiramente apresentou o agora conhecido Modelo de Kübler-Ross. Disponível em: <http://pt.wikipedia.org/wiki/Elisabeth_K%C3%BCbler_Ross>. Acesso em: 4 de junho de 2010.

dim, frei Leão lhe perguntou: "Meu pai, se você soubesse que iria morrer hoje, o que você faria?" Suavemente ele respondeu: "Eu continuaria capinando o meu jardim".

MENSAGEM PARA OS PAIS

72 - Qual a mensagem que você poderia dar para os pais que tiveram um filho morto e não se conformam com isso?

Divaldo: Eu me recordo de uma lenda oriental muito oportuna. Um grande mercador residia num oásis e fazia viagens periódicas, saindo de suas terras para outras regiões de onde trazia tecidos, joias, perfumes e os vendia.

Com essas jornadas, conseguira amealhar expressiva e sólida fortuna. Oportunamente, cansado das atividades a que se entregava, disse à mulher: "Tenho que fazer uma última viagem. Nosso filhinho tem três anos e eu não posso nem devo perder a sua infância vivendo fora do lar. Desse modo, resolvi que esta será minha última jornada. Cuida do nosso filho, que é o maior tesouro que temos".

Ato contínuo, chamou-a ao escritório e explicou-lhe: "Será uma viagem de apenas três luas". Aqui tens as escrituras e os contratos dos meus negócios, os documentos dos escravos, as joias, e foi passando-lhe, naturalmente, cada um dos bens que possuía. Ao terminar, foi ver o filhinho e rogou-lhe: "Guarda-o, mesmo que com sacrifício, e, se for necessário vender tudo que temos, faze-o, mas salva o nosso sublime tesouro".

Ela prometeu que assim o faria.

Ele viajou, passaram-se as luas referidas, e, como era comum na tradição, antes de retornar, ele mandou um servo à frente, para anunciar a hora da sua chegada, a preparação do banquete, a recepção.

À hora aprazada, quando ele saltou do camelo, sua primeira inquirição foi: "E nosso tesouro?".

A mulher respondeu-lhe: "Tem calma, e logo depois eu te devolverei na ordem em que tu me deste tudo quanto me confiaste. Banha-te, recepcionemos os convidados, e, quando todos se forem, eu te prestarei contas".

Terminada a festa, a mulher levou-o ao escritório e explicou: "Aqui está o resultado da minha administração. Começo a prestar-te conta, apresentando-te os documentos que me deste, aumentados, pois que adquiri propriedades, comprei mais escravos, contratei servos, adquiri também muitas joias".

"E o nosso tesouro?", interrompeu-a, ansioso.

"Será o último a apresentar-te, conforme me entregaste".

"Vamos ver o nosso filhinho. Antes, porém, gostaria de ouvir-te em razão de um drama que estou vivenciando e não sei como equacioná-lo. Na manhã em que viajaste, passou por aqui um venerando ancião e propôs-me: 'Mulher eu vou atravessar o deserto e tenho uma pérola como o mundo nunca viu. Queria confiar-te a minha gema, porque me inspiras confiança. Eu estou idoso, temo ser assaltado ou morrer e a joia preciosa cair em mãos que não correspondem. Poderás guardá-la para mim?'

Respondi-lhe: 'Não, é um risco desnecessário, mas deixa-me vê-la'. Estava num estojo de veludo e, quando eu vi aquela gema pálida e brilhante, apaixonei-me e confirmei-lhe: 'Eu a guardarei com a minha própria vida'.

'Com uma condição mulher' – ele esclareceu – 'se eu sobreviver à travessia do deserto, virei buscá-la'.

'Então não a quero' – respondi-lhe. – 'Como irei correr o risco da minha vida para depois devolvê-la? Não me interessa'.

Ele respondeu-me: 'Bem, lamento. Então irei bater em outra porta'. Mas a cobiça me foi tão grande que eu aquiesci, afirmando: 'Eu assumo a responsabilidade pela sua guarda e esperarei a sua volta'.

Passaram-se essas luas e eu pensei que o ancião deveria ter morrido. Mas para meu desencanto hoje, pela alva, quando despertei para poder concluir a recepção, reapareceu-me o homem. Fiquei estarrecida porque já amava a pérola.

'Mulher, vim buscar a minha pérola' – disse-me, sorridente.

'Qual pérola?' – fingi não saber.

'A que eu te emprestei há algumas luas.'

'Não me recordo' – informei-o, com certo cinismo.

'Como não te recordas? Eu sei que tu estás mentindo.'

'Senhor' – redargui-lhe – 'arrisquei a minha vida por nada!'

'Eu reconheço o seu sacrifício, mas acertamos que, se eu vivesse, viria buscá-la, já que não lha dava'.

"A minha dúvida é a seguinte, marido: eu deveria ter devolvido a pérola ou deveria ter ficado com ela para mim"?

"Ora – respondeu-lhe o esposo – tu és uma mulher sensata, por mais que ames e que dês valor a essa pérola, ela não te pertence. O teu dever é devolvê-la".

"Foi exatamente o que eu fiz, agora vem".

Adentraram um quarto de mármore com as colunas recortadas em arabescos, foi aberto um véu imenso e sobre uma cama luxuosa a criança estava morta.

Quando o marido olhou em desespero, ela, embora chorando, esclareceu: "Pois é, nesta madrugada o venerando Pai do céu, dizendo-me que Alá desejava de volta a sua pérola, pediu-me que lha devolvesse. Eu discuti muito com ele, sendo vencida, porque ele não me oferecera, antes me emprestara o anjo que agora queria de volta. Não tive alternativa, senão devolvê-la, e, enquanto o fazia, ele confortou-me, explicando que ela fora adornada, tornando-se ainda mais bela".

Esta é a lenda. Nossos filhos são empréstimos divinos, que os devolvamos bem melhores do que no momento em que os recebemos.

MEDIUNIDADE

MÉDIUM

73 - O que é ser médium?

Divaldo: Ser médium é possuir uma faculdade que permite o intercâmbio com os espíritos. Essa faculdade é muito conhecida na história da humanidade desde épocas mui recuadas, nas quais recebeu diferentes denominações, desde profetismo até as referências como paranormalidade, mediunidade. É inerente a todas as criaturas humanas, radicando-se no organismo, conforme elucidação do Codificador do Espiritismo.

MEDIUNIDADE OSTENSIVA

74 - Quando você diz que é inerente a todas as criaturas humanas, como explicar, por exemplo, que há pessoas, assim como você, que têm a possibilidade de ver e interagir com os espíritos e outras que não dispõem dessa possibilidade? Como é isso se todos nós somos médiuns?

Divaldo: Quando Charles Richet[40] estabeleceu que alguns são mais bem dotados, Allan Kardec, muito antes dele, asseverou que os mais bem dotados são denominados como ostensivos, da mesma forma que na área da inteligência determinadas pessoas são mais bem aquinhoadas do que outras. O mesmo ocorre em relação à memória e a outras funções tanto físicas, como psíquicas e emocionais.

---

40 **Charles Robert Richet** (1850-1935), fisiologista francês, descobridor da soroterapia, criou a metapsíquica e recebeu o Nobel de Fisiologia ou Medicina de 1913, por trabalhos relativos à anafilaxia (reações alérgicas). Disponível em: <http://pt.wikipedia.org/wiki/Charles_Richet>. Acesso em: 4 de junho de 2010.

A mediunidade apresenta-se sob vários aspectos, desde os fenômenos dos sonhos, intuições, premonições, às manifestações mais expressivas da psicografia, da psicofonia, da psicopictografia, os efeitos físicos, etc. Como é natural, pessoas existem que são portadoras de mais amplos recursos nessas áreas, facilitando-lhes as comunicações espirituais.

COMO SABER SE ALGUÉM É MÉDIUM OU NÃO

75 - Como uma pessoa pode saber se é ou não médium?

Divaldo: Muito facilmente. Quando o indivíduo é portador de mediunidade, vivencia sonhos premonitórios, experimenta sensações muito peculiares, como, por exemplo, aquela de que está alguém ao seu lado, capta intuições, nas quais os fatos chegam-lhe à mente antes que aconteçam, ou participa de ocorrências mais consistentes, vendo, ouvindo, oferecendo ectoplasma[41] para os fenômenos de ordem física.

DESENVOLVIMENTO DA MEDIUNIDADE

76 - Quando você diz que a pessoa tem essa sensibilidade e ela recorre a uma casa espírita, normalmente

---

41 **Ectoplasma** (do Grego *"ektós"*: por fora + *"plasma"*: molde ou substância), na acepção da parapsicologia, designa supostamente uma espécie de vapor esbranquiçado que sai do alegado Psíquico (médium), mais frequentemente pela boca, mas que pode sair por qualquer parte do corpo. É também supostamente sensível a determinados impulsos, se exterioriza a partir do corpo de determinados indivíduos com características especiais (Psíquico), permitindo a materialização de corpos humanos distintos daquele de onde saiu ou de membros, tais como mãos, rostos e bustos (ectocoloplasmia – formação de apenas partes ou membros do objeto ou coisa materializada). Disponível em: <http://pt.wikipedia.org/wiki/Ectoplasma_(parapsicologia)>. Acesso em: 4 de junho de 2010.

recebe a orientação de desenvolver a sua mediunidade. É correto falar em desenvolver a mediunidade?

Divaldo: Perfeitamente. À época de Allan Kardec, no século XIX, o verbo desenvolver foi muito bem aplicado, qual diríamos em relação à inteligência, à memória, às aptidões culturais e artísticas. Hoje, poderemos dizer também educar a faculdade, ampliando-lhe os recursos de captação e registro das ocorrências de forma que não perturbem o comportamento social e familiar do indivíduo.

O fenômeno é um tanto perturbador, quando a mediunidade desabrocha, dando lugar a vários campos de comunicação transpessoal, e, como somos viandantes de muitas etapas, através das reencarnações transatas, conduzimos em nosso cosmo interior adversários e espíritos simpáticos que facilmente passam a comunicar-se conosco. Aqueles que são inimigos geram, em razão da sua ignorância, problemas e desafios para o médium, que necessita estar vigilante e lúcido para superar esses problemas normais no seu processo de evolução.

A casa espírita é o lugar ideal para orientar o indivíduo, a fim de que possa estudar-se, compreender as suas reações nervosas, educar essas manifestações inusitadas e abrir espaço para as comunicações mediúnicas dentro de padrões corretos.

PESSOA QUE VÊ ESPÍRITO ACOMPANHANDO UM COLEGA OU FAMILIAR

77 - Uma pessoa que vê um espírito com um colega ou com uma pessoa da família deve informar ou não?

Divaldo: Quando se tratam de comunicações ainda iniciantes, vale a pena manter o pudor, a discrição, nada informando, até quando, educando a mediunidade, as informações possam ser canalizadas com segurança. Quando se procede a atividades pueris, a informações corriqueiras, torna-se frívola essa pessoa, porque está difundindo aquilo de que não tem seguro conhecimento, chamando a atenção para si mesma, sem resultados positivos para os demais.

A mediunidade, disse Allan Kardec, é coisa séria e deve ser praticada *santamente*, cristãmente, por isso o Espiritismo, sendo uma ciência, orienta propondo valores éticos, a fim de torná-la digna.

ESPIRITISMO E MEDIUNIDADE

78 - Alguns anos após o lançamento de *O Livro dos Espíritos*, Allan Kardec publicou *O Livro dos Médiuns* e outros, num total de cinco obras. Seguramente *O Livro dos Médiuns* é a obra mais completa sobre a mediunidade, desse modo seria um tratado sobre a mediunidade? Isso significa dizer que somente os espíritas são médiuns?

Divaldo: Não, de forma alguma. A mediunidade é inerente à criatura humana. Em todas as épocas existiram médiuns. Quando lemos, por exemplo, a obra *O Vedanta*, que seria uma bíblia dos indianos, nela encontramos a presença de fenômenos mediúnicos memoráveis. *O Livro Tibetano dos Mortos*, *O Livro dos Mortos*, dos egípcios, a *Bíblia*, estão refertos de fenômenos através de indivíduos que eram médiuns. A mediunidade, portanto, não é uma conquista do Espiritismo e que lhe pertença.

O Espiritismo estudou o fenômeno existente, um fenômeno paranormal, dando-lhe uma ética de comportamento, para evitar as perturbações, a fraude, a fim de nos precatarmos das mistificações e de outras perturbações nervosas, porque todos somos complexos eletrônicos regidos pela consciência, e é natural que em determinados momentos experimentemos a interferência dos espíritos bons e maus. *O Livro dos Médiuns*, de Allan Kardec, é o mais completo tratado que existe em torno da mediunidade e das técnicas de educação, de estudo dos transtornos psíquicos, como a obsessão, a perda e a ausência da faculdade, etc.

COBRANÇA PELA MEDIUNIDADE

79 - O filme *Ghost, o outro lado da vida* fez um grande sucesso porque trata da vida além da morte e da comunicação com os espíritos. No filme, a personagem que fazia a médium cobrava por um dom que ela sequer tinha. Ela desenvolveu esse dom depois e continuou cobrando. Você já psicografou mais de 250 livros, vendeu mais de 20 milhões de exemplares, Chico Xavier psicografou mais de 400 livros e somente *Nosso Lar* vendeu mais de dois milhões e trezentos mil exemplares. Se vocês cobrassem por isso teriam ficado milionários. Quem é médium pode cobrar?

Divaldo: Pode, o indivíduo tem esse direito, no entanto, aprendemos com Jesus que tudo aquilo que recebemos de graça, de graça devemos dar. Allan Kardec elegeu como bandeira da mediunidade a oferta daquilo que não nos pertence.

No meu caso e no caso do venerando apóstolo da mediunidade Francisco Cândido Xavier, assim como de muitos outros servidores de Jesus, reconhecemos que as informações procedem de entidades desencarnadas, não de nós, sem que nos permitamos lucrar com aquilo que não nos pertence. Por essa razão, não temos o direito de receber qualquer benefício, próximo ou remoto, dessa atividade que dignifica a criatura humana.

No caso em tópico, a respeito daquela médium, ela mesma reconhecia que na sua família havia ancestrais que eram portadores de mediunidade e também ela, depois que começou a farsa, momentaneamente, ao entrar em contato com os espíritos, é dominada pelo medo e procura fugir, sem resultados positivos. Aqueles indivíduos que se utilizam da mediunidade, profissionalizando-se, embora com todo o respeito que nos merecem, estão lesando a consciência cósmica, embora possam fazê-lo.

O Espiritismo nos ensina que todo o labor dessa natureza deve ser realizado gratuitamente, porquanto é dessa forma que recebemos do Senhor.

AUTENTICIDADE DAS MENSAGENS MEDIÚNICAS

80 - Uma das mensagens significativas do filme *Ghost* é a possibilidade da comunicação entre os dois lados da vida. Chico Xavier manteve uma atividade, uma tarefa com a denominação o correio de luz, no qual ele atendia as pessoas aflitas que o buscavam à procura de notícias de seus familiares já desencarnados. Como a pessoa que recebe a mensagem pode ter certeza da veracidade daquilo que ele está recebendo, ou se aquilo não é falso?

Divaldo: É muito fácil de identificar se é verdade. A verdade é muito clara pelos seus conteúdos, pois que se conhece a árvore pelo fruto que produz. No caso do venerando Chico Xavier, ele não mantinha nenhum contato prévio com as criaturas que estavam em busca das mensagens e, quando recebiam as mensagens, elas eram portadoras de informações valiosas desconhecidas do médium, tais como: palavras típicas do relacionamento íntimo entre o missivista desencarnado e o familiar, conselhos, comentários pessoais, nomes de membros do clã reencarnados e desencarnados, datas especiais, palavras em idiomas estrangeiros, de acordo com a nacionalidade do comunicante. Não havendo a menor hipótese de serem fraudes ou terem outra explicação.

Caracterizou-se *o correio de luz* do venerando apóstolo Chico Xavier pela nobreza, pela limpidez, na maneira como era exercido. A pessoa perdia-se na multidão, sem nenhum contato prévio com ele. Antes do labor, ele atendia alguns necessitados que o buscavam para outros fins e anotava, às vezes, determinados tipos de pedidos, nunca, porém, propunha qualquer interrogação em torno de familiares desencarnados, como datas, nomes, ocorrências, como, infelizmente, vem sendo feito por alguns insensatos. Sou testemunha, porque eu o conheci por mais de 40 anos, e recebi de minha genitora uma mensagem através dele, dando-me dados que eu demorei mais de dois anos pesquisando em cartórios para poder confirmar sua veracidade. Então, nesses casos, as comunicações autênticas facilmente podem ser identificadas pelos seus destinatários, pela maneira carinhosa própria de cada um se expressar, pela utilização de palavras muito típicas e revelação de informações que são desconhecidas, algumas das quais somente podem ser confirmadas posteriormente.

MEDO DE ESPÍRITOS

81 - No filme, a médium, quando se depara com o fantasma do personagem San, fica desesperada. É comum sentir-se medo de espíritos? E como superar isso?

Divaldo: Naturalmente, tratando-se de uma farsante, como é o papel desenvolvido por essa nobre atriz, ela não acreditava na imortalidade da alma, era uma profissional como tantos outros que encontramos na sociedade.

Ao ser deparada com a realidade, veio-lhe o pavor, a consciência de culpa e ela própria, na película, segundo me recordo vagamente, diz que prometia nunca mais fraudar, confessando que estava negociando com a Divindade, mas que não podia negociar com a consciência de culpa.

Gostaria de fazer um pequeno adendo ao que a película cinematográfica apresenta: é que, posteriormente, nas comunicações, fica-se com a impressão de que o desencarnado entrava no corpo da médium para poder comunicar-se. Essa informação não é verdadeira, embora o filme seja muito bem elaborado, fugindo um pouco da técnica do fenômeno da mediunidade. Os fenômenos mediúnicos ocorrem através do perispírito do médium em relação ao perispírito do desencarnado ou *corpo astral*, como normalmente é denominado. Ao acoplar-se ao *corpo astral* do médium, o perispírito, palavra cunhada por Allan Kardec, transmite as suas emoções, as suas sensações, através do direcionamento psíquico, comandando os *chakras* coronário e cerebral, que são, de alguma forma, as sedes da consciência e da superconsciência, intercambiando as informações que são transmitidas pelos médiuns.

DIVALDO E O MEDO NA INFÂNCIA

82 - Divaldo, você possui a mediunidade ostensiva desde os quatro anos. No início, você sentia medo, esse receio de que falamos há pouco?

Divaldo: A princípio eu sentia surpresa, porque não tinha capacidade de entender o que se passava, depois adaptei-me, porque a primeira visão que eu tive foi da minha avó desencarnada, mas aquilo não me constituiu um choque de maneira nenhuma. Posteriormente, quando apareceram entidades perversas, eu passei a ter medo, não do fenômeno mediúnico, mas daqueles seres que me ameaçavam, muitas vezes assustando-me.

No entanto, os espíritos bons jamais me desampararam e sempre me davam ânimo, encorajamento, dizendo-me que se tratava de um fenômeno natural e que, se eu resistisse bem através da oração, dos bons atos, dos bons pensamentos, é claro que eu conseguiria superar aquela fase, que era de educação através da necessidade dos sofrimentos e da adaptação ao novo clima psíquico. Assim passaram os anos e eu acostumei-me. Realmente experimentei os medos infantis comuns, mas nunca cheguei a temer ou deixar-me impressionar perturbadoramente pelos fenômenos.

PSICOGRAFIA EM OUTROS IDIOMAS E DE TRÁS PARA A FRENTE

83 - Divaldo, você apresenta diversas faculdades mediúnicas, mas uma delas se destaca: são as mensagens que escreveu de trás para a frente em idiomas que não conhece, já psicografou em inglês, francês, alemão, espanhol e até mesmo em árabe. E um desses momentos especiais ocorreu no Congresso Mundial Espírita, em Paris, na França, quando escreveu de trás para a frente em francês. Como é possível escrever em idiomas que não domina e por que os espíritos se utilizam dessa forma de comunicação?

Divaldo: Foi muito curioso o fenômeno narrado, porque nos encontrávamos no Congresso Mundial de Espiritismo, homenageando os 200 anos de reencarnação de Allan Kardec. Naquele momento, proferia a conferência o nobre orador Dr. José Raul

Teixeira,[42] quando, subitamente, vi uma entidade veneranda que se me acercou e disse-me: "Estamos em um Congresso Espírita, necessitamos de produzir um fenômeno espírita". Tratava-se de Léon Denis,[43] que foi um grande escritor espírita. Eu o conhecia de fotografia e já havia psicografado antes mensagens de sua autoria. Nesse momento, ele prosseguiu: "Vamos tentar escrever?".

Eu aquiesci e, discretamente, tomei de papel e lapiseira que se encontravam à mesa, concentrei-me, entrei em transe e psicografei.

Ao terminar, recuperando a lucidez, tive um choque, porque não esperava que fosse uma mensagem especular, aquela que deve ser lida através do espelho. Entreguei-a ao presidente do Congresso, Sr. Nestor Masotti.

Eu acredito que os espíritos assim o fazem com o objetivo de chamar a atenção, de demonstrar que não se trata de uma elaboração do médium, especialmente quando se trata de idioma no qual ele não é versado, como no meu caso, falo somente o português e um pouco de espanhol. De fato, em diferentes oportunidades, em canais de televisão, já psicografei nesses idiomas referidos, como também em italiano, duas vezes, sempre publicamente, sempre em momentos inesperados.

---

42 **José Raul Teixeira** (1949), dedicado trabalhador do Evangelho, brasileiro, que se notabilizou, entre os espíritas, como educador, médium e palestrante. Disponível em: <http://pt.wikipedia.org/wiki/Jos%C3%A9_Raul_Teixeira>. Acesso em: 4 de junho de 2010.

43 **Léon Denis** (1846-1927), filósofo espírita e um dos principais continuadores do espiritismo após a morte de Allan Kardec, ao lado de Gabriel Delanne e Camille Flammarion. Fez conferências por toda a Europa em congressos internacionais espíritas e espiritualistas, defendendo ativamente a ideia da sobrevivência da alma e suas consequências no campo da ética nas relações humanas. Disponível em: <http://pt.wikipedia.org/wiki/L%C3%A9on_Denis>. Acesso em: 4 de junho de 2010.

Quando os espíritos que vêm se comunicar abordam o tema que está sendo versado, o seu objetivo é, portanto, chamar a atenção para a mediunidade e dizer que não se trata de um fenômeno psíquico, telepático ou de hiperestesia indireta do inconsciente do sensitivo, mas sim de mediunidade.

SUCESSOR DE CHICO XAVIER

84 - Algumas pessoas têm dito que você é o sucessor do Chico Xavier. Isto é verdade?

Divaldo: É uma referência um tanto chocante, porque, no Espiritismo, não temos herdeiros. Chico Xavier é *hors concours*. Ele iniciou um ministério sublime e desincumbiu-se com a maior nobreza.

Em *O Livro dos Médiuns*, o espírito Joana d'Arc[44] refere-se à faculdade mediúnica que atinge sua plenitude, como tendo atingido o mediunato. Chico Xavier foi um apóstolo da mediunidade, portanto, alcançou o mediunato, enquanto nós somos ainda os trabalhadores da seara de Jesus em tentativas de acerto e de menos erros.

A mim me surpreende, muitas vezes, essa colocação, porque jamais me passou pela cabeça, ou tive qualquer pensamento de equiparar-me ao venerando missionário, mesmo porque as nossas tarefas têm características muito especiais. Eu tenho me dedicado mais à divulgação do Espiritismo pela palavra, enquanto a mediunidade gráfica ou psicográfica tem sido uma espécie de auxiliar; tenho dedicado a existência a uma obra de educação,

---

44 **Joana d'Arc** (em francês Jeanne d'Arc) (1412-1431), por vezes chamada de *donzela de Orléans*, era filha de Jacques d'Arc e Isabelle Romée e é a santa padroeira da França. Foi heroína da Guerra dos Cem Anos, durante a qual tomou partido pelos Armagnacs, na longa luta contra os borguinhões e seus aliados ingleses. Disponível em: <http://pt.wikipedia.org/wiki/Joana_d%27Arc>. Acesso em: 4 de junho de 2010.

na Mansão do Caminho, enquanto a missão de Chico Xavier foi essencialmente a do livro e dos incomparáveis exemplos de que se fez portador. Ele não tem substitutos, embora pálidos imitadores, mesmo porque isso no Espiritismo não existe. Allan Kardec desencarnou e ninguém se atreveu a pensar em substituí-lo, muito menos naquilo que diz respeito à mediunidade sublimada.

MAIOR DIFICULDADE DE DIVALDO COMO MÉDIUM

85 - Em todos esses anos como médium, qual a sua maior dificuldade?

Divaldo: A minha maior dificuldade é a luta pela transformação moral para melhor, a luta interior para poder conseguir a plenitude espiritual.

Nós, os espíritas, devemos ser reconhecidos como os verdadeiros cristãos, aqueles que seguiram Jesus desde os primeiros momentos. Como qualquer cidadão, venho trabalhando internamente as minhas dificuldades e procurando o que Jung costumava asseverar, alcançar o estado numinoso, um estado de individuação, um estado de perfeita harmonia entre o *ego* e o *self*, entre aquilo que aparento e aquilo que sou.

Eis aí a minha dificuldade, mas que vai sendo removida lentamente à medida que passam os anos.

MENSAGEM PARA MÉDIUM QUE TEM MEDO

86. Que mensagem você poderia deixar para a pessoa que é portadora de mediunidade, mas que tem medo ou que não sabe como educá-la?

Divaldo: Primeiro, sugeriria que procurasse uma instituição espírita, isto porque, sendo a mediunidade uma faculdade que o Espiritismo conhece em profundidade, na sua condição de ciência, dispõe dos equipamentos para bem orientar o indivíduo que lhe é portador.

Se, por acaso, a pessoa tem sonhos premonitórios, se experimenta certas perturbações de natureza psicológica, se sente instabilidade emocional, se acredita ser portador de dupla ou várias personalidades, procure conhecer o Espiritismo, visitando uma casa espírita, onde receberá, no atendimento fraterno, a orientação correta. Não se preocupe em desenvolver a faculdade de um momento para outro, porque isso exige tempo, reflexão, estudos.

Leia, primeiro, *O Livro dos Espíritos* para conhecer a filosofia espírita, depois adentre-se no conhecimento de *O Livro dos Médiuns*, para, somente então, estar em condições de participar dos exercícios mediúnicos.

A mediunidade é uma faculdade abençoada por Deus. O apóstolo Paulo a chamava carisma ou dom, enquanto Allan Kardec optou por chamá-la com o nome que a caracteriza na atualidade por ser uma faculdade orgânica.

No dia em que todos nos dedicarmos a essa viagem interior para a nossa transformação moral para melhor e nos tornarmos canais do mundo espiritual superior, estaremos construindo a sociedade justa e feliz, que se apresentará como *mundo de regeneração*, cujo trânsito vem acontecendo desde há alguns anos.

MEDIUNIDADE INFANTIL

A MEDIUNIDADE NA INFÂNCIA DE DIVALDO

87 - Desde criança você via e se comunicava com os espíritos, assim como você está me vendo e conversando comigo agora, só que naquela época não existia quase informação nenhuma sobre mediunidade, como era sua convivência na escola, com a sua família ou mesmo na brincadeira com seus amigos?

Divaldo: Era muito tumultuada, porque a minha primeira visão foi aproximadamente em setembro de 1931. Numa cidade do interior da Bahia, onde predominava, naturalmente, a ignorância, havia a prepotência da doutrina tradicional, à qual praticamente todos da cidade pertencíamos.

Quando eu tive a primeira visão da minha avó, fiquei por mais de uma semana no que chamaríamos de um estado exaltado da consciência. Posteriormente, passei a ver outras sombras, perturbadoras e assustava-me ao ponto de me ver obrigado a dormir com meus pais na mesma cama, segurando-lhes as mãos.

Mais ou menos seis meses ou oito depois, eu estava brincando no quintal da minha casa, que era muito grande, quando vi chegar um menino, como eu, de pele morena, uma tanga e uma pena presa ao cabelo negro escorrido, que me propôs: “Di, vamos brincar?” Eu perguntei-lhe: “Você quem é?” Ele respondeu-me: “Eu sou Jaguarassu”.

Eu atribuí ser uma criança qualquer, somente não me recordava de o haver conhecido, na rua em que morava. Eu residia na Rua Voluntários da Pátria, nº 14, em Feira de Santana, e o número de crianças que ali viviam não era grande. Fomos brincar no quintal e eu não me dei conta que se tratava de um espírito.

A partir de então, Jaguarassu tornou-se-me um dos companheiros mais constantes. Conversava comigo, crescia comigo e, quando completou mais ou menos 10 para 11 anos, que era a minha idade, anunciou-me que iria reencarnar. Ignorando de que se tratava, perguntei-lhe o que era, e ele me explicou: "Eu vou agora voltar à Terra, vou nascer novamente". Eu fui tomado de um choque tão grande, porque para mim ele ia morrer e eu ia deixar de vê-lo.

Na escola eu era motivo de mofa dos colegas, porque, às vezes, eu estava conversando com alguém que realmente não existia, mas Deus, na sua misericórdia, teve muita compaixão de mim, porque eu era aluno de uma eminente mestra, a professora Antônia Pedreira, que me dava carinho e assistência. Nossa classe era constituída por 28 alunos, na sua sala, ela era o vulto tradicional da professora, a mestra e mãe, conversava conosco e era sempre gentil. Eu lhe contava a razão porque os meus colegas zombavam de mim e até me golpeavam, vez por outra. Por minha vez, eu divertia-me muito com Jaguarassu e outros.

Muito bem, era um período difícil, somente a partir dos 12 anos é que a vida se me tornou melhor, mais agradável, porque me apareceu um rapaz que havia desencarnado na cidade do Recife, mais ou menos pelo ano de 1939, e que fora vítima de um acidente. Ainda hoje, quando me recordo, acho o fato curioso, pois um acidente automobilístico no Recife, em 1939, deve ter sido um fato que chocou a opinião pública. Ele declarou-me que Valter era o seu nome, passando a ser-me grande amigo na transição da adolescência. Foi a partir do ano de 1947 que os espíritos induziram-me a ler *O Livro dos Espíritos*, ensejando-me despertar para a realidade espírita.

Nada obstante, foi uma infância feliz, com os problemas naturais desta interexistência entre os dois mundos.

CRESCIMENTO DO TEMA MEDIUNIDADE

88 - Com a sua resposta, eu me lembrei do filme *O Sexto Sentido*. O tema mediunidade vem crescendo muito nos meios de comunicação. Os Atos dos apóstolos nos afirmam que "quando chegasse o momento anunciado, nossos filhos profetizariam". Nós poderíamos afirmar que esse momento chegou?

Divaldo: Podemos dizer que já chegou há bastante tempo. Aliás, a frase está em *Atos dos Apóstolos*, capítulo II, versículo II. Disse o profeta Joel "nos últimos dias, disse o Senhor: Vossos filhos e filhas profetizarão, vossos mancebos terão sonhos, vossos servos terão visões, nesses dias derramarei meu espírito sobre toda a carne".

Em todas as épocas da humanidade, os fenômenos mediúnicos ocorreram com os indivíduos, desde a infância à senectude. Hoje, no entanto, o número de crianças médiuns ostensivos é muito maior, primeiro, porque existe uma compreensão mais profunda em torno da mediunidade, inclusive da psicologia, que normalmente admite a possibilidade de a criança estar brincando com seu *amigo imaginário*, o que é muito positivo, porque, na visão psicológica, desenvolve a criatividade, a experiência lúdica, a criança passa a ter momentos agradáveis de convivência, quando não se tratam de espíritos perversos, porque o ser infantil é um espírito velho, sendo o corpo jovem. Desse modo, é muito comum essa ocorrência, e a película cinematográfica apresenta uma criança que tem a visão perfeita de alguém no mundo espiritual.

A CRIANÇA E O AMIGO IMAGINÁRIO

89 - Quem tem uma criança que afirma brincar com amiguinho imaginário ou com amiguinhos imaginários como pode distinguir o que é imaginação e o que é mediunidade?

Divaldo: De uma maneira muito fácil, através do conteúdo dos diálogos. Quando se trata de um ser imaginário, nesse período em que a criança passa pelo fenômeno mitológico (lúdico) no desenvolvimento da sua emoção e desenvolvimento da inteligência, percebe-se que são coisas de significado pueril, são infantilidades.

Mas quando, por exemplo, citam nomes, referem-se a acontecimentos, e a criança se torna séria, procurando lidar de maneira característica, como se estivesse em realidade com outrem, não se trata de um amigo imaginário, mas sim de um espírito.

Como lidar? Como os pais devem lidar? Estimulando a criança, conversando naturalmente, explicando-lhe a que se refere ou perguntando: "Então seu amiguinho veio hoje? Que disse ele de importante?"

E toda vez que a criança for induzida a uma atitude negativa, os pais dialogarem como se fosse um ser real, mesmo que imaginário, ou, sendo um ser real de natureza espiritual, elucidar: "Não, você não pode atendê-lo, eu sou o seu orientador, seu paizinho ou sua mãezinha", conforme o caso, "e antes de você tomar qualquer atitude ouça-me, porque Deus me confiou você para que eu o ame e resguarde do mal". Deve acrescentar também que o amiguinho é apenas um amiguinho.

CRIANÇA COM MEDIUNIDADE OSTENSIVA

90 - E, se esse familiar perceber que a criança tem mediunidade ostensiva, deve incentivá-la ou reprimi-la, deve procurar um centro espírita? O que, afinal, deve fazer?

Divaldo: Primeiro passo, procurar o centro espírita, porque é o lugar apropriado, a escola de bênçãos. Um espírito muito querido, Djalma Montenegro de Faria,[45] escreveu, há muitos anos, através de mim, que o centro espírita é como um colo de mãe que afaga o filhinho na ternura para dar-lhe calor e para sustentá-lo na ingenuidade. Viana de Carvalho,[46] outro amigo espiritual, diz que o centro espírita é educandário superior para a vida.

Logo depois, orientar a criança, explicando-lhe do que se trata e como comportar-se, explicando-lhe de maneira fácil o que lhe vem ocorrendo. Felizmente dispomos, no Brasil, hoje, e em muitos países, do laborioso e útil concurso da evangelização espírita infanto-juvenil, com toda uma pedagogia metodologicamente trabalhada para essa fase etária do desenvolvimento infantil, que pode contribuir muito para o equilíbrio do pequeno médium. Simultaneamente, aplicar as terapias espíritas: o passe, a água fluidificada, as orações e, naturalmente, com o tempo, a

---

45 **Djalma Montenegro de Farias** (1900-1950). Grande trabalhador da Seara de Jesus e abnegado divulgador do Espiritismo. Foi um marco do Espiritismo em Pernambuco e seu nome e sua obra ultrapassam os limites do seu Estado. Disponível em: <http://www.espiritismogi.com.br/biografias/djalma.htm>. Acesso em: 4 de junho de 2010.

46 **Manuel Vianna de Carvalho** (1874-1926), militar e espírita brasileiro. Destacou-se como orador na divulgação da Doutrina Espírita. Dotado de grande cultura científica e literária, era profundo conhecedor da Doutrina Espírita, o que fez com que se destacasse como um dos seus mais ativos propagandistas na Região Nordeste do Brasil. Disponível em: <http://pt.wikipedia.org/wiki/Manuel_Vianna_de_Carvalho>. Acesso em: 4 de junho de 2010.

faculdade vai diminuindo até ficar bloqueada, temporariamente, aguardando o momento próximo de ser orientada.

CENA DE NOVELA

91 - Em uma cena de novela da *TV Globo*, a mãe, já desencarnada, balançava seus filhos num parque. Isso é possível nos dias de hoje?

Divaldo: Sim. Muitas vezes os espíritos utilizam-se da energia de alguém que está nas cercanias e promove ações de natureza física, usando o ectoplasma, não necessariamente no caso da criança, mas também tirando as energias da natureza. Há uma palavra sânscrita chamada *maaprana*, que seria a eliminação das forças vivas da natureza, que os espíritos podem trabalhar, aplicando-a em nosso benefício.

AUMENTO DA MEDIUNIDADE EM CRIANÇAS

92 - Com a chegada da nova geração conhecida como crianças índigo e cristal, a mediunidade em crianças deve aumentar?

Divaldo: Acredito que sim. Quando vejo, por exemplo, os DDAs e os TDAH, as crianças que têm dificuldade de aprendizado e as hiperativas. Aliás, nunca devemos designar a criança com este ou aquele nome, quando usamos a palavra índigo ou cristal, é apenas para caracterizar uma nova experiência, mas a criança é sempre criança.

É obvio que a mediunidade pode estar em um grau bem mais avançado, digamos, na linguagem kardequiana, a criança pode ser portadora de uma mediunidade ostensiva e encontrar-se sob a injunção de entidades perturbadoras, porque o fato de ter características índigo, rotulando-a, não quer dizer que seja elevada, porquanto os índigos, segundo os técnicos, estão classificados em quatro ordens. Os humanistas, por exemplo, os artistas, que não são moralmente evoluídos, embora trazendo grandes experiências na arte, no sentimento da solidariedade, mas não no amor, podendo tornar-se, algumas vezes, violentos. Essas denominadas *crianças índigo* reencarnam-se para quebrar tabus, para preparar o advento de uma Nova Era, a fim de que aqueles interdimensionais, que são pacíficos, que são nobres, constituam os membros da Nova Era anunciada por Allan Kardec, desse modo, promovendo o progresso da sociedade. O fato de eles haverem sido chamados *índigo* e *cristal*, parece-me que é uma forma de caracterizar uma nova mentalidade, mas é criança do mesmo gênero.

CONFLITOS CONJUGAIS

CONFLITOS FAMILIARES

93. Quais são as principais causas dos conflitos familiares?

Divaldo: Quando procuramos a união conjugal, sempre levamos conosco muitas fantasias em nossa mente. Acreditamos que o casamento é uma viagem ao país da felicidade plena e que o outro é uma complementação das nossas necessidades.

Quase sempre chegamos a esse momento com muitos conflitos psicológicos e acabamos por transferir para o parceiro as nossas insatisfações, esperando que ele possa suprir, por exemplo, o vazio existencial, a solidão, a necessidade de um amparo contínuo. Os problemas começam a aparecer quando o encantamento inicial da primeira fase da união conjugal vai desaparecendo e o relacionamento se aprofunda.

É compreensível que, à medida que o relacionamento se torna cada vez mais profundo e significativo, haja um desgaste de tudo aquilo que antes era fantasia constituída de um sonho. Além disso, também ocorre a interferência do nosso caráter. Muitas vezes, trazemos conflitos do nosso lar, da união dos nossos pais, daquelas terríveis brigas que tanto infelicitam as famílias. Quando chegamos à realidade da nossa união, acabamos por reproduzir esses conflitos de uma maneira perturbadora.

Outra questão fundamental para o conflito na união conjugal é o egoísmo. Aquele indivíduo que pensa que o outro sempre deve ceder não compreende que o casamento é uma parceria e, como em toda parceria, cada um tem os seus direitos, mas também os seus deveres. Especialmente deveres, que se transformam em direitos ao longo do tempo. Dessa maneira, a maturidade psicológica de um indivíduo é muito importante para um bom entendimento conjugal. Nesse relacionamento, cada dia se aprende um pouco mais, à medida que o tempo passa, e amadurecem as reflexões. Então, o matrimônio se torna muito mais seguro, ao contrário das uniões apressadas, que sempre trazem resultados perturbadores.

BRIGAS E DISSOLUÇÃO DOS CASAMENTOS

94. A Doutrina Espírita nos esclarece que, na grande maioria dos casos, os nossos relacionamentos são compromissos assumidos por nós na espiritualidade. Mas por que então as brigas e até a dissolução da união?

Divaldo: Quando estamos no mundo espiritual, a nossa visão da vida é diferente. É otimista. Quando mergulhamos na indumentária carnal, sentimo-nos abafados e nossa memória perde um pouco da sua lucidez. Além disso, sempre trazemos daqueles relacionamentos que foram desastrosos em outras existências reminiscências dolorosas, animosidades, os pontos de vista inflexíveis, aquelas situações de diálogos desagradáveis que logo provocam as brigas, como resultado do prosseguimento de uma luta que não foi encerrada.

Seria ideal que, no matrimônio, tivéssemos antes uma preparação de natureza espiritualista, espiritista por ideal, para que o indivíduo compreendesse que esse relacionamento não é apenas uma viagem ao país da fantasia, um encanto, um ópio que possa proporcionar prazer, mas é também uma luta. É um trabalho de desgaste, de ajustamento, de comunhão fraternal, e, sobretudo, na área da afetividade, de comunhão sexual.

Vivemos hoje uma cultura tão perturbadora e dissoluta que a necessidade da variação de parceiros impõe-se como sendo de grande urgência. Porque, afinal, o fenômeno biológico é sempre o mesmo. O encantamento que o amor proporciona é o que dá beleza e faz perdurar a afetividade. Então, é comum que muitos dos compromissos assumidos na erraticidade superior, quando chegam ao planeta Terra, se desfaçam, porque o indivíduo lamentavelmente reincide nos mesmos erros e não consegue levar tais compromissos adiante, vindo as dissoluções dolorosas.

CIÚME

95 - Ciúme é motivo de separação, de divórcio e de muita briga entre os casais. Isso é normal ou é uma doença?

Divaldo: Somente através do amor curamos o ciúme. As pessoas costumam dizer: "Em todo amor sempre há um pouco de ciúme!" É lindo, mas não é verdadeiro. Ciúme é um fenômeno psicológico de insegurança. Quando falta autoestima, a pessoa não acredita que alguém seja capaz de amá-la. Quando alguém a ama, ela duvida. E fica sempre com medo de perder, porque acha que não merece. A insegurança emocional gera o ciúme. Se estiver com uma pessoa mais bonita do que ela, se der mais atenção a outrem, logo pensa que a vai perder, porque não está em condições de ser amada por quem está ao seu lado. É um conflito de insegurança psicológica.

Quando alguém dispuser-se a amar, creia no amor, entregue-se-lhe. Se aparecer outro, que gere traição, o problema não é seu. Se ele – o outro indivíduo, homem ou mulher – o abandonar, pior para ele e não para você, porque aquele que abandona é que se faz infeliz, não o abandonado. Assim mesmo, continue amando.

As pessoas de natureza instável, amadas ou não, assim continuarão, porque são doentes, portadoras de comportamentos mórbidos. Não são dignas de ser amadas, apesar disso, cumpre-nos amá-las. Viver com ciúme, vigiar, estar com os olhos para lá e para cá, torna-se um infortúnio, porque há sempre uma inquietação, aguardando alguns momentos de prazer. O amor legítimo confia. Quando não há essa tranquilidade, não é amor, mas desejo de posse, tormento. É um desvio de comportamento afetivo.

Toda vez que confiamos no outro, recebemos resposta equivalente, com as exceções compreensíveis. Toda vez que vigiamos o ser amado, na primeira brecha que lhe surge, quase sempre tomba no desvio... Isso porque ninguém pode amar vigiado, escravizado, perseguido, controlado. O amor é uma bênção, não um castigo, não uma forma de manipulação do outro.

Há um caso, um pouco engraçado, mas que ilustra essa situação. O homem, quando chegava ao escritório, telefonava para a esposa: "Bem, já cheguei..." Momentos após, novamente: "Meu bem, estou saindo para o lanche..." Mais tarde, outra vez: "Meu bem, estou voltando do lanche..." Por fim: "Agora estou voltando para casa".

A esposa, que era muito ciumenta, retribuía: "Estou de saída para as compras... Eu voltei das compras..."

Esse era um casal profundamente infeliz. Mas ele morreu. No velório, entraram uma senhora e uma criança, que se debruçaram sobre o caixão e choraram demoradamente.

A viúva, sensibilizada, perguntou a razão do seu pranto, sendo esclarecida que a criança era filha do desencarnado, que mantinha um romance com ela.

Surpreendida demasiadamente, perguntou com angústia:

– Quando ele a visitava?!

E a resposta foi imediata: "Na hora do lanche".

Ninguém vigia os sentimentos dos outros. Os sentimentos devem ser honrados com a confiança. Se o outro a deslustra, torna-se-lhe um problema. Daí o ciúme ser insegurança. Pratique sua autoestima quando for amado por alguém. Todos nós temos conflitos e inseguranças, posto que ainda somos humanos.

Quando algum confrade chega até mim e diz, por exemplo: "Eu estava doente e fiquei bom, mas não mereço". Eu respondo: "Merece, sem dúvida". Se a pessoa insiste em afirmar que não é credora desse merecimento em aparente humildade, sou constrangido a informar: "Se você recebeu essa concessão do Senhor e não a merece, Ele está sendo injusto em relação aos demais enfermos!".

Nessa recuperação, Deus está lhe proporcionando uma chance, está lhe concedendo misericórdia.

Eu, quando experimento qualquer bênção, sempre digo:

"Graças a Deus! Eu já mereço a compaixão dos Céus". E esforço-me para corresponder com o possível ao meu alcance.

Devemos ter senso para medir nossos valores. Eu não espero que uma pessoa me diga que eu estou bem para ficar bem. Eu estou bem porque me sinto em harmonia.

Algumas pessoas são capazes de fazer observações negativas que nos podem influenciar. Nesses casos, a atitude só pode ser a mesma: buscar a autoestima.

Se alguém me diz: "Estou achando-o muito mal", eu respondo com delicadeza: "É, você está achando, mas não estou assim. Encontro-me muito bem!".

Não nos deixemos conduzir com as opiniões diversificadas das demais pessoas. É indispensável alcançarmos a autoconsciência. Então, mantenhamos a autoestima. Esse comportamento é salutar, agradável.

Por outro lado, evite aceitar a falsa compaixão, quando alguém lhe disser: "Coitado!".

Desperte sempre amor, e não compaixão. Para o ciúme, portanto, o melhor medicamento é amar mais e sempre.

Desde já, mudemos a nossa paisagem interna da mesquinhez para adquirirmos esse estado de plenitude chamado confiança.

NOVOS RELACIONAMENTOS

96 - Levando-se em conta o nosso livre-arbítrio, podemos deixar de lado o compromisso que assumimos no mundo espiritual e ter um relacionamento com outro parceiro ou parceira? Esse relacionamento pode dar certo, ou vamos criar um carma para uma próxima oportunidade?

Divaldo: O carma iniciar-se-á na ruptura do primeiro vínculo com aquela pessoa com quem temos débito. Não havendo logrado sucesso e a união transformando-se num verdadeiro desastre afetivo, geramos um carma realmente, ou pioramos aquele que já trazíamos. Mas a necessidade de um segundo relacionamento, muitas vezes, é inadiável, porque a solidão é má conselheira para os indivíduos imaturos psicologicamente. Existe sempre a possibilidade de o indivíduo mergulhar numa vida de aventuras, seja homem ou mulher, e isso naturalmente vai causar-lhe degradação do caráter e insensibilizar a emotividade.

Uma segunda união é uma experiência muitas vezes válida. O indivíduo, trazendo a experiência do naufrágio anterior, pode limar algumas arestas, corrigir alguns enfoques de natureza emocional, e conseguir o êxito num relacionamento mais maduro, mais tranquilo, que lhe proporcionará realmente a plenitude da vida conjugal.

ÊXITO NO CONVÍVIO CONJUGAL

97 - Você falou em êxito. De que forma podemos buscar esse êxito no convívio conjugal? Como estruturar uma família estável?

Divaldo: Primeiro, fazendo-se um trabalho interior, autorreflexivo. A Doutrina Espírita nos recomenda o autoconhecimento porque, quando não nos conhecemos, não sabemos como são as nossas reações, não temos uma ideia dos nossos comportamentos errados. Mas é claro que sempre vamos ter reações negativas em coisas muito simples, vamos discutir por banalidades, pelo mero capricho de querer impor a nossa opinião.

O matrimônio, a união conjugal, é uma parceria, e é necessário que ambos os parceiros contribuam com a sua melhor parte, que cada qual avance na direção do outro sem esperar que o outro ceda sempre. Muitas vezes, em nosso egoísmo, principalmente no caso do parceiro masculino, desejamos que o outro seja sempre o nosso servidor. Mas esse tempo já passou, estamos numa época dos direitos da mulher, dos direitos igualitários, e se torna indispensável que essa tarefa de união, de compreensão, de maturidade, seja recíproca para que a união conjugal realmente se torne um êxito. Quando existe respeito mútuo e cumplicidade verdadeira, estabelece-se uma parceria afetiva profunda. Assim, o sucesso é inevitável.

RELAÇÕES CONJUGAIS SEM ÊXITO

98 - Existem pessoas que passam por diversas relações conjugais, mas sem sucesso. Por que isso acontece?

Divaldo: Porque o indivíduo está esperando a solução do seu problema através do outro. Nada mais terrível do que esse mecanismo de fuga, que é procurar a realização através de outra pessoa. Quando o indivíduo varia muito nos seus relacionamentos, ele tem uma grande insegurança psicológica, e essa insegurança faz com que deseje exibir uma realidade que nele se encontra conflitiva.

O indivíduo que parte para a multiplicidade de relacionamentos está realizando experiências como quem busca acepipes:[47] para variação. E cada vez mais a frustração é maior, até o momento em que pode vir a usar drogas, sejam estimulantes ou alucinógenas. O seu mundo interior é muito conflitivo e, porque não reconhece a necessidade de ajuda especializada, uma terapêutica própria para seu equilíbrio, ele foge quase sempre da responsabilidade, procurando novas aventuras ao longo da vida, até alcançar a maturidade. Quando atinge esse ponto em sua jornada, percebe o tamanho da solidão em que viveu, mesmo que tenha passado todo o tempo acompanhado por alguém que lhe permanece estranho.

DIVÓRCIO

99 - Fale-nos a respeito do divórcio.

Divaldo: O divórcio é uma solução legal para um problema de natureza moral, porque no matrimônio, na união dos sexos, o que importa é o respeito que devemos manter um pelo outro. O

47 Guloseimas, aperitivos, petiscos.

Espiritismo é favorável ao divórcio, e em *O Evangelho Segundo o Espiritismo*, capítulo XXII, há um estudo dedicado por Allan Kardec a essa questão, que é basilar.

Devemos procurar a harmonia no matrimônio, principalmente quando existem filhos. Relacionamentos desgastantes, com atritos contínuos, são exemplos muito lamentáveis de desunião, que irão constituir para os nossos filhos o modelo de um casamento infeliz. Esse modelo negativo vai gerar, em nossa prole, insegurança a respeito de relacionamentos futuros.

Assim sendo, o divórcio é uma solução legal, sendo um mal menor... O casamento é um contrato que, como qualquer outro, pode ser desfeito quando as partes estão insatisfeitas. Quando se diz que é para toda a vida, o pensamento é apenas idealista. A monogamia já é um grande passo na história da humanidade, porque os seres humanos, principalmente o homem, é um animal muitas vezes polígamo. O casamento monogâmico como união legal constitui um enorme avanço para a sociedade. Infelizmente, nem sempre os resultados são aqueles que esperamos, por isso, em vez de duas pessoas continuarem juntas como inimigas, infelizes, ou envolvidas com parceiros extraconjugais, melhor será que se regularize a situação, para naturalmente continuarem amigos e prosseguirem na busca da felicidade com outrem.

MOMENTO EXATO PARA O DIVÓRCIO

100 - Em que momento o casal vai perceber que chegou ao limite, ao ponto exato para pedir o divórcio?

Divaldo: Quando o respeito desaparece. Em princípio, quando as discussões passam da área da teimosia para as ofensas pessoais. Inicialmente, quando há discrepância de opinião, passa-se a sensibilizar o outro com acusações, transferindo-lhe os conflitos e impondo-lhe descabidas responsabilidades. Quando se procura humilhar o parceiro, encontra-se num momento grave, porque se não houver cuidado, passa-se para o lamentável lado da agressão. Normalmente a agressão é masculina, violenta e contra a mulher.

Essa conduta agressiva é um dos atos mais covardes do nosso desenvolvimento intelecto-moral.

Antes que isso aconteça, é chegado o momento exato da separação conjugal amigável, para não se chegar à separação litigiosa, que deixa muitas sequelas, tanto na pessoa que foi a vítima, como também naquele que iniciou a situação.

Portanto, o momento máximo é quando passamos a desrespeitar, a desconsiderar o outro, a desvalorizá-lo. É uma situação lamentável que deve ser interrompida por meio do divórcio, que é uma atitude saudável.

RELAÇÕES CONJUGAIS POR INTERESSES

101 - Existem também aqueles casais que não se amam, mas continuam juntos. Alguns, por causa dos filhos, outros por causa da situação financeira. O que a Doutrina Espírita diz a respeito desses casos?

Divaldo: Esses sacrifícios são muito respeitáveis, e seria ideal que, em benefício da família, os cônjuges mantivessem o relacionamento. Muitas vezes desaparece realmente a afetividade, e aí cria-se um problema muito grave, porque o indivíduo permanece solitário ao lado de outrem, e esse relacionamento gasto, muitas vezes magoado, termina em sentimentos profundos de animosidade oculta, até a hora em que explode em crises de ira ou de agressividade.

Seria ideal que se procurasse o divórcio amigável quando os indivíduos adultos não podem mais conviver juntos. E, quanto aos filhos, deve-se respeitar as suas opções. Se, por exemplo, os filhos continuam com a mãe, o pai assume as responsabilidades que lhe são pertinentes. E se, por acaso, os filhos optam por ficar com o pai, a mãe nem por isso deixa de sentir-se mãe, procurando dar-lhes todo o apoio. Nos dias de visita, deve-se evitar lançar a responsabilidade no outro, porque os filhos não têm culpa daquele relacionamento desastroso. Não é justo lançar um filho contra o pai ou a mãe, porque isso não passa de crueldade mental, de vingança, de uma inferioridade moral.

Quando se trata de uma união que permanece pelo interesse financeiro, a mim parece mais grave, porque aí já é um jogo de interesse, e não de respeito pelo outro. Se alguém depende financeiramente de outro, procure uma postura de dignidade, um trabalho, emancipe-se e mantenha a sua liberdade. A Doutrina Espírita é a doutrina que proclama a liberdade de consciência, a liberdade da palavra, a liberdade da ação, a liberdade de movimento e a liberdade afetiva.

A SEPARAÇÃO CONJUGAL E A RELAÇÃO COM OS FILHOS

102 - De que forma um casal que está passando por um processo de divórcio pode colaborar para que os filhos não sofram com a situação? É um momento muito difícil para os filhos, não é?

Divaldo: Sem dúvida. Normalmente deixa muitos traumas, quando isso acontece, mas acredito que o essencial é a honestidade dos pais em relação aos filhos. Reuni-los, conversar tranquilamente, procurar demonstrar que o relacionamento não vai indo bem e que houve uma união de pensamentos, uma identificação de ideias, e que ambos concluíram que era melhor para todos uma separação amigável à continuação de um relacionamento desgastante e perturbador.

Normalmente os filhos entendem, desde que não se faça carga contra um dos parceiros. Quando se conversa tranquilamente com os filhos, que naturalmente observam e acompanham as dificuldades no relacionamento dos pais, eles passam a participar da família e também das suas preocupações. Se ambos os cônjuges conversarem com tranquilidade e afirmarem que a separação é apenas uma condição legal, mas que o afeto continua e que nada tem a ver com eles, que são a razão básica das suas vidas, os filhos naturalmente aceitarão a decisão com muita tranquilidade.

Conheço muitos casos em que os relacionamentos são tão difíceis que os próprios filhos sugerem aos pais que se separem, porque a vida para eles se torna infernal. A insegurança, as discussões homéricas, as agressões verbais e muitas vezes a expectativa constante de uma nova briga levam os filhos a tomar a decisão pelos adultos, quando os pais são psicologicamente infantis.

Dessa forma, todas as vezes em que temos uma dificuldade no relacionamento familiar, antes até mesmo da separação que pretendemos, tornemos nossos filhos participantes, eles são membros do nosso clã. Eles são pessoas interessadas e muitas vezes podem nos ajudar a solucionar algo que nós não observamos. Na sua condição de observadores diários e constantes, eles veem detalhes, situações que nos passam despercebidas. Mas se por acaso a decisão final for o divórcio ou a separação, de qualquer maneira, melhor será fazer com que os filhos participem das decisões, com antecipação, até o momento em que ela possa tornar-se real.

CONVIVÊNCIA APÓS O DIVÓRCIO

103 - Nem sempre o divórcio acaba somente com o casamento, muitas vezes ele acaba com a família. Como deve ser o comportamento desse casal que se separou?

Divaldo: Deve ser um comportamento digno. A dificuldade do relacionamento afetivo, da comunhão sexual não satisfatória, em que os cônjuges são dois solitários que não conseguem unir-se, deve ser agora separada da linha da afetividade para abrir um espaço para o comportamento da amizade, em benefício dos filhos.

Os filhos não podem arcar com o ônus da imaturidade dos pais, dos casamentos precipitados, das parcerias ansiosas, mais de natureza sexual do que propriamente de amadurecimento psicológico. Muitas vezes, o cônjuge, quando se sente desprezado, instiga os filhos contra o parceiro e os infelicita. Os filhos não podem ser copartícipes dos nossos problemas.

Deveremos preservar a imagem do ausente de maneira que ele sirva de bom modelo, mesmo que não mereça, para que a criança não se sinta desestruturada pela falta daquele elã, o modelo do pai, da mãe, que lhe constituirá segurança para um casamento feliz no futuro. Normalmente, jovens que viveram o divórcio litigioso de seus pais têm muita dificuldade de estruturar uma família. Têm relacionamentos múltiplos, insatisfatórios e medo do casamento. O vínculo de insegurança já dá intranquilidade ao indivíduo e normalmente vem o insucesso por falta de maturidade.

RELAÇÕES EXTRACONJUGAIS

104 - Existem casais que, quando estão passando por dificuldades, em vez do divórcio, optam por relações extraconjugais. O que a Doutrina Espírita tem a nos dizer a respeito dessas relações?

Divaldo: Essas relações extraconjugais são uma forma de promiscuidade e de desrespeito. Desde que as leis nos facultam eleger o relacionamento que melhor nos apraz é, portanto, muito mais lógico que depois de uma convivência que não foi frutuosa,[48] nos separemos legalmente e cada qual procure uma nova possibilidade de ser feliz.

Num relacionamento dessa natureza há quatro infelizes. Os dois que discutem, que pelejam, que lutam, e aqueles que são os parceiros extraconjugais. Cria-se, dessa maneira, uma situação embaraçosa e muito vulgar. Não temos o direito de relacionamentos múltiplos, porque isso, além de ser um desrespeito ao outro, é também um meio muito grave de adquirir enfermidades infectocontagiosas na área sexual, trazendo para dentro do lar perturbações orgânicas e doenças lamentáveis que degradam a família, desestruturam a sociedade e também perturbam os seus agentes.

Um relacionamento extraconjugal é quase sempre uma ofensa à pessoa que em nós confia e que nos respeita. Desde que o outro parceiro já não nos atenda mais emocionalmente, façamos a separação natural e assumamos uma nova responsabilidade, se for o caso.

RESGATE DO ADULTÉRIO

105 - No caso dos adultérios existe, por exemplo, resgate ou reajuste dos espíritos? Que informação tem o sentimento de culpa nos adultérios e qual o papel da vítima nesse caso? E, se não houver escândalo, é um mal menor?

Divaldo: O problema do mal não é o povo saber, é praticar o mal. Até quando o escândalo acontece é bom, porque a pessoa começa a resgatar já hoje. O escândalo com os seus constrangi-

48 Proveitosa, útil.

mentos leva o delituoso a meditar, arrepender-se, talvez, a expungir[49] e a tentar reparar.

Eu não poderia dizer como será o resgate da pessoa que adultera, porque há muitos fatores. É muito difícil analisar um indivíduo quando se está de fora. Às vezes, o indivíduo é adúltero por uma má-formação de caráter. Às vezes, ele está fugindo da pressão da mãe que se encontra no seu inconsciente, dominadora. Outras vezes ele está se vingando da mãe, usando a mulher para poder submetê-la. São conflitos que a psicanálise, invariavelmente, tenta resolver.

A convivência com a mãe opressiva, a mãe dominadora, a mãe castradora, o pai negligente, o pai irresponsável, gera, na infância, conflitos que o inconsciente decodifica de maneira diferente do que aconteceu. Leva aquele que foi vítima das circunstâncias a atitudes surpreendentes, e, às vezes, profundamente negativas em relação ao bom-tom e à ética. Torna-se difícil saber como se fará o resgate, mas nunca podemos esquecer que Deus é amor. E a função não é punitiva, é educativa. Não anuímos[50] com nenhuma forma de delito, mas também não nos arvoramos a julgar os que caíram.

Jesus afirmou com muita propriedade que Ele veio para combater o pecado, não o pecador. Ajudar o indivíduo a libertar-se da doença, socorrendo, portanto, o doente.

A vítima sempre guarda grande mágoa no coração. Isso deve ser evitado. Perdoe sempre. Porque o problema é de quem carrega o infeliz delito na mente e na emoção.

Eu conheço muitas pessoas que vivem na abstinência compulsória, ao lado de parceiros invejados por outras pessoas, e nin-

---

49 Apagar, eliminar.

50 Anuir - concordar, aprovar.

guém sabe das suas dores silenciosas. E, assim mesmo, conseguem amar.

Portanto, se você não concorda com ele, nem ninguém deve concordar, no bom sentido da palavra, conceda-lhe o direito de manter-se na sua falsa liberdade. Como se diz em linguagem de peões: "Dê corda ao potro moço para ele disparar, porque vai cair de cansado adiante... Se utilizar uma corda curta, ele a quebra por causa dos impulsos violentos". No nosso caso, por causa da adrenalina. Procure ter uma atitude de compaixão. Deus saberá como resolver o problema. E pediremos que sejam atenuadas as suas culpas, porque consciência é uma terrível companheira. Por mais que a anestesiemos, ela sempre sai da névoa. Não adianta que todos o confortem, se a sua consciência não estiver em paz, de pouco adiantará.

O FRACASSO NO LAR

106 - Daquelas famosas frases populares existe uma que diz: "Nenhum sucesso na vida compensa o fracasso no lar". Isso é verdade?

Divaldo: O lar é a primeira célula da sociedade. E, quando o lar estremece, a sociedade cambaleia. É necessário fortalecer a família para que a sociedade seja digna do nome que tem, de acordo com os seus valores éticos. E vivemos um período em que o lar se desmorona. Diariamente cônjuges fogem de casa, procurando desfrutar aquilo que eles dizem que perderam na juventude. Quantos casamentos se desfazem depois de 30 anos ou mais, porque um ou outro dos cônjuges afirma: "Bem, eu estou perdendo, eu não estou gozando, desfrutando, portanto...!"

Pessoas que assim se comportam estão buscando coisa nenhuma, porque esse prazer mórbido que tanto desfrutam deixa certa frustração e, principalmente, o vazio existencial.

DESAFIO DA VIDA EM FAMÍLIA

107 - Qual a importância da instituição familiar para o crescimento das pessoas na Terra? Os estudos demonstram que o número de casamentos vem aumentando, mas proporcionalmente também o número de separações. Por que isso está ocorrendo?

Divaldo: A família é a célula básica da sociedade. Uma sociedade feliz deve ser estruturada tendo como base o núcleo familiar. Uma célula saudável multiplica-se através do fenômeno da mitose e gera outras saudáveis.

Em um belo livro denominado *A memória das células*, um grande mestre do Havaí, Dr. Paul Pearsall,[51] diz que as células guardam a memória da sua multiplicação e a herança da sua finalidade, o que nos permite comparar o fenômeno com o que ocorre na família.

A família é esse conglomerado que Joanna de Ângelis chama constelação de indivíduos que formam um clã, de onde derivam todas as outras expressões da humanidade.

Quando a família se desestrutura, a sociedade tomba. Nos anos 1960/70, com a revolução *hippie* e a mudança da ética so-

51 **Paul Pearsall** (1942-2007) foi um psicólogo clínico e educacional. His teachings challenge the usual "inspirational self-help" approaches which have become popular. Seus ensinamentos superam as habituais abordagens "inspiradoras de autoajuda" que se tornaram populares. Dr. Pearsall received the prestigious Scripps Medical Center Trail Blazer in Medicine Award for his clinical and research work in health and wellness. Dr. Pearsall recebeu o prestigioso Scripps Medical Center, no Trail Blazer Prêmio Medicina, pelo seu trabalho clínico e de pesquisa em saúde e bem-estar. He studied and did clinical work on the relationship between humor and health. Ele estudou e fez um trabalho clínico sobre a relação entre humor e saúde. Disponível em: <http://www.coasttocoastam.com/guest/pearsall-dr-paul/5666>. Acesso em: 1 de março de 2012. Tradução nossa.

ciológica, a família passou a ser considerada uma instituição ultrapassada. Então, tivemos a grande debandada. Mas, como a família é um núcleo de segurança psicológica, eis que os casamentos estão aumentando. E, se os divórcios também aumentam, é porque o indivíduo também reconhece que não tem maturidade para poder ser a sustentação do grupo familiar. É melhor que se separe, quando se dá conta da impossibilidade de preservar a família, do que viver em constante litígio com maus exemplos para os filhos.

Será na família, portanto, que se construirá a sociedade em miniatura. Então, esse fenômeno do crescimento, tanto do matrimônio quanto do divórcio, é o retorno às bases de uma família tradicional, em que a figura masculina, a figura do pai, era temível e desagradável, mas que agora se estrutura numa ética em que pai e mãe têm os mesmos direitos, os mesmos deveres, completam-se e são responsáveis ambos pelos filhos.

HARMONIA NA FAMÍLIA

108 - Muito se fala da harmonia familiar, mas como conseguir essa harmonia se, muitas vezes, na família, existem inimigos de existências anteriores?

Divaldo: Quando falamos sobre harmonia, não queremos dizer um estado de plenitude, mas sim uma situação de equilíbrio. Muitas vezes um de nossos filhos é um adversário que retorna, por isso não podemos esperar dele o mesmo tratamento que recebemos daquele que nos ama, mas podemos ter o equilíbrio de não nos deixar afetar pelo seu mau humor, nem descarregar nele os nossos conflitos. Dessa forma, a harmonia doméstica se fará mediante uma boa administração e saudável comportamento no grupo familiar.

Não devemos deixar de cumprir nosso dever diante das circunstâncias, às vezes, difíceis. Essa harmonia é sempre o resultado de um trabalho de longo prazo, em que muitas vezes lágrimas, dissabores, discussões, que fazem parte do processo familiar, nos induzem a chegar a uma conclusão positiva, que é a educação dos filhos, mesmo aqueles rebeldes.

PESSOAS QUE CONSIDERAM O CÔNJUGE UM CARMA

109 - Existem algumas pessoas que consideram o familiar, ou filho, ou o cônjuge, como um verdadeiro carma na sua existência. Uma amiga, certa vez, chegou a afirmar: "Eu vou ficar com meu marido até o fim dessa existência, porque, na próxima, eu não quero cruzar com ele nem na mesma calçada". O que pensar disso?

Divaldo: Fantástico! A pessoa reconhece que é endividada e tem a consciência de que deve resgatar. Em realidade, são casamentos litigiosos, cármicos, caracterizados pelas dívidas recíprocas.

Não somos favoráveis ao masoquismo, por meio do qual alguém permaneça sofrendo, mas que use o bom-senso, o comportamento razoável, tentando sempre melhorar-se. Se a pessoa reconhece que algo está funcionando de modo a torná-la melhor, e a libertar-se do problema, a mais edificante atitude é enfrentar a situação com paciência, resignação e coragem. Depois notará que, ao enfrentar o problema, encontra paz, até mesmo alegria, libertando-se de quem considera seu adversário. Na próxima encarnação, não o encontrará para mudar de calçada, porque o terá provavelmente como filho querido...

MÃES QUE EDUCAM OS FILHOS SOZINHAS

110 - E o que você poderia dizer para aquelas mães que, de alguma forma, ou por que o marido trabalha demais, ou por que não para em casa, assumem praticamente sozinhas a educação dos filhos?

Divaldo: Que deveriam convidar o companheiro à responsabilidade. A mulher, normalmente, tem uma tendência ao martírio. Depois de alguns milênios de servidão e de escravidão, permanece quase na mesma situação, por atavismo. Então, quando o companheiro é arredio ou rude, ela foge para dentro e passa a sofrer, podendo reverter a situação com diálogos e advertências saudáveis.

Deve dizer ao parceiro: "Os filhos são nossos e eu tenho necessidade do seu apoio". Mas, se por acaso ele não corresponde e ela se vê constrangida a assumir, então é necessário um diálogo mais profundo para que o homem se dê conta de que ele não é apenas o agente fecundador, ou aquele que traz o alimento, o provedor da família, mas seu membro de alta importância.

AJUDAR UMA FAMÍLIA DESARMONIZADA

111 - Podemos ajudar uma família desarmonizada, em que as pessoas se acusam mutuamente de ingratidão? Uma pessoa que está de fora pode tentar ajudar uma família?

Divaldo: Se a família estiver disposta a mudar, é válida a contribuição de outrem. Para tanto, existem especialistas em auxílio a famílias desajustadas. Muitas vezes, no entanto, as pessoas em família estão acostumadas às acusações recíprocas, e isso lhes constitui motivo de prazer. Quando existe o sentimento masoquista de ser infeliz, o hábito doentio e pessimista de se queixar, o ideal é fazer-se a terapêutica do silêncio. Ouvir as solicitações e queixas, mas não opinar. No máximo sugerir que recorram a um psicólogo para um tratamento profundo, porque se trata de um transtorno de conduta emocional.

CÔNJUGE ALCOÓLATRA

112 - Num relacionamento conjugal, quando o cônjuge prefere a bebida à convivência com a família, como encarar essa situação, como perdoar, como explicar aos filhos a ausência do pai?

Divaldo: Dizer a verdade. "Seu pai está doente. Infelizmente ele sorve bebidas alcoólicas e não consegue, por enquanto, superar. Mas é um homem de sentimentos nobres. Ele é vítima de si mesmo. Note que, quando ele está bem, sóbrio, é outra pessoa".

Eu sei que é muito mais fácil falar do que viver isso, mas são os nossos desafios cármicos. Tenho uma amiga que vivenciou essa experiência. Em certo momento, ela não suportou, porque era realmente muito difícil a situação. Mas o marido, por outro lado, vivia do amparo emocional dela, assim, quando ela o deixou, com o desgosto, ele passou a beber muito mais até desencarnar em total abandono, na embriaguez. E ela terminou, com certa consciência de culpa, reflexionando: "Eu aguentei tanto tempo e bem que poderia ter suportado um pouco mais".

Ela não tinha nenhuma culpa, mas o nosso inconsciente é inclemente e começa a recordar e a nos "punir". Não posso dizer como a pessoa deve agir, porque cada um tem suas próprias resistências, mas direi que aquele que age dessa forma e de outras semelhantes é um doente. Há tantos problemas psicopatológicos que são de surpreender. No relacionamento humano que venho mantendo com muitas vidas, fico surpreso ao constatar o quanto somos doentes. Quantas pessoas de excelente aparência, que se projetaram muito bem, que triunfaram, vivem cheias de conflitos, de dramas... Quantos carregam a carga das reencarnações passadas, que elegeram na genética os fatores predisponentes para seus distúrbios, vindos através de doenças degenerativas, porque estão em seu mapa de recuperação! Notem que não falamos de uma proposta de resignação, pura e simples, mas de uma contribuição em forma de estímulo para ultrapassar as dificuldades. Sempre merece que se examinem os fatos, para deles retirar o melhor proveito.

Certamente, não fugimos do carma. Eu psicografei uma vez uma mensagem belíssima de um espírito tibetano. Ele me aparecia, invariavelmente, pela madrugada, sempre às 3h da manhã. Eu despertava, e ele me narrava uma pequena parábola zen budista. Apareceu-me durante quase 90 dias consecutivos. À época eu não tinha como anotar as suas delicadas narrativas; posteriormente, resolvi gravar algumas de que me recordava, entre as quais uma que intitulei de: "Ninguém foge do seu carma".

Um príncipe vivia numa região muito fértil no Sul da Índia. Era casado com duas mulheres, como recomendava a lei. Ele podia manter duas famílias, era um governante generoso, nobre, e tinha um filho com a primeira mulher. Subitamente, ele foi dominado por terrível tédio da vida e resolveu abandonar o mundo para servir ao senhor Buda. Reuniu a família e explicou as suas necessidades espirituais.

A tradição na Índia dizia que o homem pertence aos pais até os 18 anos. Dos 18 aos 45 pertence à nova família. Depois dos 45 pertence a Brahma. Deve dedicar-se a Deus. Ele estava com 40 anos, e expôs: "Está próximo o meu período de liberação dos compromissos familiares. Eu pretendo antecipar a minha hora, a fim de dedicar-me ao senhor Buda. Para amar a Deus, quero libertar-me do mundo".

À primeira mulher, ele ofereceu a governança do reino, enquanto o seu filho chegasse à idade própria para tornar-se o rei. À segunda mulher, deu um grande patrimônio. Despediu-se de todos, deixando o filho muito pequeno sob extremos cuidados da mãezinha, da avó e dos conselheiros reais, e partiu para internar-se na *montanha sagrada*.

Os anos passaram-se, o príncipe foi crescendo e, à medida que começou a ter noção da vida, perguntava à mãe pelo pai. E ela dizia: "Papai foi servir ao Senhor Buda. Foi iluminar-se". Ele retrucava: "Mas todos têm um pai. Por que eu não tenho um pai?" A mãe respondia, comovida: "Porque ele foi servir a Deus".

O jovem principezinho ficava muito triste. Passaram-se muitos anos. Quando ele completou 15 anos e deveria assumir a governança, passou a sofrer a angústia decorrente da ausência do pai, então propôs à genitora ir à montanha sagrada numa tentativa de encontrá-lo. Depois ele voltaria e assumiria o império, governaria com justiça. A mãe, sempre instada a atendê-lo, por fim concordou.

A *montanha sagrada* ficava muito longe da capital. Ela entregou o reino à sua mãe, na condição de regente, e viajou com o filho até um local próximo à montanha. Ficou numa hospedaria, porque mulheres não podiam subir àquela região. Despedindo-se do filho, apontou em direção ao caminho que levava à morada religiosa e disse-lhe: "Seu pai está na *montanha sagrada*. Mas eu não sei onde".

Ele preparou uma matula com suprimentos para vários dias e partiu para a região perigosa, especialmente pela presença de animais ferozes. Não dispondo de qualquer direção, ao fim de algum tempo, perdeu-se na floresta, sem haver encontrado o pai. Quando se encontrava sem alimento, debilitado, febril, não sabendo voltar, nem como prosseguir, ele desmaiou. Desacordado numa clareira, foi encontrado por um monge que o socorreu com ternura e grande compaixão. O monge carregou-o e levou-o até o monastério. Lá chegando, assistiu-o, ajudou-o a recuperar a vitalidade. Quando o príncipe apresentou melhoras, o monge percebeu quanto o jovenzinho parecia-se com ele naquela idade, e perguntou-lhe:

– O que fazia naquela área sagrada?

Os profanos não tinham o direito de entrar ali.

Ele respondeu:

– Procuro o meu pai. Meu pai era o príncipe Y... Ele abandonou o reino, internou-se na floresta. Veio buscar a iluminação. Eu sou o príncipe herdeiro. Eu queria ter a imensa felicidade de pedir a meu pai que me abençoasse em nome do senhor Buda.

O monge comoveu-se muito e respondeu-lhe:

– Que pena que demoraste tanto! Teu pai morreu há menos de três dias. Vem ver-lhe a sepultura. Pranteia-o. Chora-lhe a ausência e sente-te perfeitamente liberado da tua necessidade do seu amor.

O jovem foi levado a uma cova recente, pranteou muito o pai, chorou. Quando se sentiu bem, resolveu voltar para governar o reino. Porém, ao descer da montanha e chegar à hospedaria, soube que uma terrível epidemia de cólera havia visitado a região e que sua mãe havia morrido. Desesperado, ele cuidou de levar o cadáver para ser inumado no palácio, em local próprio. Quando chegou ao reino e ao palácio, encontrou todos aqueles a quem amava vitimados pela epidemia. Mortos uns, morrendo outros, e contaminados terceiros. Ele foi tomado por uma tristeza tão grande que pediu aos conselheiros que se reunissem, formassem uma junta governamental, porque ele iria atrás do senhor Buda.

Voltou à floresta sagrada e seguiu diretamente no rumo do monastério. Quando lá chegou, o monge o reconheceu e indagou-lhe:

– E agora, o que vieste fazer?

– Eu vim para que vós me orienteis a encontrar o caminho da salvação.

E aquele pai que se havia descuidado de educar o filho tornou-se-lhe mestre e educador do espírito que era.

Ninguém foge do seu carma. Aquele monge era o próprio pai. Por mais que ele quisesse evitar, o filho terminou nas suas mãos, para os seus cuidados.

Assim também nós, diante dos grandes dramas que nos acontecem, podemos transferir de uma época para outra o resgate.

Bem-aventurados, porém, aqueles que podemos resgatar ainda hoje.

Houve um momento na minha atual existência que foi um instante definitivo. Eu poderia ter optado por este ou aquele caminho. E até hoje eu bendigo a Deus, quase 40 anos depois, por eu ter optado pelo caminho do silêncio, do trabalho e da perseverança. Porque estava no meu carma, e se eu não resgatasse de uma forma, de outra teria que o fazer. Ninguém foge de si mesmo nem das suas construções.

CARIDADE E A FAMÍLIA

113 - É muito comum na área espírita as pessoas trabalharem na caridade, mas algumas se esquecerem da família, deixando-a em segundo plano. Isso é correto?

Divaldo: De maneira nenhuma. O nosso próximo mais próximo é aquele que está mais próximo de nós. Aliás, em espanhol, a frase fica muito bonita: "El prójimo nuestro es el prójimo más prójimo nuestro". Aquele que está mais perto, este é o nosso próximo. A família, portanto, em primeiro lugar, mas sem exclusivismo.

Muitas vezes o indivíduo dedica-se à "caridade" como mecanismo de fuga, porque não gosta do lar, não se sente bem na família, fugindo para a realização exterior.

A primeira caridade, portanto, é a que nos conduz à saudável construção da família.

VIDA EM FAMÍLIA

114 - A família, como a conhecemos, é um fenômeno relativamente recente na História da humanidade. Pode falar-nos um pouco sobre a importância do núcleo familiar sob a ótica da Doutrina Espírita?

Divaldo: Eu me recordo, por exemplo, da origem da palavra família que vem do latim *famulus*. Eram assim chamados os servos que constituíam um grande clã. Normalmente, viviam numa espécie de feudo, em que o senhor, além de seu grupo consanguíneo, mantinha também todos os seus agregados, que constituíam, no Império Romano primitivo, o que se denominou mais tarde como "família".

Esse processo sofreu uma grande modificação com o advento do cristianismo. Posteriormente a família passou a ser apenas aquele grupo constituído pela consanguinidade, especialmente resultado da união entre um homem e uma mulher. Depois da Revolução Francesa e da revolução pós-moderna, as famílias passaram a viver naturalmente em torno das grandes indústrias e tornaram-se pequenos agregados dentro de um lar, sob as bênçãos do que nós chamamos de matrimônio. Na atualidade, a família também resulta da união de parceiros que se amam, mesmo sem o casamento. No começo a união era apenas religiosa, mas com o tempo passou a ser uma união civil. A família, com sua descendência, com os filhos, tornou-se, portanto, a célula básica da sociedade.

Allan Kardec, o egrégio codificador da Doutrina Espírita, na questão 775 de *O Livro dos Espíritos*, interrogou as entidades venerandas: "Quais seriam, para a sociedade, os efeitos da dissolução da família"? E os espíritos responderam: "Uma recrudescência do egoísmo". Porque a família é uma oficina de bênçãos, na qual trabalhamos o caráter e aprendemos a dividir os nossos valores, numa situação de equanimidade, em que os direitos humanos são muito bem preservados, ao lado dos deveres que devemos assumir uns para com os outros, mantendo a dignidade do nosso lar.

Quando a família se torna mais coesa, com o surgimento dos filhos, as responsabilidades tornam-se muito mais graves, porque nossos filhos, de certo modo, serão aquilo que aprenderem na intimidade do lar. Vemos, por meio da psicanálise, da psicologia, da psiquiatria, os danos causados por uma família desajustada, os conflitos, os complexos de inferioridade, os traumas que vão explodir mais tarde na sociedade como violência, agressividade, desforço daqueles maus-tratos vividos no lar.

EVANGELHO NO LAR

115 - Como evitar os conflitos na família? De que maneira a Doutrina Espírita auxilia na superação desses problemas?

Divaldo: Há uma excelente solução apresentada pela Doutrina Espírita: trazer Jesus para a intimidade do lar, por meio do estudo do Evangelho, pelo menos uma vez por semana. Todos podemos reservar pelo menos uma noite para uma convivência saudável com os nossos familiares.

O estudo do Evangelho no Lar é uma solução preventiva, porque nos une de maneira espiritual, com mais profundidade do que por alguns laços convencionais. O labor do Evangelho no Lar é muito simples: não tem uma fórmula, não se trata de nenhuma cerimônia, bastando que, pelo menos uma vez por semana, todos se reúnam, sentem-se em volta da mesa de refeições e conversem tranquilamente, incluindo os filhos, após uma oração singela, a leitura de uma página de uma obra edificante. O diálogo ainda é uma das melhores soluções para quaisquer situações embaraçosas.

Sugerimos como leitura para reflexões *O Evangelho Segundo o Espiritismo*, pela maneira como os espíritos e Allan Kardec interpretaram a proposta de Jesus sob o ponto de vista ético-moral. Mas, se a pessoa pertencer a outra doutrina religiosa, pode utilizar o seu livro base, como a Bíblia, por exemplo. Há tantos livros admiráveis que levam a reflexões profundas, seja na Igreja Católica, na Igreja Evangélica, no Budismo, ou mesmo entre os muçulmanos, ou judeus, que podemos fazer disso uma terapia.

O Evangelho no Lar deve começar com uma oração. Podemos pedir a um filho que a faça, e, em seguida, outra pessoa deve ler um pequeno trecho do livro preferido. Depois comenta-se, discute-se, abordam-se os problemas que ocorreram durante a semana e as dificuldades que existirem na família.

Qualquer discussão indevida, qualquer palavra irrefletida, qualquer atitude precipitada, ali, na comunhão do lar, poderá ser colocada como motivo para que todos se desculpem. Todos vão ter naquele momento a oportunidade de reabilitar-se.

Logo depois dos comentários sobre o texto, podemos orar, colocar até mesmo um vasilhame com água sobre a mesa e pedir a Jesus que repita o fenômeno de Caná. Em Caná, nas bodas, ele transmitiu à água o sabor de um vinho capitoso. Ali, nós vamos pedir que ele transforme a constituição molecular da água em medicamento para as nossas necessidades, em veículo de paz que nos atenda na compreensão dos nossos deveres, que aquela água abençoada possa servir para sustentar nossas energias e tornar-se um vínculo de união entre todos. Em seguida, ora-se em favor uns dos outros, dos enfermos, dos amigos, mas também dos inimigos. Não devemos ter constrangimento em relação a isso, porque todos temos inimigos, é quase inevitável. O importante não é se preocupar-se com isso, mas não sermos inimigos de ninguém. Ora-se por eles, pelos desencarnados, pelos afeiçoados, pelos espíritos perversos, por aqueles que nos perseguem, que nos odeiam, que criam situações obsessivas lamentáveis.

Concomitantemente, procura-se também elevar o pensamento ao mundo espiritual, para que as entidades venerandas visitem o lar em nome de Jesus; ou o próprio Mestre, através do seu sublime psiquismo, passe a habitar nesse ninho doméstico. Com 20/30 minutos de comunhão, estabelece-se um vínculo saudável na intimidade do lar.

Desse modo, estamos com as portas abertas para que Jesus seja habitante do nosso núcleo familiar.

RENOVAÇÃO MORAL

116 - Gostaríamos de uma mensagem para as pessoas que estão passando por um conflito conjugal, para que se possam sentir fortalecidos.

Divaldo: Allan Kardec, ao comentar a pergunta 685, letra A, de *O Livro dos Espíritos*, fala a respeito do dever dos filhos em relação aos pais idosos, no momento em que suas forças se debilitam, e os pais se sentem numa situação deplorável. Como educador, ele aproveita para defender a educação como solução para todos os problemas. Ele afirma que não se trata da educação formal, através dos livros, mas da educação moral, aquela que tem a ver com os nossos valores de natureza ética, porque a educação é o maior inimigo da crueldade e do materialismo.

Então, podemos impedir a presença dos conflitos conjugais mantendo uma postura espiritual, vivendo religiosamente, abraçando o amor como sendo a nossa âncora de salvação. Quando a união se alicerça na espiritualidade, os cônjuges podem dialogar com tranquilidade, desculpar-se um perante o outro, falar de suas dificuldades, explicar os problemas que os atormentam, as necessidades interiores que lhes caracterizam a alma, abrir o coração. Não se trata dessas confissões vulgares em que a pessoa pede perdão, arrepende-se e volta a repetir o mesmo erro, o mesmo engano, mas sim de uma atitude positiva de solidariedade, de respeito, de comunhão, de alta consideração. Só no momento em que a ternura toma conta da criatura é que o amor se expressa e pode haver uma coabitação afetiva.

Há, no indivíduo, a necessidade de conjugar seu sentimento com outrem, de fundir-se no outro, e naturalmente a carícia, a ternura e o amor verdadeiro fazem com que a família esteja perfeitamente estruturada. Eu me recordo de um ditado popular que a minha veneranda mãe dizia: "Os dedos das mãos nasceram na mesma hora, mas são diferentes, para poder ajustar-se no ato de pegar". Nós somos diferentes uns dos outros, mas que as nossas diferenças sirvam para nos ajudar na verdadeira união.

PAIS E FILHOS

PAIS QUE DISCUTEM NA FRENTE DOS FILHOS

117 - Alguns casais têm opiniões muito diferentes sobre a educação dos filhos. É comum um deles, mais maleável, passar por bonzinho, enquanto o outro, mais rígido, assumir o papel de carrasco da casa. Além disso, os pais muitas vezes, discutem na frente dos filhos. Essas atitudes podem prejudicar o convívio familiar?

Divaldo: Utilizemo-nos de um conto de fadas: *Chapeuzinho Vermelho*. Todo mundo gostaria de ser a vovozinha, porque é a coitada e não há nenhum trabalho que ela possa executar. Já o lobo mau representa a "sombra", segundo a psicologia junguiana,[52] e ninguém gosta de personificá-lo. Portanto, nem a energia que disciplina sem amor, nem o amor que deixa de disciplinar.

Cabe ao casal, aos pais, a tarefa de estabelecer e viver no lar os bons hábitos. Allan Kardec elucida que educação é a aquisição de hábitos saudáveis. Então, como fazer? No momento de tolerar, simplesmente ter paciência. Mas, no momento de disciplinar, agir com firmeza, de maneira a criar os hábitos saudáveis que a criança necessita adquirir.

Quando os adultos discutem diante dos filhos, dão-lhes o exemplo da incompreensão e da incompatibilidade. É natural que a criança, quando vê os pais em conflito, adira àquele que se torna vítima. Mas nem sempre esse é o lado que está com a razão. Desse modo, os pais nunca devem entrar em conflito, diante

52 Segundo a teoria de Jung, todos nós temos um lado obscuro da personalidade, a "sombra", que seriam aquelas tendências, desejos, memórias e experiências rejeitadas pelo indivíduo e contrárias aos padrões e ideais sociais.

dos filhos, pelo fato de estarem desincumbindo-se da tarefa da educação, pelo contrário, devem procurar agir sempre de comum acordo, com amor e com disciplina.

BATER NOS FILHOS

118 - Alguns pais chegam ao extremo de dizer que o filho só obedece "depois de apanhar". O filho obedece, mas logo em seguida faz a mesma coisa, e os pais perdem a paciência e batem de novo nos filhos. Como mudar essa situação?

Divaldo: Sucede, em casos dessa natureza, que já se encontra instalado um mecanismo repetitivo de irritabilidade pela perda da autoridade natural que deve viger entre pais e filhos, portanto refiro-me ao respeito e à consideração. Quando os pais são "obrigados" a bater, falharam na arte de educar, porque estão apelando para a punição, quando educar não é punir, mas sim, criar hábitos saudáveis, é arrancar de dentro o conhecimento adormecido, conforme o comportamento socrático. Começa-se a educar desde a gestação. É célebre a frase da Dra. Maria Montessori,[53] autora das *Casa dei Bambini* em Roma, quando uma jovem senhora perguntou-lhe quando deveria começar a educar seu filho. A notável educadora indagou-lhe: "E que idade tem o seu filho?". A dama respondeu: "Completou, há pouco, um ano!". Sorrindo, ela propôs: "Corra, porque já perdeu o melhor período para o educar".

Pode parecer absurdo, mas como educar? Criando hábitos saudáveis em todos os aspectos, como ter hora certa para comer, dormir, estudar e brincar, porque a criança não tem discernimen-

---

53 **Dra. Maria Montessori**, médica italiana (1870-1952) dedicada à educação infantil. Desenvolveu uma nova pedagogia que mudou os rumos da educação tradicional.

to para estruturar a própria rotina. Isso irá ajudá-la a desenvolver a disciplina e o autocontrole. E, dentro dessa disciplina que se faz espontaneamente, à medida que o educando vai crescendo, será, pela convivência com os pais, cerceado nos abusos e orientado nos bons hábitos.

Quando um adulto bate numa criança objetivando fazê-la obedecer é porque reconhece, inconscientemente, que falhou na sua orientação. Então pune para impor-se, quando a educação é imposta. Nunca se deve bater numa criança. Primeiro, por ser um ato de covardia moral do adulto utilizar-se da força bruta para punir. Como é natural, a criança tenta descobrir o mundo na fase lúdica, fazendo uso da astúcia, que é uma herança animal, querendo ludibriar. Qual deve ser a postura do adulto? Percebendo-lhe a façanha, desmascarar com naturalidade e não ceder. A criança tem o hábito de insistir até cansar e nós adultos temos o dever de demonstrar que esse processo não se resulta positivo.

PAIS QUE CEDEM MUITO

119 - A rotina da família moderna é bem diferente do que era anteriormente. Os pais passam muito tempo longe dos filhos e, quando chegam em casa, muitos sentem-se culpados e acabam por se tornar permissivos com os filhos em função da culpa. Qual a consequência disso na educação?

Divaldo: A consequência é negativa. Se os pais são levados ao trabalho para obterem maior conforto ou para se realizarem do ponto de vista pessoal, devem conversar com o filho naturalmente e explicar-lhe essa necessidade. Entretanto, precisam reservar um período para a convivência com os filhos, porque o fato de terem assumido a maternidade e/ou a paternidade exige-lhes um compromisso de responsabilidade do qual não se podem furtar.

Cabe-lhes diminuir a carga horária fora de casa para poder conviver mais com o filho. Principalmente no período da infância, que é imperdível e passa muito rapidamente. Essa convivência faz com que nasça entre pais e filhos uma intimidade encantadora, além do respeito, que não pode ser negligenciado.

A criança tem muita habilidade em entender, aprende desde cedo quais são os seus limites e até onde pode ir. Na hora em que extrapola, a simples mudança do semblante do pai ou da mãe é o suficiente para que ela compreenda que fez algo errado. A criança já não sente a necessidade de insistir, por causa do hábito adquirido ao longo da constante correção dos pais, que orientam os seus instintos naturais.

Muitas vezes, as mães dizem-me: "Não consigo lidar com meu filho de quatro anos!" E eu lhes respondo: "Isto acontece porque há quatro anos a senhora não o educa!" Não será agora, mediante uma resposta mágica que lhe dê, que irá diminuir as reações dele. Há que fazer todo o exercício de reeducação.

Por isso, os pais deveriam ser educados antes para poderem educar. Quando não são educados, o que irão transmitir? Quando estão de bom humor concordam com quase tudo, mas quando estão de mau humor, reagem. Daí o dever dos pais de reservar aos filhos o tempo que eles necessitam nos trabalhos escolares, nas conversações, nos desportes, nos passeios, afinal têm filho porque quiseram.

Desse modo, os pais necessitam investir moralmente na educação dos filhos e não somente delegá-la a funcionários, utilizando-se dos recursos financeiros.

GRITAR COM OS FILHOS

120 - Alguns pais dizem que os filhos só atendem no grito. Uma amiga comentou comigo que foi criada com a mãe gritando muito com ela. Toda a família tem essa característica de educação e ela se preocupa em repetir esse mesmo comportamento em relação ao filho. Como deverá agir para interromper essa cadeia?

Divaldo: Modificando esse comportamento neurótico e agressivo.

Oportunamente eu li uma página que narrava o seguinte: "A senhora era mãe de dez filhos. O casal sentava-se à mesa e sempre almoçava e jantava com tranquilidade. A vizinha tinha somente três filhos. No seu lar era uma terrível gritaria à hora da refeição! Então, angustiada, perguntou à vizinha discreta:

– Como você consegue o silêncio à mesa?

A senhora respondeu:

– Eu sempre falo num tom agradável, sem gritos. Quando sentamos todos à mesa, eu falo tranquilamente. Como todos estão falando, algum esclarece: "Calem a boca porque mamãe está falando, e necessitamos ouvi-la!" Se eu for gritar, eles ganham, pois são muitos. Assim sendo, eu não posso gritar. E, quando eles não prestam atenção, por descuido ou porque estão interessados em outro tema, ao invés de gritar, eu encerro o assunto, informando: "Já falei o que tinha a dizer! Quem não prestou atenção ficará prejudicado. Assim, da próxima vez espero que todos estejam atentos".

Sucede que vivemos irritados conosco mesmos e com nossos filhos, que, embora amados, são um motivo de preocupação e de estresse. Por qualquer coisa, logo nos irritamos, transferindo para eles a culpa dos nossos desgastes emocionais.

Deve-se, portanto, interromper a cadeia da gritaria, falando-se de maneira educada, baixo, mas não de forma inaudível. Num momento de irritação podemos altear a voz, como é natural, mas, se extrapolarmos, passado o momento, digamos ao filho: "Desculpe-me! Naquele momento você me irritou e eu me desequilibrei".

A criança compreenderá e admirará essa atitude, passando a respeitar o genitor que assim procede.

Como pais, não temos o hábito de pedir desculpas, achando que essa atitude deve vir sempre do filho, no entanto, quando erramos, cabe-nos o dever moral de pedir desculpas, aliás, seja a quem for que hajamos maltratado.

REFLEXO DO COMPORTAMENTO DOS PAIS NO CARÁTER DOS FILHOS

121 - Determinados comportamentos repetem-se ao longo das gerações. Geralmente trata-se de uma família em que as pessoas têm dificuldades de externar sentimentos de amor e carinho. As pessoas quase não se abraçam, exceto em datas especiais, como aniversários e Natal. Por que isso ocorre?

Divaldo: Por causa da cristalização dos hábitos. Todos necessitamos de ser amados. Temos afetividade que transborda, porém, muitas vezes, somos castrados emocionalmente pela educação que recebemos. Eu, por exemplo, fui educado por um pai rígido e severo, e durante muito tempo tive dificuldade de retribuir abraços. Quando me dei conta, procurei trabalhar esse comportamento e modificá-lo.

Tomei consciência de que meu pai agia de acordo com a educação que havia recebido. Naquele tempo, ser homem era nunca abraçar outro homem. A postura imposta era errada e pervertida, porque o que conta não é abraçar homem ou mulher, mas a atitude interior de afeto com que as pessoas se abraçam.

Hoje abraço meus amigos sem dar-me conta da expressão corporal, porque a afetividade não tem nenhum componente da libido. Está acima disso. Precisei superar aquele conflito, sem manter qualquer ressentimento em relação a meu pai que, embora analfabeto, era um homem bom. Quando me tornei uma pessoa mais lúcida, descobri que ele fez o que sabia e que aquela atitude era o seu melhor contributo educacional.

Desse modo, abraço todas as crianças da Mansão do Caminho e outras que se me acerquem. Toda vez que uma criança vem correndo até mim, paro, sento-me no meio-fio se estiver na rua, e converso com ela. Pestalozzi,[54] o notável pedagogo suíço, ajoelhava-se para receber qualquer aluno novo. Por muito tempo perguntei-me o que Pestalozzi estava querendo expressar com aquele gesto, até que descobri: era para olhar a criança nos olhos, no mesmo nível. Ele queria evitar que a criança olhasse para cima e visse "a imagem do gigante", o temor. Naquele mesmo nível havia uma correspondência afetiva e gentil, permitindo à criança sentir-se igual. Daí, a importância de se abordar as crianças com naturalidade e com a mesma afetividade que elas possuem, sem ser, claro, infantil.

---

54 **Johann Heinrich Pestalozzi** (1746-1827) foi um pedagogo suíço e educador pioneiro da reforma educacional. Foi mestre de Allan Kardec, em Iverdun, na Suíça. Disponível em: <http://pt.wikipedia.org/wiki/Johann_Heinrich_Pestalozzi>. Acesso em: 1 de abril de 2012.

Que disse Jesus em relação a esse tema? "Deixai vir a mim os pequeninos, não os impeçais, porque deles é o Reino dos Céus". Que fez Jesus? Ele as abraçou e as abençoou.

Será prudente, no entanto, evitar cair-se no exagero de carícias, sem que a criança mereça, mimando-a demais.

COMO OS PAIS DEVEM AGIR COM OS FILHOS ADOLESCENTES

122 - A fase de adolescência é a mais difícil para a educação. Alguns jovens se tornam rebeldes e culpam os pais por qualquer coisa. Às vezes, sentem, inclusive, vergonha dos pais diante dos amigos. Como os pais devem agir para tornar essa fase da educação mais amorosa?

Divaldo: Por meio do diálogo tranquilo coloca-se ponte nos abismos dos relacionamentos. Quando há um diálogo permanente na transição para a adolescência, não há rebeldia, e quando ocorre alguma turbulência, está havendo um pedido de orientação, de amparo. Quando o adolescente começa a passar pelo turbilhão dos hormônios da sexualidade, ocorre-lhe uma *erupção vulcânica* no organismo. Se existe o hábito de conversa entre pais e filhos, tem-se a oportunidade saudável da orientação. No momento do catamênio da filha, por ignorância, muitas vezes a adolescente esconde e sofre. No diálogo habitual a mãe orienta-a, chamando-lhe a atenção para o fenômeno orgânico que irá suceder. A mãe precisará explicar em detalhes o que significa o período menstrual. Como também o pai deve mostrar que a polução noturna que o jovem experimentará é um fenômeno perfeitamente natural. Devem explicá-los com naturalidade, sem o tabu que envolve o sexo, sem mistério, mas também sem cinismo ou vulgaridade.

Quando chegar o momento em que o jovem formará o seu clã, o seu grupo, ele já não terá vergonha dos pais, pelo contrário, irá exibi-los aos colegas com orgulho. Dirão: "O meu é um paizão!" ou "Mãezona é a mãe que eu tenho!" Mas se houver certas distâncias entre eles, então a rebeldia e as mágoas se farão presentes.

OS FILHOS E AS DROGAS

123 - Muitos filhos se perdem nas drogas. Hoje, o alcoolismo é uma situação muito difícil e real entre os jovens, principalmente entre os brasileiros. O que você poderia dizer aos pais que têm um filho nessa condição?

Divaldo: Que recorram imediatamente ao tratamento especializado. Que não se iludam achando que irá passar quando estiverem adultos, porque nessa fase, normalmente, pioram.

De alguma forma, essa ocorrência é resultado também do que acontece no lar. Conheço muitos pais que pregam a abstinência do fumo, mas são fumantes inveterados. Alguns têm verdadeiros bares dentro de casa e muitos são espíritas. Certo dia, perguntei a um amigo que me apresentou o seu bar doméstico:

– Você usa algumas dessas bebidas?

– Não. Tenho-as para amigos, quando me visitam.

– Ué! Você não usa, mas oferece aos seus amigos, viciando-os?

– Não, eles já são viciados, então, quando me visitam, desejando ser gentil, ofereço-lhes o que gostam.

– Mas ser gentil com indivíduos viciados, apoiando-os, não é um erro?

– De maneira nenhuma. Quando eles me visitam e solicitam cerveja ou outra substância, ofereço-os.

– Mas você é espírita e deveria explicar: "Lamento, não temos em casa bebida alcoólica".

Criar hábitos saudáveis é não ter constrangimento por possuí-los.

É muito fácil – quando a criança é tímida, quando o jovem tem conflitos na fase da transição sexual e não recebe a assistência da família – ser assistido pelos colegas, que, normalmente são mal orientados, ou, pior, ser adotado por traficantes.

Quando o hábito de tomar bebidas alcoólicas já estiver instalado, não postergue o tratamento, trabalhando com o filho imediatamente para o seu reajuste, por intermédio de clínicas especializadas, de maior convivência no diálogo franco, natural e no estudo do Evangelho no Lar. Essas são as soluções adequadas.

FILMES DE TERROR, VIOLÊNCIA E SEXO EXPLÍCITO

124 - Existe alguma consequência para os filhos quando os pais assistem a filmes de terror, de violência, ou até mesmo a filmes com cenas de sexo explícito, mesmo que os filhos não estejam presentes?

Divaldo: No lugar onde adultos se reúnem para acompanhar as cenas da agressividade, da sensualidade, o clima psíquico é perturbador, porque atrai entidades semelhantes que passam a conviver com a família. Esse ambiente de natureza tóxica irá influenciar as crianças.

Chamaremos a isso de psicosfera mórbida. Uma psicosfera carregada de sensualidade, em que o indivíduo sente prazer em acompanhar as cenas forjadas pela mídia cinematográfica e televisiva, irá trazer transtornos de conduta para o casal. As cenas de violência e de erotismo vão criar, também, determinadas reações que irão explodir na conduta dos filhos. Existe um fenômeno chamado mimetismo, que é uma herança do mundo animal, que nos leva a absorver determinados comportamentos pela sua constante exposição, e que produz resultados danosos à harmonia familiar.

O EVANGELHO NO LAR PARA HARMONIZAR A FAMÍLIA

125 - Qual a importância do Evangelho no Lar para a harmonização da família e o que fazer para que esse culto não se torne desestimulante com o passar do tempo?

Divaldo: É de importância primordial. Não como um ritual que é sempre desagradável. A repetição monótona, enfadonha, produzirá uma reação oposta ao desejo de quem o faz. O momento do Evangelho no Lar deve ser um instante de confraternização da família, uma reunião com os filhos em volta da mesa durante um período reduzido, digamos, de uns 30 minutos, para uma conversação saudável à luz da palavra de Jesus.

Ler um pequeno texto, comentar, narrar uma história edificante, meditar em torno de uma página de *O Evangelho Segundo o Espiritismo*, de Allan Kardec, orar, pedir aos filhos que também orem, desfrutar de um momento de comunhão, apresentar os conflitos, dialogar a respeito das dificuldades de relacionamento, tudo em clima de paz. Isso é muito favorável e psicoterapêutico, porque proporciona à família uma saudável catarse. Aquele que está magoado exterioriza o que sente, elucida-se a razão do acontecimento, dilui-se a mágoa e advém o bem-estar.

Acima de tudo, procurar oferecer uma psicosfera de um momento de prazer, que é a convivência familiar, não de um compromisso, de um dever, de uma coisa desagradável.

Trata-se de uma excelente proposta de união familiar em torno de Jesus e de Suas preciosas lições.

MÃES NO MERCADO DE TRABALHO

126 - A família de hoje é bem diferente da família de há alguns anos, a mulher está presente no mercado de trabalho e, em alguns casos, ambos os pais se ausentam de casa deixando a família em segundo plano. Como conciliar essa nova família com a maternidade e a paternidade?

Divaldo: A família contemporânea é uma grande conquista da sociedade, porque a figura tradicional do pai dominador, da mãe submissa, da mulher que nasceu para trabalhar com uma alta carga de responsabilidade e do homem que chegava a casa para dar ordens, era uma agressão ao direito de dignidade humana, particularmente da mulher e dos filhos.

Quando a mulher adquiriu cidadania e libertou-se dos preconceitos, provou que as suas habilidades nada têm a ver com o sexo. Hoje, no mundo, temos líderes políticas femininas extraordinárias e mulheres comandando grandes indústrias e até algumas nações, inclusive recentemente o Brasil. Na lista *Forbes* das pessoas mais ricas do mundo, encontramos várias mulheres, portadoras de grandes fortunas, advindas algumas do trabalho constante e da grandeza moral das suas possuidoras.

No entanto, a ganância e o desinteresse pela família fazem com que tanto um quanto o outro cônjuge, ou parceiro, assumam atividades em demasia, desequilibrando o lar.

O equilíbrio é sempre a medida ideal em qualquer conduta. Desse modo, pai e mãe, homem e mulher, podem e devem trabalhar fora, dedicando também momentos que lhe sejam próprios à convivência e à educação dos filhos. Para tanto, devem evitar assumir demasiadas responsabilidades.

A preocupação dominante em alguns genitores é a de oferecer comodidade, recursos tecnológicos aos filhos. Isso é relevante, porém, muito mais importante do que doar-lhes coisas é doar-se.

Essa desculpa de que muitos se utilizam, para justificar sua ausência no lar e no convívio com os filhos, é fuga psicológica. Em contrapartida, muitos adultos preferem desfrutar a vida evitando filhos e a responsabilidade que eles representam, esquecendo-se, porém, de que não há nada pior do que uma velhice solitária.

Desse modo, o verdadeiro equilíbrio está na visão de se ter uma vida social equilibrada e de se comprazer na convivência com os filhos. Assim, um dever não elimina outro. O direito de liberdade que a mulher tem para projetar o seu potencial, as suas conquistas, aliás, muito válido, não lhe permite a leviandade de abandonar o dever da maternidade. Uma vez que escolheu a maternidade ao lado da sua profissão, justo é que estabeleça períodos para cada compromisso. Deve atender a um dever sem prejudicar o outro, porque muitas vezes a mulher, assim como o homem, abandona o lar e coloca no seu lugar funcionários remunerados, compensando-se emocionalmente do equívoco de estar ausente do lar. O dinheiro que se gasta com esses funcionários poderia ser revertido em tempo de atividade no seio da família.

Eu me recordo de uma experiência muito curiosa narrada em um livro de autoajuda, em que um filho pergunta ao genitor:

– Papai, quanto o senhor ganha por dia?

O pai responde sem preocupação.

– E por hora?

O pai faz um cálculo e diz quanto ganha por hora.

– E por dez minutos?

O pai calcula, agora sorrindo curioso, e pergunta:

– Mas por que essa preocupação?

– Bem, eu quero saber quanto o senhor ganha por dez minutos.

O pai diz-lhe. O menino abre o bolso e conclui:

– Aqui está, papai. Dê-me dez minutos da sua atenção.

O indivíduo acredita que deve ganhar bem para dar melhores recursos à família, para atendê-la bem, e, em vez de ser pai ou mãe, torna-se fornecedor. Esse é um mecanismo psicológico de fuga da responsabilidade, porque as coisas não substituem a presença afetiva. Ao mesmo tempo, trata-se de uma atitude egoísta, porque, embora aparente generosidade, não se dá. Então, no caso em foco, o da mulher que trabalha fora do lar, é justo que conquiste o mundo, sem desprezar a família.

DIÁLOGO NA FAMÍLIA

127 - Durante uma palestra, você contou a história de uma família, em cujo lar esteve hospedado, em que os pais desconheciam os problemas gravíssimos dos filhos, inclusive o envolvimento de alguns deles com drogas ilícitas. Você poderia falar-nos sobre esse caso?

Divaldo: Tratava-se de uma família possuidora de grande mansão de cinco suítes, uma para cada filho e também uma para os hóspedes. Causou-me estranheza que, hospedado nesse lar, sendo a família constituída pelo casal e cinco filhos, eu não tenha conseguido vê-los no período em que estive hospedado. Fiquei ali quatro dias. Haviam-me programado uma conferência para jovens e perguntei aos pais:

– Os meninos irão à atividade para jovens?

– Não, não! – responderam-me. – Eles não querem meter-se nessas coisas.

Surpreso, indaguei quais "coisas eram essas"? Assim procedi porque eles se diziam espíritas.

– Não, Divaldo, você sabe como são os jovens.

Percebi que havia um desencontro familiar, que se tratava de um lar desajustado.

Havia notado que os pais comunicavam-se com os filhos por interfone, deixando bilhetinhos na porta, etc.

Silenciei e aguardei.

No mesmo dia, enquanto me dirigia à habitação em que me hospedavam, encontrei um dos rapazes no corredor, com óculos escuros, sinal evidente de tentativa de disfarçar a dilatação dos capilares dos olhos, provavelmente provocada pelo uso de drogas.

Saudei-o com alegria, informando:

– Olá, eu sou Divaldo Franco, sou hóspede...

Apertei-lhe a mão, que estava fria e uma leve sudorese, outra característica do consumo de drogas.

Então disse:

– Eu gostaria que você fosse à minha palestra.

Ele não me olhou e desculpou-se, informando que não poderia. Agradeci-lhe e continuei.

À noite, após a palestra, no momento do lanche com os pais, falei que pressentia que o filho mais velho estava usando droga ilícita.

Os pais foram tomados de surpresa!

– Mas como?!

Eu respondi com serenidade:

– Tenho quase certeza e valeria a pena que algum dos senhores procurasse manter um diálogo com ele, levando-o a tratamento especializado com alguma urgência.

Eu não me equivocara. Mais tarde, vim a saber que, realmente, os três filhos maiores estavam usando drogas.

Conclusão: Os pais não conviviam com eles! Viam-se uma ou outra vez, aos domingos, por exemplo, durante o almoço, que nem sempre era pacífico. Havia naquela família muita falta de responsabilidade dos pais em relação aos filhos, que tinham tudo, menos os genitores...

SER MÃE

128 - Existe um ditado popular que afirma que uma mãe cuida de dez filhos, mas dez filhos nem sempre cuidam de uma genitora. Sua mãe teve treze filhos. Ser mãe é padecer no paraíso?

Divaldo: Em realidade, o conceito poético de padecer no paraíso parece-me injusto, porque o fato de amar elimina qualquer forma de padecimento. A primeira assertiva de que a mãe é capaz de cuidar de dez filhos, mas dez filhos talvez não saibam cuidar da mãe, a mim me parece muito interessante. No entanto, essa questão do padecimento é muito relativa, porque a dor faz parte da nossa agenda da evolução. Embora seja uma imagem poética muito bela, padecer no paraíso, as mães nunca padecem. Elas amam.

RELACIONAMENTO MÃE E FILHO

129 - Vemos nas páginas espíritas que o trabalho da mãe, mesmo após a desencarnação, é muito intenso para recuperar aqueles filhos que ficaram na retaguarda. Em uma das páginas mais belas da Doutrina Espírita, no livro *Libertação*, ditado por André Luiz ao médium Francisco Cândido Xavier, o espírito Gregório, muitos séculos atrasado, é libertado graças ao encontro com a sua mãe. O relacionamento entre mãe e filho é perene mesmo no mundo espiritual?

Divaldo: Há uma afinidade muito profunda no sentimento da maternidade. Muitas vezes, espíritos que se detestam podem vir na condição de pais e filhos, dando lugar a enfrentamentos afetivos. Nada obstante, há sempre um vínculo que se estabelece e ruma na direção do futuro. Um espírito nobre, que de início assumiu a maternidade por ser mais santificadora pela convivência, pois o filho não deixa de ser um apêndice do organismo da mulher, manterá essa ligação em outras etapas da vida, dentro e fora da matéria. Desse modo, o espírito que foi mãe retornará como esposa, como filho, ou com outro vínculo, para não se limitar a uma única especificidade afetiva, assim ampliando o sentimento e dando lugar à família universal.

Sem dúvida, esse afeto é muito poderoso e, no além-túmulo, permanece com as características sublimes que contribuem para o despertamento daqueles que foram filhos e estão sofrendo sem libertar-se das paixões infelizes, como foi o caso de Gregório...

DIFERENÇA ENTRE PAI E MÃE

130 - No livro Constelação Familiar, Joanna de Ângelis trata da família. Ela apresenta o papel de todos que participam do clã e traz a importância dessa convivência em família. Nos dias de hoje, vemos expressiva diferença no comportamento dos pais. Geralmente o pai está mais voltado aos seus interesses e deixa o filho em segundo plano, enquanto a mãe faz qualquer coisa pelos filhos. Por que existe essa diferença?

Divaldo: A principal referência é a dos hormônios. No processo de evolução, o espírito, que é assexuado, passa por ambos os sexos nas sucessivas reencarnações. Na maternidade, esse sentimento é mais profundo, havendo uma prevalência de um dos hormônios que contribui com o sentimento de afetividade, de ternura e de abnegação. O pai, também devido aos hormônios masculinos, limita-se à tarefa mais administrativa, aquela de ser a imagem de força, disciplina, conquista do pão que traz para casa, na família tradicional. Essa conduta, felizmente em desaparecimento, é resultado da cultura em torno da família ancestral.

Na família moderna, mesmo com a mãe trabalhando fora do lar, esse sentimento de ternura predomina, em razão da sua constituição fisiológica. E, quando o espírito elege a maternidade, já está no processo de dulcificação, que é natural. O estágio feminino na maternidade representa globalmente um estágio de evolução mais aprimorada do que na progenitura masculina.

PAIS QUE DELEGAM A EDUCAÇÃO PARA A MÃE

131 - Eu tenho uma amiga cujo pai vivia dizendo para a sua mãe: "Se ela fizer alguma coisa errada, a culpa é sua. Porque eu faço a minha parte, que é levar o dinheiro para casa. A educação dela é responsabilidade sua". E essa mãe tinha verdadeiro pavor de que a filha cometesse algum erro, porque seria culpabilizada. Como a mãe pode trazer o pai para o convívio do filho, fazendo com que ele participe mais da sua educação?

Divaldo: Em verdade, ele não amava essa filha, porque delegava à maternidade a tarefa mais difícil, que é de educar. Ele não era um pai, mas sim um fornecedor de recursos. A mãe não pode ser responsabilizada pelo insucesso da criação, porque, mesmo quando se dão os melhores exemplos, o espírito que os recebe nem sempre tem estrutura moral para vivenciá-los. Porque, se assim fora, qual a mãe que desejaria que o filho fosse infeliz? Ela empenha-se, sacrifica-se, doa-se totalmente, no entanto, às vezes, o filho é um espírito rebelde que assimila, mas não vivencia, o que certamente conseguirá em uma outra experiência.

Para que nós consigamos realizar determinadas atividades, temos primeiro que registrar no inconsciente profundo aquele conceito de dever que irá emergindo até a consciência no momento certo.

A melhor maneira de a mãe atrair o pai à responsabilidade é demonstrar que os filhos pertencem a ambos e também delegar ao pai determinadas tarefas domésticas junto aos filhos. A carícia, a conversação, a afetividade são importantes para que o pai não se sinta desobrigado desse compromisso familiar, que é o de dar assistência moral e emocional, sem os transferir para a mãe, que nem sempre possui os requisitos exigíveis para o mister. Os dois devem ser partícipes da mesma responsabilidade.

MÃES SUPERPROTETORAS

132 - Muitas mães extrapolam o sentimento de proteção em relação aos filhos e tornam-se superprotetoras. Às vezes, algumas têm uma dificuldade muito grande em aceitar o crescimento do filho, de libertá-lo para o mundo, principalmente quando esse filho é homem. Por que acontece isso?

Divaldo: Por causa do desejo da posse. Predomina-lhe o instinto de propriedade e a pessoa desvaira em nome do amor. No fundo, essa mãe é insegura, agarrando-se ao filho como mecanismo de proteção. Ela se apoia no filho, não porque o ama, mas para ter nele o bastão psicológico da confiança que lhe falta. Essas mães possessivas são morbidamente enfermas, porquanto a genitora tem o dever de preparar o filho para a vida e não para sustentá-la exclusivamente na velhice, ou para preencher-lhe a solidão interna.

Todos esses fenômenos das supermães estão hoje catalogados como de natureza patológica, porque a própria Divindade que nos gerou liberta-nos, dando-nos asas para voar na direção do infinito. A verdadeira maternidade está aureolada pelo sentimento de amor que participa, que liberta, embora exista o apego natural. O ciúme, o medo da perda, são inerentes à criatura humana, mas o amor sobrepõe-se-lhes, porque o objetivo essencial deve ser a felicidade do ser amado e não a daquele ser supostamente amado.

É por essa razão que, quando o filho casa-se, viaja ou desencarna, a genitora entrega-se ao desespero, vivendo a *síndrome do ninho vazio*.

REENCARNAÇÃO FORÇADA

133 - Quando o espírito está para reencarnar, ele se aproxima da mãe. Pode acontecer a reencarnação mesmo sem o consentimento da futura mãe?

Divaldo: Não apenas pode, mas acontece amiúde. Existem vínculos superiores aos nossos interesses materiais, e, quando essa mãe, que não quer o filho, reencarnou, já tinha recebido, no Além, instruções de que a maternidade aconteceria. Essa é a razão que leva o espírito a criar no inconsciente uma certa rebeldia, uma oposição, quando se dá conta que é rejeitado pela futura genitora. Os Guias espirituais, porém, não consultam pela segunda vez e aproveitam-se do relacionamento sexual para fazer a vinculação do espírito reencarnante com o espermatozoide, mesmo que a contragosto de um ou de ambos os futuros genitores.

A MATERNIDADE TRANSFORMA AS PESSOAS PARA MELHOR

134 - No livro *Eustáquio: 15 séculos de uma trajetória*, o médium Abel Glaser, mediante a psicografia de Cairbar Schutel,[55] afirma que um espírito muito impiedoso e muito vingativo reencarna na situação de mulher e se torna mãe. A partir desse momento, ele

55 **Cairbar de Souza Schutel** (1868-1938) foi um divulgador espírita e político brasileiro. Disponível em: <http://pt.wikipedia.org/wiki/Cairbar_Schutel>. Acesso em: 1 de abril de 2012.

começa a transformar-se moralmente. Ser mãe ajuda realmente o espírito a transformar-se para melhor?

Divaldo: O objetivo desse tipo de reencarnação tem essa finalidade. Muitas vezes o espírito realiza uma trajetória masculina em sucessivas reencarnações, mas chega o momento em que necessita experienciar os sentimentos femininos da maternidade para a dulcificação interior. Outras vezes, o espírito reencarna-se na feminilidade por largo período, mas necessita passar pelo choque dos hormônios masculinos para poder consolidar, no vigor do caráter, o que contribuirá para o equilíbrio total.

Temos, então, a doçura com a força, a coragem com a abnegação, o desejo de luta com a renúncia. A maternidade será sempre o melhor campo, porque desde o momento da concepção vai-se integrando, através do perispírito,[56] no corpo de que necessitará para o processo de elevação.

Hoje, as técnicas obstétricas demonstram que, logo após o nascimento, a criança deve ser colocada sobre a mãe, para que não seja interrompido abruptamente o vínculo hormonal entre ambos.

O sentimento de maternidade é, sem dúvida, o sentimento da sublimação.

MÃES PROBLEMÁTICAS

135 - Existem mães muito difíceis, mães que não aceitam os filhos, mães rebeldes, algumas com comportamentos desregrados. Toda mãe merece ser homenageada pelo filho?

---

56 É a estrutura intermediária entre o espírito e o corpo físico. Também é denominado de corpo fluídico ou corpo espiritual.

Divaldo: Sim, toda mãe merece homenagem. No budismo há uma frase do príncipe Siddharta Gautama portadora de grande beleza. Ele recomenda que devemos amar-nos uns aos outros como se fôssemos mães uns dos outros. Então alguém pergunta: "E aquela mãe perversa, aquela mãe relapsa, aquela mãe que não sabe desincumbir-se da tarefa, como pode amar?!" Ele responde: "Ela merece o amor, pelo fato de não haver abortado o filho, sendo esse gesto uma lição de vida, que proporciona a existência terrena. Mesmo que ela não mereça esse amor, é necessário que o filho lho devote, com o sentimento que ela deveria merecer".

MENSAGEM PARA MÃES E PAIS

136 - A maioria das mães ama seus filhos e ainda existem pais que agem como verdadeiras mães. Que mensagem você poderia oferecer para essas pessoas?

Divaldo: Eu teria a oportunidade de dizer que o amor vale pela qualidade com que nós o oferecemos. O amor é um bumerangue: atiramo-lo e ficamos no lugar aguardando a sua volta. Na maternidade, na paternidade, o amor é a bênção de Deus que firma na Terra uma aliança, como na tradição bíblica do arco-íris. Quando amamos como pais, masculino ou feminino, atingimos a plenitude e nos tornamos cocriadores com a Divindade.

ADOÇÃO

VISÃO ESPÍRITA SOBRE A ADOÇÃO

137 - Qual é a visão da Doutrina Espírita sobre a adoção?

Divaldo: A Doutrina Espírita vê a adoção como uma verdadeira bênção. Feliz de quem é capaz de adotar o amor, trazer para dentro de casa os seres queridos, ou seres problemas que os recursos orgânicos não permitiram que viessem pelas vias biológicas. Feliz de quem tem a lucidez de que indo buscar alguém com a necessidade de amor já se estará integrando na Consciência Cósmica, porque todos somos cocriadores com o Criador, na adoção. Assim procedendo, realizaremos também o trabalho da Divindade, que a todos tem como filhos, e de Jesus Cristo, que a todos nos adotou como irmãos.

EXPERIÊNCIA DE DIVALDO COM A ADOÇÃO

138 - Poderia relatar-nos sua experiência com a adoção?

Divaldo: Na Mansão do Caminho tivemos grande honra de receber aproximadamente 687 crianças, órfãs sociais ou aquelas que não tinham pais. Algumas foram atiradas à lata de lixo e, graças às circunstâncias pela qual vieram, sem qualquer identificação, eu as registrei como filhos biológicos. Foram três. Na época, isso não era permitido legalmente, mas eu ignorava. Entretanto, mesmo que tivesse conhecimento das consequências, talvez não positivas, eu me esforçaria por tentar levar adiante o desejo de tê-las na condição de filhos. Todas elas ficaram sob a nossa guarda e responsabilidade graças à documentação fornecida pelo Juizado de Menores. O sentimento de amor que essas crianças nos inspiraram e ainda nos inspiram hoje, através de netos e de bisnetos, deu-nos plenitude e ajudou-nos a amadurecer interiormente, porque o amor somente é válido quando vivenciado através de experiências profundas.

A Mansão do Caminho tem-me sido uma experiência fascinante. Criamos os lares-família para apagar as marcas emocionais da educação em orfanato e oferecer a vivência natural do lar convencional. Eram oito crianças em cada residência: quatro meninas e quatro meninos, portanto, uma família estruturada como ocorre na "sociedade normal". Daquelas a quem concedi o meu próprio nome, hoje já adultas, dois já desencarnaram. Enquanto estiveram na Terra, foram cuidados como verdadeiros filhos. Nelas eu vi os filhos de outra vida que havia deixado pelo caminho e que agora recuperei através do amor.

MANSÃO DO CAMINHO

139 - Quando teve início a Mansão do Caminho?

Divaldo: Inauguramos a Mansão do Caminho no dia 15 de agosto de 1952. Foi uma experiência fascinante. Eu viajava de trem, e era minha primeira grande viagem, de oito quilômetros, entre Salvador e uma cidadezinha suburbana. Tinha ido visitar uma pessoa doente e, ao retornar, experimentei um entorpecimento e adormeci. Mais tarde, vim a saber que se tratava de um desdobramento espiritual. No que me parecia um sonho, vi uma área imensa com muitas casas, muitas crianças, muitas árvores e um senhor de costas. Eu acerquei-me do senhor e, quando ele se voltou, vi que era idoso e tinha o meu rosto. Fiquei olhando-o assustado e observando que ele estava cercado de crianças.

Então, uma voz me disse: "Isso é o que farás da tua vida, serás educador de almas". Quando despertei, estava ao meu lado Nilson de Sousa Pereira, o amigo das primeiras horas e meu familiar, sem entender o que se passava. Narrei-lhe o que me pareceu uma alucinação. Era nada mais do que a programação do futuro. Assim tudo começou. Iniciamos a aquisição de um velho edifício com três pisos. Depois conseguimos a área que eu tinha visto psiquicamente e ali erguemos uma comunidade, onde hoje atendemos 3.190 crianças e adolescentes. Posteriormente criamos os lares-substitutos e hoje mantemos o atendimento semi-interno para toda a comunidade. Lidamos com crianças, adultos, enfermos, como portadores do vírus HIV, tuberculosos, ex-hansenianos, e idosos.

Para poder repetir a experiência da Casa do Caminho de Simão Pedro, criamos um espaço, ao qual chamamos de Largo da Paciência.

Não é permitido dizer-se 'não' na Mansão do Caminho, porque sempre temos algo para oferecer.

CRIANÇAS DEIXADAS NO LIXO

140 - Poderia nos relatar sua experiência com a criança que foi encontrada numa lata de lixo?

Divaldo: Era uma lata de lixo com tampa. O porteiro ouviu o choro durante a noite e foi ver o que era. Havia uma criança dentro, sendo picada pelas formigas na parte do sexo, no cordão umbilical e nas pálpebras. Ele me chamou e, no instante em que vi aquela criança, experimentei algo tão estranho que corri até o tabelião, que ficava próximo. Quando cheguei, disse-lhe com sofreguidão:

– Vim registrar um filho!

Ele olhou-me e perguntou-me:

– É seu filho?

– Sim, senhor!

– Seu nome?

– Divaldo Pereira Franco.

– O nome da criança?

– Jaguarassu Pereira Franco.

– O nome da mãe?

Eu, entusiasmado, respondi:

– Não tem mãe!

Ele sorriu e interrogou-me:

– Mas deve ter, não é?

– É, sim senhor!

– E quem é a mãe?

Novamente redargui:

– Não sei!

– Mas como não sabe?! A mãe pode não saber quem é o pai, mas o pai tem que saber quem é a mãe!

Então, nesse conflito, eu vi entrar um espírito que, acercando-se, disse-me: "Ponha o meu nome: Auta de Sousa". Era a poetisa potiguar que havia morrido em Natal, tuberculosa, no ano de 1901. Eu dei o nome de Auta de Sousa para o tabelião registrar. Ele sorriu muito e falou-me: "Curioso, esse nome me é familiar!" E eu confirmei: "A mim também!". E assim foi com o segundo e a terceira, embora os dois outros não tenham sido deixados na porta, mas um deles num banco de jardim e a outra encaminhada diretamente a mim.

Posso afirmar que o amor que sentimos pelo filho adotado não é menor do que aquele doado ao filho biológico, e penso até mesmo que é maior. O filho biológico nós temos porque vem até nós e o aguardamos, enquanto o adotado nós o temos porque vamos buscá-lo.

ADOÇÃO PARA PREENCHER CARÊNCIAS

141 - O que dizer das pessoas que adotam para preencher carências pessoais ou para tentar salvar um casamento em dificuldades?

Divaldo: É válido o bem que se faz, mas a motivação não é nobre, porque é uma tentativa de preencher uma lacuna, o que nem sempre acontece. A pessoa deseja utilizar-se desse ardil para resolver um problema que não quer resolver pelo enfrentamento pessoal.

E, como um filho sempre nos dá preocupações e trabalho, muitas vezes, quando a adoção se faz por carência afetiva ou por necessidade de melhorar um relacionamento de natureza conjugal, passamos a transferir para a criança as nossas inseguranças e a olhá-la como alguém que não preencheu o vazio existencial, nem solucionou a finalidade, nascendo certos sentimentos ambivalentes que alternam momentos de amor e momentos de ódio.

Ademais, ocorre ainda uma coisa muito curiosa com muitas mães que não tiveram a oportunidade da maternidade biológica. Quando tomam uma criança para adoção, relaxam da tensão da espera e finalmente conseguem a fecundação, vindo o filho biológico. Nesse momento, passam a ver o outro como um intruso, rejeitando, mesmo inconscientemente, o primeiro, negando-lhe a maternidade. Em realidade, ambos são seus filhos. Aquele que foi buscado por adoção e o mais recente por determinação das leis biológicas. Assim, é necessário que antes da adoção se faça uma reflexão para saber o real motivo pelo qual se quer adotar, para evitar arrependimentos tardios. A adoção deve acontecer porque queremos amar, porque, em realidade, desejamos ser úteis e oferecer algo de bom que temos dentro de nós.

REVELAÇÃO SOBRE A ADOÇÃO

142 - Devemos revelar à criança que ela é adotiva?

Divaldo: Sim, desde o primeiro momento. A experiência que eu tenho é a de que, se não contarmos, oportunamente alguém o fará. E ao explicar na hora errada, tardiamente, produzimos mágoa. Para os filhos que eu adotei, fui narrando suavemente como haviam chegado, porque alguns perguntavam: "Tio, você é o meu pai mesmo?". E um deles, o Jaguarassu, me falou um dia, aos quatro anos:

– Você não é o meu pai. Os meninos me disseram que você é branco e eu sou negro. Por que eu sou negro?

Eu respondi:

– Porque você nasceu à noite!

Ele sorriu e novamente indagou:

– E o André?

– Porque nasceu ao meio-dia – (André era louro).

– E Bruno?

– Porque nasceu à tardinha – (o Bruno era moreno).

Então, fui explicando que nem todos os filhos vêm através do nosso corpo:

– Você é meu filho porque eu quis, eu fui buscar você.

E quando ele me perguntou: "Disseram que eu fui deixado em uma lata de lixo!", eu confirmei:

– É verdade. Foi uma ideia fantástica que sua mãe teve!

Porque, se ela viesse trazê-lo, eu não o aceitaria, porque não educo crianças que têm pais vivos e que o podem fazer. Ela então deve ter pensado: "Eu o ponho aqui na lata, que é o único lugar onde o bebê ficará resguardado, e ele terá que o receber!". Sua mãe foi muito corajosa, porque renunciou a tê-lo, pois não tinha condições de educá-lo e deu-me para que eu o educasse. O que é que você acha?

Ele entusiasmou-se e exclamou:

– Puxa vida!!!

Ele achou que foi uma bela solução.

Temos o dever de contar a verdade sempre e com naturalidade, porque não muda em nada o acontecimento em si mesmo, e a criança não fica com a curiosidade de saber quem são os seus pais.

Quando conservamos o chamado segredo, demonstramos falta de amor e de confiança, assim desestruturando aquele a quem educamos. Não confiamos nele. Por isso devemos, com suavidade, no momento próprio, de acordo com as circunstâncias, narrar o acontecimento, para que a criança sinta confiança absoluta em nós e perceba o carinho no ato de tê-lo aceito com essa ternura que não é diferente daquela biológica.

CONSEQUÊNCIAS DE NÃO REVELAR A ADOÇÃO

143 - Quais as consequências da omissão daqueles pais, que, por medo, não contam que o filho é adotado?

Divaldo: No dia em que esse adotado vier a saber, ele terá um choque. Primeiro, ele constata que sua vida foi uma farsa, que foi enganado e não confiará mais nos pais. Depois, virá a curiosidade para conhecer os genitores biológicos, pois isso lhe daria a segurança. Ele saberia que tem alguém que realmente lhe pertence, ou a quem ele pertence.

Muitos pais omitem a condição de adotado ao filho por medo de a criança ficar chocada. Mas sempre há um vizinho que sabe, ou um familiar do nosso grupo que, na primeira oportunidade, vai contar-lhe, e de maneira impiedosa.

Já conheci casos de jovens que atingiram certo *status* e que ouviram de alguém: "Quem você está pensando que é? Você nem é filho de verdade!" E narram-lhe a história de maneira traumatizante, sendo o efeito irrecuperável.

FORMA DE REVELAR A ADOÇÃO

144 - Qual a melhor maneira de revelar a adoção?

Divaldo: Bem suave. Com tranquilidade. Eu gosto de dizer ainda hoje para eles: "Olha, quem tem o filho na barriga é obrigado a cuidar, enquanto quem não o tem diz que ama porque assim o quer", acrescentando: "Eu escolhi você porque me tocou o coração".

Dessa informação honesta nasce um sentimento de segurança e de "orgulho", no bom sentido, na criança.

OS FILHOS ADOTADOS E OS PAIS BIOLÓGICOS

145 - Como agir se a criança a partir daí tiver vontade de conhecer os pais biológicos?

Divaldo: Nós deveremos esclarecer-lhe com tranquilidade: "Você tem o direito de saber, mas eu vou confessar que não sei quem é! Porque, quando a pessoa colocou você aqui, não voltou mais, provavelmente até já desencarnou. Quem sabe um dia, pelas leis da vida, pode ser que você os encontre? Ou, se o seu pai ou sua mãe não o buscaram, neste ínterim, sabendo que você está aqui, talvez não queiram, porque têm conflitos. Nunca nos oporemos que você os procure. Se eu puder ajudar, contribuirei de maneira positiva".

Sempre com bastante naturalidade, porque realmente o filho não é nosso. Aliás, ninguém é de outrem. Devemos considerar que mesmo o filho biológico não é nosso. É um empréstimo da Divindade. Em consequência, não criamos um filho para nós, mas para a sociedade.

JOANNA DE ÂNGELIS E A ADOÇÃO

146 - O que Joanna de Ângelis nos diz a respeito da adoção?

Divaldo: Ela aborda a questão como um dos momentos culminantes da nossa evolução do amor. Na hora em que somos capazes de repartir o amor através da adoção, somos muito ricos, e essa riqueza não pode ficar acumulada, guardada como a luz em baixo do alqueire. Ela deve ficar onde possa brilhar.

Ao repartirmos o amor, estamos distribuindo uma grande messe de esperança para a humanidade.

Adotamos um cão, um gato, um pássaro, um amigo fraternalmente, adotamos também um filho, porque amamos. Nesse gesto nasce uma reciprocidade afetiva que nutre e que dá vida. E, se por acaso esse ser vier a apresentar mais tarde alguma síndrome, alguma deficiência, o que às vezes ocorre, são as leis justas que mandam aos nossos braços o ser querido que não encontrou templo em nosso corpo e veio por vias indiretas para o reerguermos e o dignificarmos.

Chico Xavier, oportunamente, diante de uma mãe que tinha um filho portador da Síndrome de Down, muito marcada, disse: "Minha filha, somente as mulheres que muito amam são honradas com filhos dessa natureza, para poder dar-lhe metade das suas vidas".

Ouvi aquela mulher em lágrimas responder: "Chico, eu não trocaria meu anjo crucificado por nada do mundo, tal o amor que me inspira".

Que vitória do amor!

FAMÍLIA ESPIRITUAL

147 - Aprendemos em *O Evangelho Segundo o Espiritismo*, de Allan Kardec, que existem duas famílias: a corporal e a espiritual. O que você tem a dizer sobre isso?

Divaldo: Que a família espiritual muitas vezes vem ter conosco formando o grupo biológico, mas nem sempre temos a família que gostaríamos. Muitas vezes, vêm também da família espiritual aquelas entidades a quem prejudicamos e que reencarnam para serem verdadeiras cobradoras nossas. Ao mesmo tempo, graças à família biológica, à família material, estamos ensaiando o comportamento para a construção da família universal, porque vamos treinando o amor com aqueles que são da nossa carne, do nosso sangue, para podermos um dia expandir a nossa família a todas as criaturas sencientes, como dizia o Buda.

Allan Kardec, com muita propriedade, aborda no capítulo *Os laços de família*, tanto em *O Livro dos Espíritos* como em *O Evangelho Segundo o Espiritismo*, que há dois núcleos familiares: o que nos chega através da reencarnação, a família biológica; e aquele que veio através dos laços da fraternidade, e que nos eram estranhos.

EDUCAÇÃO DO FILHO ADOTADO

148 - Muitos pais adotivos pensam que, como a criança já foi abandonada, eles não podem criar trauma nenhum. Então a criança passa a fazer o que quer. Como os pais adotivos devem conduzir a educação da criança?

Divaldo: Quando nós amamos com piedade, não é amor. É um sentimento conflituoso que surge da necessidade de anular a culpa. Nós espíritas sabemos que questões dessa natureza têm muito a ver com os processos passados das reencarnações, cabendo-nos hoje corrigir o que ficou em erro desde ontem.

Se a criança sofreu um trauma com o abandono a que foi relegada, podemos anulá-lo através do nosso cálido amor e será, dessa forma, com segurança e discernimento, que iremos educá-la, para que não venha a ficar no desamparo no futuro.

Se o ser adotado vem com problemas, com marcas de síndromes graves da agressividade ou outras, teremos que amar com disciplina, para que, através dos reflexos condicionados, já que não dispõe do correto discernimento nem da razão, saiba o que deve e o que não deve fazer. Quando permitimos que nosso filho abandone as regras do bom tom, dos deveres sociais e morais, estamos sendo coniventes com sua deficiência. A função do educador é encaminhar, orientar o educando com carinho e com energia. Temos o dever, mesmo com os filhos adotivos, e principalmente com eles, mesmo que tenham algum conflito, de demonstrar que esse conflito não justifica a falta de limites e de educação.

SEXUALIDADE

O SEXO PARA HOMENS E MULHERES

149 - Psicólogos do comportamento humano informam que a maioria dos homens busca o ato sexual principalmente pelo prazer. Já a mulher, na maioria das vezes, busca a ternura, o carinho e o envolvimento emocional com o parceiro. Se o espírito é assexuado, por que existe essa diferença?

Divaldo: Nós somos o resultado de um longo processo de evolução. E continuamos existindo sob os mesmos instintos básicos: comer, dormir e reproduzir. Esses são os *instintos que predominam na natureza animal*, como afirma Allan Kardec.

Quando o espírito reencarna, ele sofre também os impactos dos chamados instintos ou impositivos do corpo, e no ato da reprodução, porque se o fizer adornado pela sensação do prazer, o indivíduo um pouco mais primitivo, mais materializado, começa a optar por essa satisfação.

Geralmente, quando jovens, homens e mulheres buscam conhecer-se pela curiosidade, pelo que ouviram falar, pelo mito a respeito do sexo, pelas informações muitas vezes escabrosas que recebem. No primeiro momento, os relacionamentos acontecem em favor do gozo, do prazer, sem maior responsabilidade. Durante esse período, o gozo prevalece sobre o sentimento, principalmente no homem, em quem a produção de determinados hormônios dá força, energia, poder, tornando-o mais agressivo, no bom sentido da palavra, para a satisfação sexual. Na mulher, os hormônios estimulam a sensibilidade, a beleza, o altruísmo, o sentimento da maternidade; e, mesmo nesse período inicial, ela necessita de mais carícia, de outros estímulos emocionais, até chegar ao momento do desejo. Não se trata de uma necessária informação de espiritualidade, mas sim, de um padrão biológico. É claro que esse padrão abre exceções para algumas mulheres que exercem profissionalmente o sexo sem prazer, sem ter nenhuma necessidade emocional.

Atualmente, a sociedade, de modo geral, vive numa atmosfera de erotização. As pessoas sentem-se pressionadas a aderir de uma forma voluptuosa às propostas da moda, assim aturdindo os seus sentimentos, gerando terríveis conflitos no sexo, na emoção e na sua existência...

MULHERES COM DIFICULDADE EM SENTIR PRAZER

150 - O que você nos explicou teria alguma correlação com a quantidade de mulheres que têm dificuldades em sentir prazer no ato sexual?

Divaldo: De certo modo. Como a mulher é muito mais sensível do que o homem, necessita de um parceiro que a ame, para que, em vez da preocupação de somente ao outro proporcionar o prazer, também ela o experimente, compartindo da inefável alegria de ser amada. Desse modo, é necessário que exista o amor na comunhão sexual, a fim de estar presente a compreensão da necessidade do outro. Não havendo o amor, o ato se torna sexo de ocasião. Pode ser função sexual comprada, de urgência, como vem ocorrendo amiúde.

Ademais, existe a culpa inoculada na mulher, como arquétipo ancestral, defluente do mito bíblico de Adão e Eva no paraíso, quando a mulher teria desobedecido às ordens de Deus e experimentado o fruto da árvore do Bem e do Mal. Essa *culpa* transformou-lhe o ato sexual num *pecado*, somente permitindo a união dos sexos para o fim da procriação. Nessa conjuntura, a ignorância vem punindo a mulher, proibindo-a de participar das emoções do relacionamento sexual...

POLARIDADE PSÍQUICA

151 - Quando a mulher engravida muda totalmente, não só física, mas emocionalmente. E para alguns homens é muito difícil entender essa transformação da mulher, ocasionando muitos desentendimentos entre casais e, às vezes, conduzindo o homem à traição com outra parceira. Uma mulher que viveu a experiência da maternidade e posteriormente, em outra reencarnação, vem como homem, essa experiência na condição de mãe irá ajudá-la na atual condição a ser um homem mais compreensível e equilibrado?

Divaldo: Graças a isso, Jung concebeu os dois arquétipos, animus e anima. Surpreendia-o verificar que em algumas mulheres predominava o animus, a masculinidade, e em alguns homens predominava a anima, a feminilidade.

Só a reencarnação pode dar-nos a explicação real para tal ocorrência. Vemos, por exemplo, um homem que era profundamente masculino, como Chopin e, no entanto, também se revelava dócil e meigo, possuindo uma ternura feminina. Pensamos logo que se tratava de algum conflito sexual, mas era a sua polaridade psíquica feminina influenciando a polaridade orgânica masculina.

A primeira-ministra inglesa, Sra. Margareth Thatcher, foi uma mulher que se tornou célebre como a Dama de Ferro, inflexível, capaz de enfrentar uma lamentável guerra, vencendo a Argentina. O animus lhe predominava como ser político, mas também havia a mãe exemplar, esposa ideal e cidadã, a anima correspondente à sua existência feminina.

Utilizo-me desses dois vultos famosos, mas encontramos entre nossos amigos homens muito masculinos e, ao mesmo tempo, dóceis; mulheres muito femininas, mas enérgicas, sem que tenham qualquer distúrbio na área da sexualidade ou se encontrem na esfera da homossexualidade. Em encarnação anterior, desenvolveram determinada potencialidade, com a qual voltaram psicologicamente, embora a sua fisiologia pertença à outra.

Então, alguém que exerceu a maternidade, que foi mãe, que foi mulher, esposa, ao retornar, poderá ser um homem dócil, sem ser piegas, mas uma pessoa que entende os sentimentos, que em vez do machismo assume a compreensão e a tolerância.

A mulher atual, que antes exerceu a paternidade responsável, que se desincumbiu dos deveres do lar, volta na feminilidade dócil por causa dos hormônios, mas perfeitamente consciente do que quer e do que deve fazer na sua condição feminina.

A CIDADE ESPIRITUAL DOS PERVERTIDOS PELO SEXO

152 - O espírito Manoel Philomeno de Miranda, no livro Sexo e Obsessão, fala-nos sobre a cidade perversa. Explicou que essa cidade está esvaziando e que esses espíritos estão vindo para a Terra. Isso significa uma piora na conduta sexual da moderna sociedade?

Divaldo: Sem qualquer dúvida. Parece-nos que já alcançamos o clímax dos distúrbios sexuais, mas segundo os espíritos nobres avançamos no rumo de mudanças para melhor.

Eu me recordo de ter ouvido da veneranda médium Yvonne do Amaral Pereira,[57] célebre pelo livro Memórias de um Suicida, um episódio sobre esse tema. Segundo ela, quando jovem, costumava ser levada para ver os desfiles de deboche, em grupos e em carros alegóricos em regiões inferiores do mundo espiritual. Certa feita, estando no Rio de Janeiro, ela foi à Avenida Rio Branco, onde havia um desfile de carnaval, e viu coisas que lhe foram chocantes: desde a nudez agressiva dos foliões às máscaras de aberrações. Ela ficou impressionada, porque as havia visto antes, em desdobramento, nas referidas regiões inferiores.

Quando o espírito Manoel Philomeno nos falou dessa cidade estranha, que já havia sido detectada por Francisco Cândido Xavier, conforme tomei conhecimento a posteriori, graças ao Dr. Miguel de Jesus Sardano, tive também a oportunidade de ser conduzido até ela, em desdobramento espiritual, constatando essa realidade.

Os Guias espirituais estão trazendo aqueles espíritos entregues à sensualidade desde o tempo de Tibério César,[58] que reencarnou mais tarde como o célebre marquês da depravação: Sade.[59]

---

57 **Yvonne do Amaral Pereira** (1900-1984) foi uma das mais respeitadas médiuns brasileiras, autora de romances psicografados bastante conhecidos entre os espíritas.

58 **Tibério Cláudio Nero César** (42 a.C.-37 d.C.) foi imperador romano. Era filho de Tibério Cláudio Nero e Lívia Drusa. Foi o segundo imperador de Roma pertencente à dinastia Júlio-Claudiana, sucedendo ao padrasto. Disponível em: <http://pt.wikipedia.org/wiki/Tib%C3%A9rio>. Acesso em: 1 de abril de 2012.

59 **Donatien Alphonse François de Sade**, o **Marquês de Sade** (1740-1814) foi um aristocrata francês e escritor libertino. Muitas das suas obras foram escritas enquanto estava na Prisão da Bastilha, encarcerado diversas vezes, inclusive por Napoleão Bonaparte. De seu nome surge o termo médico sadismo, que define a perversão sexual de ter prazer na dor física ou moral de parceiro ou parceiros. Disponível em: <http://pt.wikipedia.org/wiki/Marqu%C3%AAs_de_Sade>. Acesso em: 1 de abril de 2012.

Desse modo, os Mentores estão retirando-os daqueles antros de abjeção, facultando-lhes a oportunidade do renascimento no corpo físico, a fim de reabilitarem-se.

A mim, fascina-me o amor divino para com todas as criaturas, para que um dia não digam que foram relegados a um presídio e expulsos, o que pareceria eterno na ficção do arquétipo Inferno. Eles estão vindo com corpos muito belos em decorrência da herança genética, da hereditariedade atual, mas como espíritos vilões, pervertidos e provocadores de erotismo. Estão ainda rastejando na área dos sentimentos nobres. Eles irão viver, por enquanto, do corpo e não para o engrandecimento interior. Todavia, esta é a chance na qual poderão modificar-se e mudar de conduta para melhor.

A INFLUÊNCIA DA MÚSICA NA ÁREA SEXUAL

153 - Manoel Philomeno de Miranda, nesse livro, narra que, na cidade perversa, existe música hipnotizante para os espíritos. A música influencia nosso equilíbrio na área sexual?

Divaldo: Não somente na área sexual, mas em quase todas as demais. A música nobre, por exemplo, é emanação do divino psiquismo.

Ela acalma, proporciona beleza interior, eleva. Pela sua harmonia, mantém o ritmo da mitose celular em equilíbrio. Está demonstrado hoje que o indivíduo, quando medita, modifica a vibração em algumas áreas cerebrais, mudando o seu biorritmo. Por meio da tomografia computadorizada, podem-se ver essas áreas que respondem por diversas emoções.

Então, há músicas hipnóticas, algumas delas positivas, como os mantras, os cânticos gregorianos e inúmeras clássicas ou imitando a Natureza, e outras, sem dúvida, terrivelmente negativas e perturbadoras.

O terço católico, quando enunciado em concentração, é um mantra, porque mantém um ritmo repetitivo e musical, que, às vezes, conduz ao êxtase.

De igual maneira as jaculatórias[60] e todas as formas de preces rápidas.

Na música de surdina, dos tambores e instrumentos de percussão, algumas que podemos chamar de primitivas, utilizadas pelos nossos antepassados e hoje muito vivenciadas, há um ritmo que excita a sensualidade. O rock metal aturde e estimula à violência, porque produz grandes descargas de adrenalina pelas glândulas suprarrenais na corrente sanguínea e não dá tempo para o organismo absorver o cortisol, que é a substância que acalma. O indivíduo fica, desse modo, excitado também na área da sensualidade, e por quê? Porque o sexo com facilidade responde ao ritmo peculiar. Quando ocorre o cansaço ou se deseja mais sensação recorre-se à drogadição, que se transformou em terrível pandemia a serviço da loucura do prazer exagerado em nossa sociedade.

Assim sendo, qualquer ritmo produz estímulo correspondente à sua vibração, e o indivíduo que se deixa embalar por aqueles de natureza perturbadora busca complementar ou ampliar o prazer mediante a utilização de drogas ilícitas, entregando-se, em aturdimento, à usança indevida do sexo.

---

60 São pequenas orações ou invocações que os católicos incluem em suas orações, no começo ou final dessas, ou no final de cada dezena do Rosário.

POLARIDADE PSÍQUICA

154 - O livro *Sexo e Destino*, psicografado por Chico Xavier, narra que espíritos protetores impedem que espíritos zombeteiros e devassos penetrem o ambiente doméstico durante o ato sexual de um casal honrado. E, na atualidade, muitos casais buscando uma privacidade maior recorrem aos motéis. No motel também existe essa proteção espiritual?

Divaldo: De maneira nenhuma. Porque o motel é um lugar onde se permite a fuga da realidade e a busca de brutalidade sensual. Muitos casais me têm dito que vão buscar os motéis por causa dos condimentos, dos acepipes, dos estímulos eróticos. São casais que estão cansados, que perderam o encanto, e, viciados, necessitam de novos estímulos. Quando um casal de namorados vai ao motel, não o faz com sentimento de nobreza, mas para descarregar energias, ou para entregar-se ao prazer de que dizem ter necessidade, sem qualquer compromisso edificante.

O lar equilibrado é um santuário. Não é necessário ser um lar espírita, é óbvio. Mesmo sendo um lar materialista, ateu, se existe o respeito pela família, se ali se vivencia uma vida digna, o ambiente atrai espíritos nobres. Nesses lares, a comunhão sexual é elevada e respeitada.

Eu tive ocasião de psicografar um livro sobre esse assunto ditado pelo espírito Manoel Philomeno de Miranda. No momento em que se iria reencarnar um espírito amigo na família, os Mentores vieram auxiliar todo o processo. Primeiro acompanharam os parceiros ao leito, depois saíram para que eles pudessem manter o conúbio íntimo. Logo após dez minutos aproximadamente, entraram para proporcionar a reencarnação no momento em que o espermatozoide viajava pela trompa de Falópio na busca do óvulo.

Desse modo, estamos diante de um ato tão santificado, tão nobre, que os espíritos guias aproximam-se quando necessário, mas sempre deixando os parceiros à vontade pelo respeito à sua intimidade.

TRAIÇÃO CONJUGAL

155 - Hoje em dia, infelizmente, é muito comum a procura pelo prazer extraconjugal, em motéis, em prostíbulos, com garotos ou garotas de programas. O que ocorre de negativo para o cônjuge correto que está em casa? Ele também é atingido por esse comportamento negativo?

Divaldo: Às vezes, o infrator vem tão sobrecarregado de energias perturbadoras e vulgares que encharca o outro, caso ele não esteja protegido pelas energias da oração, pelo equilíbrio emocional. Esse indivíduo, que procura prazeres extras, pagos ou vulgares, intoxica-se e naturalmente começa a exigir do parceiro que ficou no lar um comportamento correspondente. Não são poucos os homens que querem exigir das mulheres uma vida que somente é válida em prostíbulos, em atentados ao pudor, em situações degradantes, e a mulher digna se recusa, porque isso é um ultraje aos seus valores éticos. Ele quer um prazer mórbido, e ela tem o direito de se recusar, porque lhe violenta a dignidade. Ela não é uma vendedora de ilusões, mas sim, a companheira, a parceira, a esposa.

Esse indivíduo viciado, quando volta para casa, traz uma grande carga negativa, criando uma psicosfera doentia em torno dele mesmo, que pode afetar a esposa ou companheira não advertida. Eu me recordo de um filme muito famoso com Catherine Deneuve, intitulado *A Bela da Tarde*. No lupanar, a senhora era mulher dissoluta que procurava complementação para satisfazer-se, para sair da rotina, vivenciar experiências agressivas, encontrando estímulos para continuar no lar, ao lado do marido a quem amava...

Dessa forma, o cônjuge traidor, homem ou mulher, traz para o lar essa carga tóxica, no entanto, aquele que permanecer equilibrado reveste-se de defesas automáticas, não correndo maiores riscos de contaminação.

COMPORTAMENTO SEXUAL

156 - O comportamento humano na área da sexualidade é uma questão controversa. Como explicar isso?

Divaldo: Sendo o sexo um departamento orgânico que proporciona prazer, facilmente as pessoas inadvertidas usam-no para os fins mais diversificados que se possa imaginar, tombando nos desvãos da escabrosidade.

O instinto sexual, inerente ao ser humano encarnado, quando em uso equilibrado estimula a produção da imunoglobulina.[61] Refiro-me ao instinto sexual normal, não ao sexo depravado. Qualquer casal, quaisquer parceiros podem usufruir do sexo muito nobremente. O sexo foi criado pela Divindade para o milagre da reprodução, para a troca de hormônios físicos, para a permuta de hormônios psíquicos. É um dos mais lindos departamentos da organização fisiológica. É tão sagrado que através dele a vida se multiplica e se perpetua.

---

61 Anticorpo que assegura a imunidade humoral; proteína presente no sangue e nas secreções, capaz de se combinar especificamente com o antígeno que origina sua produção.

Quando nós, através da mente, o usamos para a depravação, para o prolongamento do orgasmo, estamos gerando um transtorno degenerativo.

Muitos casais pelo mundo afora, unidos pelo matrimônio ou não, vêm sofrendo a influência negativa e corruptora do que é mostrado na mídia em relação à vida sexual.

Tenho muitos amigos que me confessam: a função está tão inibida pelo desgaste que precisam levar a esposa ao motel, onde há filmes pornográficos, para poderem sentir estímulos, porque a mente já não mais consegue conduzir ao prazer anelado.

Outros usam a droga, porque agiria como um estimulante, o que é um grande engano. Qualquer tipo de droga – álcool, maconha, cocaína – é inibidora da função sexual. Elas produzem um estímulo momentâneo e depois a sua perda. A pessoa passa a tomar doses cada vez maiores, superando, de momento, a dificuldade, e logo tombando na sua dependência. Só a função gerada pela mente bem direcionada, com o toque do amor, é normal, portanto, saudável.

Por que muitos matrimônios e muitas uniões aparentemente felizes se desfazem? Porque o homem tem tendência ao prazer mais imediato em razão da educação viciada a que se adaptou. A mulher necessita de muito mais estímulos, devido à sua organização emocional. E, muitas vezes, o indivíduo brutalizado, que conheceu apenas o sexo corrompido, pensa exclusivamente no seu prazer e não faculta à companheira sentir-se bem, também experimentar a mesma satisfação. Ele se desincumbe da tarefa, dá-lhe as costas e vira-se para o outro lado. Enquanto isso, a mulher fica frustrada. É uma herança terrível do machismo que até hoje predomina em muitas culturas e religiões.

Em inúmeras sociedades, principalmente na África e no Oriente Médio, ainda persiste a prática milenar da circuncisão feminina, da amputação da genitália feminina. As justificativas são várias, desde aquela de ajudar a preservar a mulher quanto aos prazeres sexuais até falsos motivos de higiene, sendo, porém, a principal ainda a tradição perversa que se mantém pela forte mentalidade machista em predomínio.

Infelizmente, vemos que esse traço cultural ainda governa a nossa natureza. Até hoje muitas mulheres, no seu relacionamento conjugal, continuam castradas mentalmente. Não demonstram prazer ao companheiro porque têm vergonha, porque interiorizaram que isso é-lhe imoral, sendo um direito reservado apenas ao homem.

Quando surgiu o chamado movimento feminista, a mulher adquiriu liberdade, mas, com todo o respeito de nossa parte, um grande número se perverteu. Feminismo não é uma competição entre os sexos nem identificação com os valores masculinos. É a luta pelos seus direitos. O que vemos, no entanto, com as exceções naturais, é uma certa tendência à masculinidade, a um tipo esdrúxulo de comportamento sexual. Hoje encontramos mulheres e homens com comportamentos tão perturbados nessa área que não sabemos quem é o quê.

São tipos neutros, estranhos, de conduta aberrante. Mas respeitamo-los a todos. Então, essa conduta nada tem a ver com liberdade, mas sim, com libertinagem.

Eu me recordo de uma palestra em que eu quis elogiar as mulheres e disse:

– Atrás de todo homem notável há uma mulher extraordinária.

O espírito Joanna de Ângelis, muito ativa porque foi a primeira feminista das Américas, como Sóror Juana Inês de La Cruz, no México, não deixou passar aquele arrebatamento e balbuciou-me na mente:

– Por que atrás?

O machismo estava embutido no meu inconsciente. Eu então, dando-me conta do conteúdo machista na frase, corrigi:

– A mulher aparece atrás, passa para o lado e, à frente, conduz o homem!

Sentia-me seguro de estar elogiando a mulher, dando-lhe um segundo lugar, embora na retaguarda.

Chegamos à conclusão de que não são o sexo, nem a função sexual que produzem os distúrbios de conduta, mas sim, o comportamento venal, os atentados ao pudor e ao equilíbrio...

Quando se é saudável, exerce-se a função sexual com enobrecimento.

DEPENDÊNCIA SEXUAL

157 - Qual é a cura para homens ou mulheres que gostam muito de sexo? O que seria o sexo para o espírito?

Divaldo: Para o espírito, nada. Ele é assexuado. Para o ser encarnado, manter-se saudável no sexo é aplicar-lhe o uso correto. Gostar muito de sexo não é nada demais, assim como uma pessoa pode gostar muito de comer. O problema é morrer empanturrado pela comida ou viciado pelo sexo. Por isso, temos, nos desvios das condutas sexuais, muitos distúrbios. E qual seria a cura para esses transtornos? A disciplina da mente, sem dúvida.

Chegará um momento em que as funções orgânicas, por cansaço e exaustão, diminuirão as fontes de estímulos. O ser humano irá correr para o uso das substâncias estimulantes, mas vasodilatadoras, que terminarão por produzir-lhe pequenas rupturas dos capilares, inclusive cerebrais, provocando lamentáveis consequências. A mulher, por seu turno, recorrerá a determinados hormônios que irão ajudá-la a antecipar a chegada de várias formas de cânceres. Então, qual é a autocura? Novamente será a disciplina. O sexo foi feito para o ser, e não o ser para o sexo.

Certa vez, em um seminário que realizei numa cidade europeia, cujo tema era "Sexo e vida", ao terminá-lo, uma jovem psicanalista levantou a mão e relatou:

– Oh, Divaldo, eu vim ao seminário, mas não resolvi o meu problema sexual.

Fui tomado de surpresa, mas, procurando dissimulá-la, respondi-lhe:

– Mas o seminário não é para resolver um problema sexual ou de qualquer outra ordem. Quando vamos a um curso de especialização, é para aprendermos mais, descobrindo os meios que nos ajudam a solucionar os nossos problemas. Eu ensinei aqui as técnicas, agora, cada um deverá exercitá-las.

– Mas eu tenho um grave problema sexual, eu nunca repito um parceiro.

E isso foi o mais suave. Ela continuou:

– Sou uma mulher de vinte e sete anos...

– Façamos o seguinte, doutora, quando terminar, eu terei muito prazer em atendê-la particularmente.

Eu logo previ o que iria sair daquela intervenção.

– Não, não. Nós somos todos adultos e podemos dialogar.

Então percebi que estava diante de uma exibicionista sexual. Sendo ela psicanalista, deveria saber que há uma disfunção sexual chamada exibicionismo.

Eu redargui-lhe:

– Pois não, a senhora esperava de mim o quê?

– Que o senhor me desse uma solução para o meu problema!

– Mas eu lhe dei as técnicas. A senhora, quando recebe um paciente e permite que ele fale, não lhe resolve o problema, aponta-lhe os rumos para que ele solucione no inconsciente individual os conflitos armazenados.

– Mas, seu Divaldo, é o seguinte: depois que eu uso um homem, eu o mato na minha memória e emoção. Por quê?

– Eu fico constrangido em responder-lhe – elucidei – sendo a senhora uma psicanalista, porque a senhora deve ter sido violentada pelo seu pai ou alguém muito próximo na infância, e com essa conduta está matando-lhe a imagem refletida em todos os homens.

Afinal, ela deveria saber disso. Então, ela respondeu-me:

– Meu pai realmente abusou de mim.

– Em consequência, a senhora projeta a imagem de seu pai em todos os homens, numa atitude de vingança inconsciente.

– Porque os homens não prestam! – redarguiu, quase colérica.

– Com exceções, certamente. Eu, por exemplo, sou uma exceção e confesso-lhe que acredito que aqui haja outras.

Via-se que era uma pessoa atormentada e exibicionista.

Ela prosseguiu:

– O senhor pode conceber que desde os 15 anos diariamente tenho um parceiro sexual novo?

– Pois não, doutora. Eu compreendo perfeitamente. No entanto, não posso concordar com a senhora.

– Eu não consigo amar a ninguém. O senhor imagine...

E começou a explicar como arranjava os parceiros e como os descartava. Ela se via como uma "abelha-rainha" que matava os "zangões", após a união sexual.

Expliquei-lhe, pacientemente:

– É porque a senhora tem tanta mágoa de seu pai que não conseguiu realizar-se como mulher. A sua feminilidade está centrada no aparelho genésico, do qual ele abusou. Ele era um psicopata, um pedófilo, e cometeu um dos crimes mais hediondos que se pode imaginar. Embora seja uma bela senhora, uma grande intelectual, uma pessoa formada por uma das melhores universidades do mundo aqui na Europa, a senhora pensa somente naquele conflito que a levou ao sofrimento.

– O senhor tem alguma receita para mim? – indagou, novamente.

– Tenho sim, senhora.

– O que mais eu poderia fazer?

Percebi que ela estava emocionada.

– O sexo não dá felicidade. Ele foi feito para dar prazer, que é uma sensação. Mas, quando existe o amor, ele proporciona emoções. O encontro sexual é o resultado de uma bela viagem programada pelo sentimento, para que, no momento da chegada, a pessoa experimente plenitude e gratidão. Há uma preparação psicológica afetiva do olhar, do toque, da ternura, de tal maneira que, na etapa mais importante, a pessoa quase não se dá conta, nascendo um envolvimento de gratidão. Aí está a plenitude. A Divindade proporcionou o prazer sensorial para tornar a fecundação agradável, mas, como existem os hormônios psíquicos, o amor é o grande condimento que proporciona essa maravilhosa realização emocional.

– A senhora deve amar – disse-lhe – Eu venho a esta cidade uma vez por ano e há quatro eu visito um casal de soropositivos do HIV, internado numa clínica, que me faz sentir uma ternura infinita. Já que a senhora não consegue amar a nenhum homem, eu tenho certeza de que se for visitar os meus pacientes, amá-los-á. São os olhos mais lindos que eu já vi, em corpos cadaverizados.

"Infelizmente eu viajo amanhã com destino a..."

– A senhora poderá visitá-lo amanhã. E ali chegando, a senhora constatará que ele irá despertar-lhe amor, porque sexo, ele não inspira mais a ninguém, pois é um cadáver que respira, mas que tem uma irradiação de ternura que cativa e também a namoradinha dele, que eu adotei como minha neta. Ela tem uma doçura na alma, que, mesmo sem falar o seu idioma, já consigo falar com ela de mente para mente...

– O senhor está me recomendando buscar um aidético!?

– Sim, senhora. – Eu respondi-lhe. – Ele é uma fonte inexaurível de amor. Ali, no hospital, a senhora poderá fazer uma terapia para diluir a imagem selvagem de seu pai, que depois de mais de muitos homens a senhora não conseguiu matar. E, não continue, porque assim prosseguindo, o seu pai irá matá-la. A senhora verá sempre nele o animal que a perturbou psicologicamente e que utilizou um dos belos patrimônios da vida, que é o centro genésico, para poder fruir de uma sensação perturbadora e infeliz.

– Doutora, quando a senhora for visitar os meus afilhados espirituais, diga-lhes que fui eu quem a mandou. Visite-os como gente. Antes de ser mulher, de ser psicoterapeuta, a senhora é gente.

– É a primeira vez que eu vou fazer terapia com um portador de Aids.

– Eles têm muitas lições para nos contar. – eu respondi.

Viajei na terça-feira e, à tarde, ela me telefonou:

– Fui visitar os seus afilhados e estou apaixonada pelo rapaz.

– Mas deveria apaixonar-se também pela moça – eu respondi.

Notem o tormento que a dominava.

(Pelo fato de ela falar um idioma que eu não compreendia, o meu anfitrião, no lar em que me hospedava, em outro telefone traduzia-nos.)

– Ele produziu em mim uma estranha sensação de não posse, de não desejo, então, eu perguntei se eles mantinham relação sexual intensa e eles disseram que não. "Mas como?! Vocês estão morrendo e não se aproveitam?"

– Não! Não necessitamos. Porque agora nós nos amamos. Tocamo-nos. Sorrimos. Lamentamos a nossa infantilidade juvenil. E isso nos basta.

– E ele contou que se contaminou através da namorada. Ela houvera tido uma iniciação um tanto vulgar e era soropositiva, mas não o sabia. Quando a enfermidade nela eclodiu, e ele foi fazer o exame, estava também contaminado. Logo depois, o sistema imunológico dele entrou em choque, ela já estava internada e ele também foi, isso há quatro anos, mantendo-se vivos graças aos coquetéis de medicamentos que os estão beneficiando. Eu perguntei-lhes: "E do que é que vocês gostaram quando o senhor Divaldo Franco veio aqui visitá-los?" Ela respondeu: "Ele não nos fez nenhuma pergunta como a senhora está fazendo. Somente sorriu para nós, disse que era um religioso. Conversou conosco e nos sensibilizou porque nós dois estávamos planejando suicidar-nos, e ele viu a mãe do meu namorado..."

Realmente, eu vira uma senhora desencarnada que me falou em alemão: "Diga a meu filho que ninguém morre". Embora eu não me comunique no idioma, ocorre uma decodificação psíquica e eu sabia o que ela estava falando. Pedi à intérprete que estava comigo que traduzisse para o rapaz. Ele foi tomado por um grande espanto. Eu expliquei como era a vida. Eles eram tão jovens, tão ingênuos, e eu lhes falei, então, da realidade. Por uma hora e pouco conversamos. A partir de então, todo ano que vou a essa cidade, visito-os. Consegui algumas obras em alemão que lhes ofereci e eles adotaram o comportamento espiritista.

A doutora me disse:

– Pela primeira vez eu olhei um homem que não me disse nada e que me despertou uma grande onda de ternura.

Eu propus:

– Volte lá, doutora.

Passaram-se os meses e ela voltou. Pedi para que me escrevesse em inglês, porque me seria mais fácil encontrar quem traduzisse. Mantivemos uma vasta correspondência.

No ano seguinte, ela estava no seminário que eu realizei. Tratava-se de um outro tema, e quando terminei, ela veio e explicou-me:

– Por sua culpa estou em abstinência há duas noites.

– Ave Maria!!! – pensei, e respondi-lhe, sorrindo:

– Já é um começo.

Então eu lhe expliquei:

– Entre os Alcoólicos Anônimos a pessoa nunca se considera curada. É sempre um doente em tratamento, porque o primeiro trago pode levá-lo de volta ao abismo. A senhora está em tratamento. E dentro de um ano eu penso em conceder-lhe a primeira medalha de vitória.

Então, ela indagou-me :

– Qual é?

– Um livro espírita em alemão. Para a senhora, agora, ostentar no coração. Vamos ver se a senhora aguenta um ano.

– Eu enlouqueço!

Novamente, elucidei-a:

– Então a senhora não usa os homens, a senhora se aproveita deles. Porque se fazem-lhe falta, a senhora é a necessitada.

Seis meses depois, ela me enviou uma carta e me contou que estava vivendo abstinência havia dois meses. E estava com um namorado. Explicava-me, perguntando:

– Divaldo, ele quer casar comigo. O que é que eu faço?

Respondi-lhe: – Namore à antiga, pois assim é maravilhoso namorar.

Bom, quando eu retornei, no ano seguinte, ela me apresentou um psiquiatra:

– Este é o meu namorado.

E eu perguntei através da intérprete:

– À moderna ou à antiga?

– À antiquíssima, e pretendemos casar-nos. (sorrisos)

Eu concluí:

– Vai ganhar o livro que eu prometi.

E dei-lhe o livro de Joanna de Ângelis, traduzido ao alemão, *Leis morais da vida*, que é baseado no 3º capítulo de *O Livro dos Espíritos*, de Allan Kardec, a respeito das 10 leis morais.

Retornei no ano passado e ela estava casada.

Indaguei-lhe:

– E agora?

Ela me esclareceu:

– É tão maravilhoso. Ter apenas uma pessoa para nos comprazer.

Notem a colocação. Eu interroguei-a:

– A senhora já pensou em comprazê-lo? Porque até agora a senhora somente recebeu. E já pensou nele? Não estava na hora de a senhora pensar se ele se compraz na sua companhia?

– Ah! Eu não me havia dado conta.

– Pois está na hora de dar-se conta.

Ela engravidou. E quando voltei há pouco, eu conheci a criança. Uma criança linda, e perguntei:

– Qual é o nome dele?

– Divaldo.

O caso dessa psicanalista era bastante complexo e grave. Enquanto ela usava os homens, espíritos obsessores a usavam. Era uma atormentada sexual, obsidiada por espíritos perversos que lhe estavam na programação afetiva desde antes e que induziram o atual pai, que era, certamente, um ex-amante, a saltar a linha da dignidade, explorando-a. Ela foi dona de bordel, no passado, o que não justifica a atitude do pai, mas elucida o porquê da tragédia. Como mudou de atitude mental, posteriormente, tirou o plugue da tomada dos obsessores, pois passou a pensar em termos de pessoas completas e não de aparelhos sexuais transitórios.

As terapias, pois, para a dependência sexual são a disciplina mental e os cuidados morais.

DESIGUALDADES SOCIAIS

POR QUE UNS TÊM TANTO E OUTROS, TÃO POUCO?

158 - Enquanto algumas pessoas gastam 50 mil reais numa simples bolsa de grife, a maioria da população mundial sobrevive com menos de um real por dia, o que soma menos de 30 reais por mês. Da mesma forma, os gastos anuais com alimentação e assistência veterinária para cães e gatos nos Estados Unidos seriam suficientes para que o saneamento básico chegasse a 75% da população mundial. Por que ocorre essa disparidade, onde está a justiça divina? Não seria mais fácil Deus intervir e acabar com tudo isso?

Divaldo: Não, porque, se assim o fizesse, desapareceria o mérito das criaturas. Seria uma violência divina, pois as leis cósmicas são de amor. A Divindade nos proporciona o livre-arbítrio e estabelece o determinismo. O determinismo é a plenitude, enquanto o livre-arbítrio é a eleição para alcançar essa plenitude.

Alguém me perguntou: "Por que Deus não nos criou perfeitos?" Porque a vida perderia o sentido e entraríamos em tédio. Nada pior do que a paralisia da busca, da necessidade de procura de melhores situações. Por outro lado, vemos que a Divindade proporciona recursos e tesouros a indivíduos que deveriam aplicá-los para o bem e não o fazem. Um dia a consciência deles gritará de maneira vigorosa.

Contou-me Chico Xavier, há muitos anos, uma história muito curiosa de duas damas que, no Teatro Bolshoi, em Moscou, assistiam a uma comovedora peça de teatro. Era inverno. Ambas se emocionaram até as lágrimas, saíram dali tocadas pelo personagem central. Quando estavam deixando o teatro para pegar a carruagem, encontraram um homem deitado no mármore frio, desagasalhado, do lado de fora do edifício enquanto nevava. Uma das damas foi logo acometida de um gesto de bondade e quis tirar o seu casaco de peles caras para cobrir o homem. A segunda, prática e racional, disse-lhe: "Não faça isso. É um casaco de alto preço. Quando chegarmos em casa, mandaremos um empregado trazer para ele alguns cobertores". E ela deteve o gesto. Então, foram-se. Chegando à casa foram tomar chá quente e esqueceram-se. Adormeceram. No dia seguinte, a primeira dama lembrou-se do necessitado. Chamou um lacaio e mandou levar agasalhos. Quando ele chegou, porém, o homem havia morrido congelado durante a madrugada.

Então, o espírito Dr. Bezerra de Menezes disse ao venerando Chico Xavier: "Quando a caridade é muito discutida, o socorro chega tarde".

É óbvio que uma pessoa rica pode, sim, gastar quanto lhe aprouver, mas o que nós vemos é um verdadeiro desperdício no comércio do luxo. Existem artigos, como bolsas de grife, por exemplo, custando 500 mil reais, ou relógios cravejados de diamantes que chegam a custar um milhão de dólares. Embora esse fluxo de dinheiro promova a indústria dos artefatos, o que, por sua vez, vai auxiliar indiretamente as famílias de trabalhadores, o fato é que essa pessoa poderia também repartir o seu excesso em benefício daqueles que vivem na escassez quase absoluta.

Muitas vezes, o espírito egoísta elege para si direitos que não permite ao seu próximo. Membros de uma estrutura social algo distorcida, milenar, alguns se permitem privilégios, com esquecimento total de todos aqueles que necessitam dos mesmos recursos.

Os bens da fortuna que deveriam ser repartidos socialmente com justiça ainda se encontram nas mãos da avareza, e, por isso, ocorrem esses disparates. Mas aqueles que hoje usufruem com verdadeiros exageros voltarão na carência, em consequência do mau uso que fizeram dos dons e dotes que lhes foram emprestados.

Por outro lado, não nos podemos preocupar em excesso com aqueles que estão na carência total e que passam por dificuldades. Podemos dizer que alguns são espíritos iniciando o processo de evolução, passando por disciplinas morais muito severas, através das quais adquirem equilíbrio para futuros empreendimentos. Nesses futuros empreendimentos, também terão direito à abundância, no entanto, ser-lhes-á exigida sabedoria na aplicação dos recursos para poder evitar a recidiva na necessidade.

Esses fenômenos sociais e econômicos fazem parte da estrutura da nossa sociedade. Felizmente, desde a eclosão dos direitos humanos na Revolução Francesa, em 1789, o quadro vem sendo revertido.

Ainda existem hoje na Terra 800 milhões de indivíduos condenados à morte pela fome, segundo os dados da FAO, a Organização das Nações Unidas para Alimentação e Agricultura. O excesso e o desperdício em todos os países dariam para matar a fome desses 800 milhões...

Mas a lei é natural, porque o morrer e retornar são fenômenos propostos pela legislação divina. Aquelas dificuldades de hoje serão compensadas amanhã. Não se trata de uma doutrina passadista, não é uma proposta conformista, é um processo natural da evolução, através de vários estágios do processo iluminativo.

MUDANÇA SOCIAL NAS REENCARNAÇÕES

159 - Você citou o caso do esbanjador que retorna em uma situação difícil. Como se dá essa mudança de condição social nas nossas diversas reencarnações?

Divaldo: Quando o espírito retorna ao mundo causal e dá-se conta do desperdício, ele já está incurso numa lei de reparação, então, o fenômeno reencarnatório é automático. Ele volve numa situação que lhe permite valorizar o excesso que desperdiçou.

Quando se trata de um espírito que reconhece o erro e conscientemente deseja reabilitação, ele mesmo pede para vir na situação de dificuldade, a fim de aprender na carência a boa administração dos recursos que a Divindade lhe concederá em outra ocasião.

EXPLICAÇÃO DO ESPIRITISMO PARA A DESIGUALDADE SOCIAL

160 - Qual a explicação do Espiritismo para a desigualdade social?

Divaldo: Sem dúvida, só pela reencarnação é possível entender a injustiça social. As desigualdades que existem entre as criaturas terrestres defluem dos atos que as próprias criaturas praticaram em existências passadas. Não se justifica, porém, que governos arbitrários e gananciosos não favoreçam aqueles indivíduos que se encontram na linha da miséria com os recursos hábeis para sua dignificação. Em uma sociedade justa, essas diferenças desaparecem, e elas passam a constituir-se em forma de dores morais, através das quais os calcetas endividados reabilitam-se.

Vemos, por exemplo, as guerras de extermínio, cujo potencial energético e monetário poderia ser aplicado para acabar com as misérias sociais, a Aids, a fome na África, na América Latina, na Ásia, nas ilhas da Oceania, em toda parte. Mesmo na cultura americana tão rica, acredita-se que haja mais de 40 milhões de indivíduos na linha da miséria econômica. Então, são provações coletivas para a sociedade, mas que um dia os governos sensatos e honestos diminuirão, através da aplicação dos seus recursos tecnológicos e financeiros em benefício da coletividade. Aqueles endividados farão o resgate através do amor, pelo bem que possam realizar, pelas conquistas que a sociedade lhes proporcionar, aplicando-as em benefício da própria sociedade.

CONTRIBUIÇÃO DO ESPIRITISMO

161 - De que maneira o Espiritismo pode contribuir para a diminuição das desigualdades sociais no mundo?

Divaldo: Mediante a informação que demonstra que nós somos a construção de nós mesmos, o Espiritismo contribui com o esclarecimento para diminuir e até acabar com as desigualdades sociais na Terra. Tudo aquilo que fazemos, do pensamento à ação, está sendo edificado para albergar-nos na alegria, na tristeza, na frustração, na miséria, ou na felicidade...

O Espiritismo dá-nos consciência, a consciência de nós mesmos. Vem-nos dizer que estamos na Terra assinalados para uma finalidade educativa. Que não podemos ser indiferentes ao processo sociológico da evolução do grupo, e pessoalmente nos ilumina, porque nos desperta a consciência para o amanhã.

Da mesma forma que temos consciência da necessidade de ser previdentes em relação ao futuro, à velhice, à doença, o Espiritismo nos oferece essa consciência preventiva em relação à eternidade, ou melhor, à imortalidade.

O Espiritismo é a proposta libertadora, é o Cristo de volta, não fisicamente, é claro, mas no pensamento de amor, através do Consolador que Ele nos prometeu.

BOA POSIÇÃO SOCIAL

162 - Enquanto muitos viajam em ônibus superlotados e desconfortáveis, há aqueles que viajam em veículos muito confortáveis e caros. Da mesma forma, enquanto muitos não têm o que comer, a mesa do rico é farta. A pessoa com boa condição financeira deve sentir-se culpada por ter tanto, enquanto outros têm tão pouco?

Divaldo: Não! Desde que o indivíduo tenha granjeado esses recursos com suor e perseverança pelo trabalho honesto, é justo que desfrute do resultado dos seus esforços. As indústrias, as empresas de modo geral, estão oferecendo atualmente salários mais dignos para diminuir a miséria, no entanto, ainda poderiam fazer mais. Poderiam criar instituições de benemerência com o excesso dos lucros. É lícito ao indivíduo que trabalhou desfrutar de todo o conforto e até do excesso, mas também repartir com aqueles que não têm chance.

Li uma obra muito interessante de um autor brasileiro, na qual ele conta a sua história, que atingiu um patamar muito alto de sucesso financeiro. Mas a primeira coisa de que ele se lembrou foi oferecer salários justos aos seus operários, não esquecendo quem era e de onde veio, como acontece com muitos que têm vergonha de suas origens, de suas raízes. Ele procurou fazer da sua indústria não apenas um lugar de lucro, como a maioria dessas instituições, mas também pôs nela o seu coração. Não só cumpriu com os benefícios que as leis exigem, mas fez muito mais, como obras de benemerência e promoção social.

Não nos podemos culpar pelas ocorrências do processo evolutivo, pois isso faz parte de um contexto, mas uma vez dentro desse contexto, temos que responder com dignidade.

É MELHOR SER RICO OU SER POBRE?

163 - Para a evolução do espírito, é melhor ser rico ou ser pobre?

Divaldo: Pouco importa em que situação o indivíduo se encontra. O essencial é que seja justo e digno na pobreza que mantém honorabilidade, na abundância que mantém a generosidade.

SOLUÇÃO PARA A DESIGUALDADE SOCIAL

164 - A desigualdade social é um problema mundial, mas a solução não deveria ser local, isto é, em função das diferenças de cultura e de costumes?

Divaldo: Sim. Na Índia, por exemplo, existe a crença no carma, ninguém ajuda o infeliz, para que ele queime o seu carma. Na visão de Kardec, na lei de causa e efeito cristã, devemos ajudar o nosso irmão, como o samaritano e o cireneu fizeram, para que o sofredor saia da sua situação infeliz e perturbadora. É muito curioso porque, se nós realizarmos o trabalho local, ele irá repercutir no geral, como na frase: "Numa rua onde existe uma casa de paz, a rua termina por ser pacífica. Numa cidade onde há uma rua de paz, o bairro terminará pacificado e a cidade se tornará, também, missionária da paz. Numa nação onde há uma cidade de paz, haverá a pacificação e, por consequência, todo o mundo".

Se começarmos pelo mínimo, iremos alcançar o máximo, porque todos nos uniremos, dar-nos-emos força e resolveremos de maneira solidária a problemática geral pela qual somos também responsáveis.

DESEMPREGO

165 - Enquanto alguns conhecem o progresso financeiro, a estabilidade, outros vivem no desemprego ou no subemprego, no chamado "bico". Diante da lei de causa e efeito, a pessoa está colhendo o que plantou em reencarnações anteriores ou a criação de empregos também depende do governo?

Divaldo: Vamos exemplificar lembrando um vulto da mitologia. Eu me recordo de Midas, o rei que ambicionou transformar em ouro tudo o que tocasse e foi atendido pelos deuses. Mas, em pouco tempo, ele percebeu a tragédia da sua ambição, porque não podia mais se alimentar, tudo o que levava à boca virava ouro. Então, desesperado ele quis retroceder, e conseguiu.

Naturalmente, na condição privilegiada, aqueles que detêm as fortunas, como as organizações poderosas, deveriam contribuir com a sociedade, auxiliando os governos com parcerias. Além disso, ao se tornarem governos, como tantas vezes acontece, deveriam pensar no cidadão, assumir sua responsabilidade social, porque são eleitos para servir e não para se servirem da posição na qual se encontram transitoriamente. Embora o problema não seja resolvido inteiramente dessa maneira, porque é um problema moral, pelo menos pode ser amenizado.

Já aqueles que estão na situação oposta, muitas vezes em situações dolorosas vindas do passado, veem tudo o que fazem dar errado, por mais que se empenhem. Se nós lhes concedermos oportunidades, cumpriremos com o nosso dever, porque eles estarão resgatando as suas dificuldades.

Compete principalmente aos governos oferecer educação, salários dignos, saúde, recreação e todas as condições que promovem a criatura humana. No entanto, não podemos responsabilizar o governo por tudo, afinal o governo é constituído por cidadãos que ocupam provisoriamente cargos, que nem sempre são encargos bem orientados.

ASSISTÊNCIA SOCIAL

166 - A propósito da atuação do governo, é grande o número de pessoas que afirmam que pagam impostos e que, portanto, cabe ao governo a responsabilidade pela assistência social. É correto pensar assim?

Divaldo: Seria correto se os governos cumprissem com seu dever, mas, como existem governos injustos, não podemos "lavar as mãos", como fez Pilatos, que, mesmo reconhecendo a inocência de Jesus, não impediu sua condenação.

Nós reconhecemos a miséria que podemos diminuir. Mitigar a sede, matar a fome, proporcionar a saúde, dar uma palavra amiga, praticar um gesto de gentileza, isso não é do governo, mas nosso.

Seria o mesmo que esperar que o governo acabe com a violência. Ele pode decretar a paz, mas nem sempre tem mecanismos para acabar com a violência individual. A violência do indivíduo contra si mesmo, contra seu próximo, contra a sociedade, é uma patologia.

Quando estamos em uma sociedade injusta, o indivíduo se sente discriminado e, não raro, em total desequilíbrio, resolve cobrar pela violência aquilo que deveria receber gratuitamente. Na atualidade, graças à drogadição, o indivíduo que se sente vazio foge, perde os parâmetros, enlouquece, e passa a fazer parte da violência urbana que ameaça a todos nós.

DESIGUALDADE SOCIAL NA ÉPOCA DE JESUS

167 - E você, falando em Pilatos, me fez recordar que desde a época de Jesus já havia desigualdade social, não é assim?

Divaldo: Havia aqueles que formavam o populacho das grandes cidades, como Jerusalém e Roma. Em Roma, havia aproximadamente 100 mil vagabundos que viviam de *panem et circenses*.[62] Em Jerusalém, também havia aproximadamente 50 mil miseráveis, segundo Giovanni Papini,[63] em uma bela história da vida de Jesus, publicada novamente agora para evocar o centenário de nascimento do escritor.

Por isso, veio Jesus para atender o povo. Ele não lhes deu apenas os pães naquele momento da fome, porém também ofereceu-lhes dignidade para erradicar a fome das necessidades espirituais. Naquela época, os agricultores faliam por causa dos pesados impostos que Roma impunha à população, cobrados por judeus que compravam em hasta pública esse direito, tornando-se publicanos perversos. Jesus veio para esses que têm sede de justiça, fome de amor, e mesmo não lhes dando a alimentação, senão

---

62 ***Panem et circenses*** é a forma acusativa da expressa latina *panis et circenses*, que significa "pão e jogos circenses", mais popularmente citada como "pão e circo". Disponível em: <http://pt.wikipedia.org/wiki/Panem_et_circenses>. Acesso em: 7 de março de 2012.

63 **Giovanni Papini** (1881-1956) foi um escritor italiano. Inicialmente cético, passou a católico fervoroso. A crítica europeia é de opinião que sua melhor obra é *Gog*, uma coletânea de contos filosóficos, escritos num estilo satírico. Disponível em: <http://pt.wikipedia.org/wiki/Giovanni_Papini>. Acesso em: 1 de março de 2012.

vez ou outra para demonstrar a necessidade, Ele estabeleceu, sobretudo, o amor como solução para todos os problemas.

CORRUPÇÃO GERANDO DESIGUALDADE

168 - A desigualdade social também decorre da corrupção. Muitos políticos desviam o dinheiro público que deveria ser aplicado na educação, na saúde e na segurança. E raramente esses políticos são descobertos, ou, quando são, geralmente ficam impunes. O que acontece com esse tipo de político quando ele morre?

Divaldo: A consciência torna-se seu algoz. Ninguém foge de si mesmo. Para onde vamos, levamo-nos. A situação desses indivíduos é muito dolorosa, porque aqueles que foram prejudicados, defraudados e que padeceram toda essa situação são muito infelizes, aguardam-nos no além e tornam-se-lhes cobradores impiedosos. Eles são trazidos à Terra em idiotia, em transtornos esquizofrênicos terríveis, portadores de transtorno do espectro autista, assim como de tantas outras deformidades, por causa dos seus perseguidores e da consciência de culpa.

Ideal seria que se procurasse fazer na Terra a justiça contra o criminoso do *colarinho branco*. O criminoso é criminoso seja ele qual for o tipo de delito cometido. Às vezes, comentando o Evangelho, eu me refiro à expressão “O bom ladrão”. E repito: “Bom ladrão”. Todo ladrão é ladrão. Seja generoso ou não, ele é ladrão. Isso não o torna menos responsável. Então, toda injustiça social deve ser anulada pela ação do bem praticado pelo indivíduo. Aquele que despertar no Além em débito saberá que deve voltar à Terra para ressarcimento.

DAR OU NÃO ESMOLAS

169 - Nas grandes cidades, infelizmente, existem aqueles que se valem de sua dificuldade financeira para enganar outras pessoas. Certa vez, vivenciei um caso interessante no metrô, em São Paulo. Uma moça entrou no trem com uma criança no colo. Ela dizia que estava desempregada e que a filha não se alimentava há três dias. E as pessoas se sensibilizaram. Uma, inclusive, tirou uma nota de dez reais e deu-lhe. No dia seguinte, encontrei-a novamente no metrô, no mesmo horário, e ela disse mais uma vez que a filha estava há três dias sem comer. E isso se repete várias vezes. O que acontece com esses espíritos que exploram a bondade dos outros?

Divaldo: São infelizes defraudadores dos bens da vida. É muito comum haver organizados grupos que alugam crianças para a mendicância. Numa oportunidade, eu atendi uma dessas mães, que não era de fato genitora. Disse-lhe: "Venha viver na Mansão do Caminho e nós tomaremos conta de você e da criança, internando-as". A criança estava esquálida, desidratada. Ela saiu correndo, e mais tarde eu soube que a criança era de aluguel. A mãe a deixava faminta para alugar à outra. Há também certas redes em que as crianças são postas a pedir e os pais, as mães, ou os interessados ficam à distância para tomar o dinheiro, assim que lhes damos.

É o caso muito comum em nosso país dos flanelinhas, daquelas crianças pedintes de poucos anos de idade que ficam nos semáforos. Olhamo-nas e pensamos: "Meu Deus, o que fazer? Dar?". Não devemos atender-lhes os pedidos, porque o explorador está a distância e logo lhes toma o dinheiro. E, quando não há o explorador, essas crianças provavelmente vão usar drogas ilícitas. Com esse tipo de ajuda, a esmola, nós estamos contribuindo para que permaneça o mal.

Não podemos repetir a atitude de Pilatos ante Jesus: "Lavo as minhas mãos. Lavo a minha consciência, eu dou!"

Há instituições de benemerência que estão com grandes dificuldades e precisam de nossa ajuda. Contribuamos com os seus programas de assistência e de serviço social.

Os exploradores de crianças são pessoas perversas, espíritos insensíveis que reencarnarão em situação deplorável, na idiotia, com expressões psíquicas de grandes conflitos, porque essas vítimas – as verdadeiras vítimas são as crianças – nem sempre os perdoam quando despertam no mundo espiritual.

Mas isso ocorre porque a sociedade é injusta, porque o problema da pobreza é um problema da sociedade. Quando vivermos numa sociedade justa que valorize e dignifique a criatura humana, esses exploradores não terão oportunidade, porque haverá instituições nobres e suficientes trabalhando para cuidar dos problemas e resolvê-los.

Enfim, procurar suprir a necessidade é tarefa principalmente das autoridades governamentais, criando oportunidades de trabalho, escolas profissionalizantes, centros artesanais, ações que dignifiquem o indivíduo, promovendo-o socialmente.

Allan Kardec afirmou com muita beleza: "Numa sociedade onde alguém morre à fome, deveríamos ter constrangimento de viver nela". Tal a abundância que o planeta nos oferece, tais os recursos que podem ser repartidos, promovendo o indivíduo, sem diminuir a fartura daqueles que possuem em demasia. Não me refiro aqui a dar apenas, mas a ensejar oportunidade de dignificação.

Ajudemos as instituições a melhor servir, porque, assim, iremos eliminar o intermediário, que é o explorador da infância, como também ocorre com a velhice. Numa sociedade digna, toda essa técnica de exploração desaparecerá, quando também todos contribuirmos valorosamente com dignidade e com coragem de desmascarar os mistificadores.

COMO LIDAR COM A MISÉRIA NAS GRANDES CIDADES

170 - Vemos nas grandes cidades uma transformação no comportamento das pessoas, que estão se tornando indiferentes aos seus semelhantes, tamanho o volume da miséria que existe nesses locais. Uma pesquisa feita recentemente constatou que em pequenas cidades as pessoas param para observar o que está acontecendo quando encontram alguém caído, enquanto nas grandes cidades, não, ninguém para. As pessoas ignoram o fato, como se estivessem passando por um objeto. Como fazer para que não nos tornemos pessoas frias e indiferentes? Pelo que você explicou, o melhor seria engajarmo-nos em uma instituição séria, não é isso?

Divaldo: Sem dúvida! Porque também não podemos solucionar todos os problemas existentes de uma só vez. Muitas vezes a ocorrência é à hora do nosso expediente, temos um compromisso, encontramos alguém caído, que é um ébrio, que é um toxicômano. Como vamos ajudar? Esse trabalho também é do governo. Para a sua solução é que pagamos impostos. A sociedade elege o governo para que ele atenda às necessidades do povo, do cidadão.

Infelizmente é preciso agir com muito cuidado, porque a Lei dos Direitos Humanos também faculta ao indivíduo viver como lhe aprouver, desde que não gere distúrbios sociais. Se tirarmos essas pessoas das ruas e as levarmos para entidades que oferecem proteção sem a sua anuência, logo veremos a imprensa informando que se lhes violentou a liberdade de movimentar-se, de ir e vir, de comportar-se conforme melhor lhes apraz.

O assunto é bastante complexo. Devemos manter a afetividade, mas também não nos podemos envolver com cada um que esteja com problema dessa natureza. Alguns deles estão nessa situação por livre vontade, outros, porque tiveram certos desgostos na vida, abandonaram tudo e entregaram-se à embriaguez, ao alcoolismo, à drogadição, deixando morrer no íntimo os ideais. Outros, ainda, tornaram-se pedintes, vivem na miséria, mas dispõem de bens. Alguns têm imóveis, cadernetas de poupança, e o pior problema deles é a miséria moral. Sabemos que a miséria social é uma decorrência inevitável da miséria moral.

Hoje falamos muito de poluição. Os espíritos me dizem que a pior poluição é a mental. Ela é responsável pela poluição da atmosfera, dos rios, dos lagos, dos mares, por causa da indiferença dos nossos sentimentos.

Então, devemos manter nossos vínculos de amor universal, mas não podemos repetir, *ipsis verbis*, a parábola do bom samaritano. Não podemos, por enquanto, parar em cada quadra para ajudar o próximo que ali se encontra. Para isso, o governo tem instrumentos próprios, e somos nós que lhe oferecemos os recursos para a preservação desses mecanismos socorristas.

E como o governo muitas vezes não cumpre o seu papel, podemos sim nos engajar nos trabalhos das entidades sérias que se dedicam ao bem.

INTEGRAÇÃO SOCIAL

171 - A Mansão do Caminho é uma obra imensa, gigantesca, onde vocês não só oferecem a parte material, como também acompanham a reestruturação da família. O trabalho é com a criança, mas há o desenvolvimento dos pais dessas crianças. Como isso acontece?

Divaldo: Por meio dos condicionamentos para o bem. A criança fica conosco somente se os pais trabalharem. Normalmente a mãe, já que o pai quase sempre é o "zangão" que fecundou a mulher e vai-se embora. É a mãe quem fica com a carga, ou a avó, porque também acontece de a mãe abandonar o filho.

Por isso, condicionamos o amparo ao labor da pessoa responsável, que procuramos controlar pela carteira de trabalho. Quando o indivíduo perde o emprego, ajudamo-lo a conseguir outro e deixamos claro que, se o perder novamente, também irá ficar sem a nossa ajuda. Claro que isso não acontece na prática, porque a criança não pode ser penalizada pela leviandade dos pais, mas, por outro lado, entramos em contato com o Juizado de Menores para que advirta esses genitores negligentes.

Detemos esse direito porque a Mansão do Caminho lhes oferece tudo. A criança chega às sete horas da manhã e sai às cinco e meia, levando para casa pão, leite, café e açúcar diariamente, mesmo depois de receber as duas refeições básicas e os dois lanches durante o dia. Por isso, temos que educar os responsáveis, para que se dignifiquem, caso contrário, cria-se um círculo vicioso.

Eu estive certa feita numa instituição e uma pessoa entusiasmada me disse:

– Olha, Divaldo, esta aqui é neta da senhora que nós começamos a atender, há muitos anos.

E eu perguntei:

– Mas como você conseguiu manter na miséria três gerações? Se a avó era pedinte, muito bem. Mas a filha não poderia ser pedinte, ela teria que ser promovida. Porque sempre há trabalho para quem o deseje. Por que o necessitado não trabalha?

Então, seguimos a frase oportuna inserta em *O Evangelho Segundo o Espiritismo*: "Transformai em salários as vossas esmolas".

DIFICULDADES FINANCEIRAS

172 - O que você tem a dizer às pessoas que neste momento passam por dificuldades financeiras graves?

Divaldo: Que não desanimem. A vida muda a cada instante. Que pensem no bem. Mesmo diante da situação econômica que se apresenta no mundo, algo devastadora, recordem-se de que o essencial não faltará. Aqueles portadores das grandes fortunas tremem e temem, mas nós que estamos com algumas dificuldades, e aqueles que têm grandes carências, lembremo-nos de Deus. Como disse Jesus com propriedade: "Os pássaros não semeiam, nem colhem, mas o Pai não se esqueceu de dar-lhes sementes. Sede como os lírios do campo, porque nem Salomão conseguiu vestir-se com trajes tão alvinitentes, e tenham paz".

Não deixem nunca de tentar o prosseguimento da luta. Há um fenômeno psicológico que nos leva ao desânimo com facilidade. Desse modo, mandem os seus currículos a todos que alcancem, visitem empresas, vão pessoalmente, gastem o sapato, gastem o pé, mas vão. Não deleguem a outrem, não esperem que caia o saco da fortuna na sua porta. Não acreditem que, somente pela rogativa a Deus será solucionado o problema. O espírito Emmanuel, pelo querido Chico Xavier, leciona: "Fala a criatura ao Criador pela oração, responde o Criador à criatura através da inspiração, e ajuda o Criador à criatura através de outra criatura".

Busque-se, bata-se à porta, peça-se e se conseguirá.

Há uma história muito interessante de um espírito que se comunicou numa reunião – era uma senhora judia – e que disse ao filho: "Venho dizer-te que o bilhete de sorte amanhã é tal, mas peço que ninguém se aventure, porque eu quero dar esse presente ao meu filho". Todos ficaram jubilosos. O rapaz estava em dificuldade. Na semana seguinte ele disse:

– Mamãe, não ganhei nada!

– Meu filho!

Ela pensou, e disse-lhe outra vez:

– O número da sorte de amanhã é o número Y.

E, na terceira reunião, ele afirmou, desalentado:

– Mamãe, não consegui!

Ela, após alguma reflexão, redarguiu:

– Meu filho, pelo menos compre o bilhete!

Façamos nossa parte. Temos que lutar, porque os bons espíritos ajudam, conforme a velha tradição: "Ajuda-te que o céu te ajudará".

CATÁSTROFES NATURAIS

173 - Muitas pessoas perdem os seus bens materiais em terremotos, em furacões, em várias catástrofes naturais. Essa é uma lei de causa e efeito? Como pensar essas situações?

Divaldo: Nada nos pertence na Terra. No mundo transitório somos mordomos. A morte arrebata-nos e deixamos tudo. Aliás, eu li uma história muito curiosa de uma dama americana muito rica que, ao desencarnar, deixou sua fortuna de 50 milhões de dólares para seus cães e gatos, com a condição de erguer-se para ela um mausoléu e sepultá-la em seu carro, um *Rolls-Royce* folheado a ouro. Naturalmente tudo isso foi atendido, mas só a levaram no carro até o mausoléu, pois que, dali em diante ela precisou mesmo ir a pé, desde que não existem privilégios além do corpo...

Tudo quanto possamos considerar é transitório. Nesses casos, estamos diante da lei de destruição que está citada em *O Livro dos Espíritos*, na Terceira parte. Concluamos que podemos perder coisas mas, acima de tudo, valorizamos a vida.

MISÉRIA SOCIAL

174 - Que mensagem você daria àqueles que se chocam com a miséria social, àqueles que têm vontade de ajudar, mas não sabem como agir diante de um quadro tão perverso como o dos nossos dias e de nossa sociedade?

Divaldo: Eu diria que cada um faça a sua parte. Sugeriria que enquanto os bombeiros não vêm apagar o incêndio, cada um que ali esteja jogue o seu balde de água, fazendo a sua parte. Cada um de nós deve contribuir com uma parcela mínima, que seja, para atenuar as dificuldades gerais e diminuir as injustiças sociais, e jamais cruzar os braços. O mundo depende de nós e a paz começa em nós.

IGUALDADE ABSOLUTA DAS RIQUEZAS

175 - A igualdade absoluta das riquezas é possível na Terra?

Divaldo: Jamais isso acontecerá. Por mais que as criaturas pareçam iguais, ainda assim todos somos diferentes. A igualdade nesse sentido absoluto não existe, devido à variedade de valores, de processos evolutivos nos quais nos encontramos. Enquanto uns são mais esbanjadores, outros são econômicos, e a partir daí já começam as diferenças entre todos.

Existe igualdade moral entre os vários níveis de consciência da escala psicológica que temos na Terra, que ainda não atingiu o alto nível de um planeta superior. Indubitavelmente, temos espíritos menos evoluídos, então, é inevitável que haja aqueles que se encontram em prova, em redenção e alguns outros concluindo as suas experiências.

O que podemos esperar é uma certa igualdade numa faixa ampla em que todos nos sintamos bem. O amor, nesse futuro anelado, dará um sentido de fraternidade, em que não haverá carência, não haverá excesso e haverá justiça para todos.

CONSIDERAÇÕES FINAIS

176 - Suas considerações finais sobre o tema da desigualdade social.

Divaldo: As desigualdades são de natureza moral devido às diferenças que existem entre nós, seres humanos. Dos nossos preconceitos, dos nossos atavismos, resultam essas desigualdades perturbadoras. Mas, se cada qual cumprir com o seu dever, por menor que seja, irá atingir o seu patamar de harmonia íntima, porque, mesmo no estado de igualdade econômica, e social, se o indivíduo é insatisfeito consigo próprio, deserta, distancia-se da harmonia. Quantos milionários sucumbem pelo suicídio, quantos indivíduos ricos alucinam-se pelas drogas! O importante, portanto, é o autodescobrimento, a viagem para dentro, a conquista da autoconsciência. Então, adquirindo esses valores, conhecendo-se a si mesmo, como diz um ditado popular: "O pouco com Deus é muito e o muito sem Deus é nada", o indivíduo encontra a plenitude.

FELICIDADE

FELICIDADE PARA O ESPIRITISMO

177 - Alguns filósofos afirmam que a felicidade reside em desfrutar de tudo que se deseja materialmente. Já outros, que ela decorre de não se ter nada. Como o Espiritismo conceitua a felicidade?

Divaldo: Se recuarmos na história da filosofia, observamos que as primeiras grandes propostas de natureza ética sobre esse assunto pertencem aos filósofos gregos. Surgiu na Grécia o conceito do hedonismo, uma filosofia que passou a designar o conjunto das doutrinas que colocam o prazer e a beleza como bens supremos da vida humana. Alguns de seus representantes mais antigos são Aristipo de Cirene[64] e Epicuro.[65] Enquanto o primeiro dizia que o prazer é um bem em si, podendo ser usado intensamente, o segundo determinava a moderação do prazer, no intuito de que se pudesse chegar à verdadeira felicidade. As duas doutrinas foram confundidas ao longo dos séculos, e o que perdurou para a história foi a noção hedonista de Aristipo, que pregava a busca desenfreada pelos prazeres sensoriais, como comer, beber, dormir e praticar sexo, sem qualquer avaliação de caráter moral.

A proposta de Aristipo, portanto, influenciou muito o pensamento grego. O indivíduo passou a dedicar-se à conquista do ter, para poder desfrutar. Esse pensamento hedonista permaneceu subjacente durante muitos séculos e hoje parece tomar conta da humanidade. É como vermos as pessoas atormentadas procuran-

---

64 **Aristipo de Cirene** (435-366 a.C.). Discípulo de Sócrates, fundou a escola cirenaica ou hedonista.

65 **Epicuro de Samos** (341-270 a.C.). Fundador do epicurismo. O propósito da filosofia para Epicuro era atingir a felicidade, estado caracterizado pela *aponia*, a ausência de dor (física) e *ataraxia* ou imperturbabilidade da alma.

do seus *quinze minutos de holofotes*. Mas essa visão de mundo nada mais é do que uma manifestação narcisista.

À medida que o pensamento filosófico recebeu a contribuição do oriente, nasceram outras interrogações: será que a pessoa que come bem é feliz? Normalmente tem indigestão. Será que a pessoa que usa o sexo em demasia é feliz, é plena? Não. Em realidade, o indivíduo que se torna sexólatra passa a ter transtorno de comportamento. E o que dorme demasiadamente? Esse perde o contato com a realidade.

Foi quando surgiu, então, a figura de Diógenes de Sínope,[66] o notável pensador cínico. Diógenes viveu como mendigo, desprezando os poderosos e as convenções sociais. Sua filosofia combatia o prazer, o desejo e a luxúria. Diógenes dizia, então: "A felicidade não é ter, é deixar de ter. Porque quem não tem nada não pode ficar pior do que se encontra". E começou a enunciar em Atenas a sua proposta libertadora.

Alexandre Magno,[67] que conquistou boa parte do mundo conhecido na época, principalmente o greco-romano, era um apaixonado por Diógenes. Certa vez, o governador de Corinto foi ter com Alexandre, que lhe disse:

– Se tu me trouxeres Diógenes, eu pouparei a cidade de ser destruída.

E o governador correu imediatamente a Diógenes, que morava numa casa miserável no subúrbio de Corinto e lhe disse:

– Diógenes, o homem mais poderoso do mundo quer falar contigo.

---

66 **Diógenes de Sínope** (412-323 a.C.). Diógenes foi aluno de Antístenes, fundador da escola cínica. Foi destaque e símbolo do cinismo, pois tomou sua filosofia como um modo de viver radical.

67 **Alexandre III da Macedônia**, dito **O Grande** ou **Magno** (356 a.C.-323 a.C.) foi o mais célebre conquistador do mundo antigo. Disponível em: <http:/ pt.wikipedia.org/wiki/Alexandre,_o_Grande>. Acesso em: 1 de abril de 2012.

E Diógenes redarguiu:

– Mas eu não quero falar com ele.

O governador foi falar com Alexandre e ele, para surpresa geral, foi visitar Diógenes. Num carro de guerra dourado, com seus generais, chegou ao bairro miserável, saltou, chegou à porta, abriu os braços, na entrada modesta em que o filósofo escrevinhava no chão, e propôs-lhe:

– Diógenes, diz-me o que desejas que eu te darei. – Diógenes continuou de mau humor. – Tu te sentarás comigo no trono. Eu governarei o mundo e tu me ensinarás sabedoria. O que queres, ó sábio?

Diógenes levantou os olhos e respondeu, desagradado:

– Senhor, não me ofereça aquilo que me não pode dar.

Então, o general perguntou:

– Mas o que não lhe posso dar?

Diógenes redarguiu:

– Não me roube, senhor, o que não me pode dar.

Levantou-se e saiu. Então Alexandre Magno pensou, e deu-se conta de que estando à porta impedia a entrada do Sol. E o Sol ele não podia dar a Diógenes.

Por consequência ele perdoou Diógenes, perdoou Corinto e a filosofia do não ter passou também a influenciar o pensamento grego.

Afirmou o professor Humberto Rohden:[68] "A posse é possuidora do possuidor". A pessoa é vítima daquilo que tem, e, por consequência, tem medo de perder esse momento de glória do seu poder.

---

68 **Humberto Rohden** (1893-1981) foi um filósofo, educador e teólogo catarinense, radicado em São Paulo. Disponível em: <http://pt.wikipedia.org/wiki/Huberto_Rohden>. Acesso em: 1 de abril de 2012.

Mas será que aquele que nada tem é feliz? E as intempéries, as enfermidades, os problemas da convivência social? Ademais, existe o que é escravo do que tem, mas também o que é escravo do que não tem. É como vivermos uma felicidade dos relativos: *quando* eu me casar, *quando* eu me aposentar, *quando* eu tiver dinheiro, *quando* eu trocar de carro, ou *se* eu alcançar tal meta, *se* eu conseguir etc. Desse modo, se é escravo do que não se tem.

É nesse momento que aparece um outro filósofo, Zenão de Cício,[69] e ensina: "O problema da felicidade é o problema da dor. Todos sofrem. É necessário, então, que tenhamos uma atitude ética, uma postura superior ante o sofrimento".

Sócrates em seu tempo já dizia que a felicidade independe do ter, do não ter, do enfrentar a dor. A verdadeira felicidade é o ser. Mas, para ser, são indispensáveis três fatores: o pensamento reto, a conduta correta e as palavras saudáveis.

Sócrates pregava: "Uma doutrina de natureza ética é a base da filosofia". Ele foi o precursor de todas as escolas que o sucederam, tornou-se um divisor de águas. Platão, seu discípulo, foi mestre de Aristóteles. Graças ao seu pensamento, divulgou-se na cultura grega a ética, a dignidade.

Setenta tiranos governavam a Grécia em sua época, e ele ensinava aos jovens a liberdade de pensamento e de ação, o respeito ao Deus Sem Nome, abandonando os deuses vulgares... Foi denunciado por estar *pervertendo a juventude*. Levado ao tribunal, foi julgado. Depois do julgamento, o juiz foi implacável, informando-o:

– Eu te condeno à morte.

E, Sócrates, narra Platão, olhou para ele com certo ceticismo e respondeu:

---

69 **Zenão de Cício** (334-262 a.C.) foi um filósofo grego, fundador do estoicismo.

– Mas, Meritíssimo, todos nós nascemos já comprometidos com a morte, portanto, condenados.

Presunçoso, o magistrado esbravejou:

– Mas eu poderei determinar a hora em que tu morrerás.

Sócrates sorriu. Levado ao cárcere, ali estava reflexionando em torno da vida, quando Críton, um dos seus discípulos, foi ter com ele e lhe expôs:

– Venho dar-te a liberdade.

O sábio sorriu generoso:

– Como tu podes dar-me a liberdade se eu sou livre?

– Mestre, tu estás encarcerado. Olha bem, as paredes com óleo de baleia, com pedras, ferros...

– Críton, tu és mau filósofo. Aprisionado está quem tem vício. Aonde quer que ele vá, ele é vítima do vício. Eu sou livre, porque onde quer que vá o meu pensamento aí eu estarei.

Desse modo, não fugirei.

– Mas, mestre, a porta da cela dormirá aberta!

– E como conseguiste?

– Bem, subornamos o guarda.

– Com o quê?

– Nossas joias, as joias de família. Então, tu te libertarás e irás ensinar-nos a beleza, o ideal, a fraternidade, a honra.

– Oh, Críton! Tu crês que eu aceite uma proposta de suborno para falar depois em dignidade? Eu não fugirei. Dize aos meus discípulos que eu aqui estou em paz.

– Mestre, amanhã irão matar-te!

– A mim? Enganas-te. Eu sou imortal, Críton. Ninguém me pode matar.

No dia seguinte, ainda narra Platão, estava ele no pátio do presídio para beber a cicuta, que lhe foi dada por um soldado num vasilhame de alabastro, e, quando o soldado viu aquele homem de túnica branca, venerando e sábio, tremeu e disse:

– Mestre, olha, ainda lhe falta uma hora.

Sócrates redarguiu:

– Uma hora é pouco para quem tem a eternidade.

Tomou do vasilhame e sorveu o líquido. Nos estertores da agonia, Críton, que estava presente, correu, abraçou o mestre e gritou-lhe:

– Mestre, onde sepultaremos o teu cadáver!?

Sócrates fez um esforço sobre-humano e elucidou:

– O cadáver? Joga-o fora, em qualquer lugar. Porque Sócrates não está dentro dele. Críton, não te esqueças de pagar um galo que eu devo a Asclépios.[70]

Sócrates não morreu, entrou na eternidade.

Dois mil e quatrocentos anos depois, ei-lo inteiramente vivo. Estamos falando sobre ele, mas o nome do juiz não conhecemos. E daquele jovem que levou a taça de alabastro? Não sabemos. Então, o que é felicidade? A felicidade é esse estado interior de plenitude.

O Espiritismo considera a felicidade através da proposta de Sócrates e de Jesus. Sócrates diz que mais importante do que ter é ser. A felicidade do ponto de vista socrático é a decorrência de pensamentos corretos, de atos equilibrados e de corações pacificados. Somente tem um coração pacificado quem age corretamente, e somente age com equilíbrio aquele que pensa bem.

---

70 **Asclépios** era o deus da medicina na mitologia greco-romana. Toda vez que o indivíduo enfermava fazia uma promessa, como é comum hoje em determinados segmentos religiosos.

Essa proposta transferiu-se para o cristianismo, e Jesus estabelece que mais importante do que os valores externos é a condição de paz da criatura humana. Então, para o Espiritismo, na visão kardecista, a verdadeira felicidade resulta de uma consciência tranquila que proporciona um caráter reto e atividades corretas.

INÍCIO DA FELICIDADE

178 - No *Antigo Testamento* está escrito que "a felicidade não é deste mundo". Mas a mentora Joanna de Ângelis nos explica, em seu livro *No rumo da felicidade*, que embora a felicidade não seja deste mundo, já pode começar na Terra. Como podemos dar início a essa felicidade?

Divaldo: Em *O Evangelho Segundo o Espiritismo*, de Allan Kardec, vamos encontrar a repetição de uma frase monumental do Eclesiastes que diz: "A felicidade não é deste mundo". Por que a felicidade não é deste mundo? Porque vivemos num mundo relativo, e a felicidade seria uma conquista permanente. Desde que vivemos no relativo, vivemos no instável. A felicidade deve ser estável.

Mas por que então há essa relatividade? Porque nós confundimos prazer com felicidade: o prazer de uma boa refeição, de uma noite bem-dormida, de um relacionamento afetivo, uma viagem... Mas, logo depois, vêm o cansaço, as preocupações, os deveres do dia a dia, e aquele momento de prazer se dissipa. Portanto, tudo é instável na relatividade da nossa existência terrestre. Logo, o Eclesiastes tem razão: "A felicidade não é deste mundo".

Jesus, o doce poeta e cantor galileu, iria estabelecer isso de uma forma sutil e romanesca: "O meu Reino não é deste mundo". Equivalendo dizer que a felicidade é o Reino de Deus. Mas, se o Reino de Deus não é deste mundo, há uma sutileza: ele não é deste mundo, mas começa neste mundo. Será aqui que iremos colocar os pilares da felicidade, estabelecer as bases éticas e morais da nossa própria existência, porque somos viajantes do porvir, estamos na direção fantástica da nossa imortalidade.

Imortalidade que não precisamos aguardar, porque já somos imortais, no corpo ou fora dele. Nosso corpo é uma indumentária transitória. Imaginemos um escafandro, aquela roupa de aço que serve para descer-se às profundidades oceânicas ou dos lagos. Aí está, o indivíduo será o mesmo, envolto por aquela carapaça, ou livre dela.

O corpo é o escafandro que a Divindade nos oferece, a fim de mergulharmos na atmosfera terrestre e podermos aqui viver dentro da lei de atração da gravidade universal. Sem esse "peso" específico, não poderíamos desempenhar as nossas tarefas. E Allan Kardec, o egrégio codificador da doutrina espírita, pergunta: "Qual é a finalidade da reencarnação?" Os espíritos redarguiram: "Intelectualizar a matéria". Equivale a dizer, como Albert Einstein, que "a matéria é uma energia condensada". Essa energia condensada necessita de intelectualizar-se, porque o intelecto é uma qualidade do espírito que somos. E, como somos psiquismo criado por Deus, conforme Allan Kardec muito bem define como princípio inteligente do universo, é natural que esse princípio inteligente seja um germe que necessite da matéria, como a semente necessita do subsolo, a fim de poder, embriagada das energias, "morrer" para viver. Jesus disse: "Se a semente não morrer, não viverá".

Se colocarmos uma semente em uma urna preciosa de cristal e ouro, ela estará morta. Mas, se morrer no solo, estará viva, porque gerará uma quantidade incomparável de outras sementes.

Então, mergulhamos no corpo e perdemos as faculdades do discernimento total para que possa desabrochar o ser divino cujo sopro somos.

É curioso que Sócrates e Platão já abordavam esse tema quando falavam do mundo das ideias, o *Eidos*, o *Logos* divino. Nós possuímos o *logos* divino e é necessário que encontremos fatores ambientais para que esse outro fator se desenvolva, e a isso chamamos reencarnação. No princípio, a encarnação, a primeira experiência, quando iremos ter a opção do bem e do mal.

Bem e mal são duas vertentes de uma coisa única, porque só o bem existe, o mal é a ausência do bem, como a treva é a falta de luz. Não existe realmente a treva, existe a luz. Quando esta não está presente, eis que se manifesta, temporariamente, a treva.

Então é necessário que desabrochem as potencialidades divinas pelas experiências. Quando realizamos uma experiência infeliz, geramos o que se chama 'carma'. Aliás, a Doutrina Espírita não adota essa palavra, tomamo-la muitas vezes para uso.

Allan Kardec, muito sabiamente, utilizou-se da lei de causa e efeito, uma lei da Física, e concluiu, porque era um grande intelectual: "Todo efeito provém de uma causa". Logo, todo efeito inteligente provém de uma causa inteligente. Se pratico uma ação inteligente que gera um efeito, esse efeito irá atuar na minha área do discernimento, então nascerá o que chamamos provação. Se essa provação, que é um teste, não é coroada de êxito, incidiremos numa outra vertente, a expiação.

As dores, a solidão, os sofrimentos rápidos são provações, testes que a vida nos propõe para evoluirmos. Não são castigos divinos, porque o mau aluno, que não adquire os conhecimentos e é reprovado no final do ano, não está sendo punido, está tendo nova chance para aprender. É a técnica da reeducação. Se, ao invés disso, colocarmos o indivíduo inábil na sociedade, estaremos cometendo um gravame, punindo a sociedade.

As provações são nossas dores em conjunto, mas, se voltamos a falir, se permanecemos no erro, vamos para a compulsória, a expiação. Então, nasceremos como um fenômeno teratológico, um anencéfalo, um hidrocéfalo, um macrocéfalo, um cardíaco, um portador de deficiência mental, um portador de transtorno do espectro autista, renascemos então, portadores de conflitos, como a timidez, o medo, o narcisismo, os complexos de inferioridade e de superioridade, ou teremos as enfermidades degenerativas, como a Síndrome de Parkinson, de Alzheimer ou determinadas expressões cancerígenas, algumas delas irreversíveis e mutiladoras.

Jesus nos veio desenhar a felicidade real, o Bem. Se desejamos a felicidade, amemos, mas amemos de tal forma como se fosse a nós mesmos, com o amor-próprio que muita gente não tem. Amar é tão simples, é o primeiro e maior mandamento. A Lei de Deus é de amor.

Encontro pessoas que não têm a menor autoestima e estão sempre censurando os outros, e a isso a psicologia chama de projeção da imagem. Toda vez que se aponta um defeito em alguém, projeta-se o próprio defeito, a inferioridade. É um mecanismo de transferência, porque somente se vê noutrem o que é familiar em si mesmo.

Há uma lenda israelita fascinante, que se passa cem anos antes de Jesus. Viviam em Israel, em Jerusalém, dois grandes profetas sábios, e um deles chamava-se Xamai. Um dia um jovem, como todo jovem sempre muito apressado, já àquela época, foi ao mestre e pediu-lhe:

– Senhor, eu gostaria que o senhor me ensinasse toda a Bíblia, durante o tempo em que eu possa ficar de pé, em um só pé.

O sábio respondeu-lhe:

– Isso é impossível.

– Então não quero, não quero!

Saiu e foi procurar Hilel.

Inquieto e encontrando-o o jovem propôs-lhe:

– Senhor, eu quero que me ensines a Bíblia durante o tempo em que eu possa ficar de pé, em um só pé. E, se o senhor conseguir, seguirei sua doutrina.

Hilel sorriu e propôs-lhe:

– Toma a postura.

O rapaz levantou uma perna e Hilel redarguiu:

– Ama!

Silenciou. O jovem, surpreso, indagou-lhe:

– Mas apenas isso!?

– Apenas isso!

– Senhor, e tudo aquilo que se encontra na Bíblia?

– Tudo aquilo que há na Bíblia é explicação disso. Aquele que ama já não necessita disso, mas aquele que não ama necessita de tudo isso para poder amar.

Jesus veio, cem anos depois, e disse: "Este é o meu mandamento: amai-vos uns aos outros como eu vos amei".

Hoje, em psicologia, diríamos: Ame-se para amar o próximo e amar a Deus. Porque quem não se ama, a ninguém ama. Como o indivíduo pode ser feliz, tendo tudo o que é material, mas também conflitos e depressão?

No momento em que ele se ama, percebe as suas imperfeições, luta contra elas, e muda de atitude, porque passa a compreender que os outros também têm problemas. Se ele não consegue vencer os seus próprios problemas, não vai exigir que os outros vençam os seus.

Nasce, então, um certo sentimento de dignidade e de respeito pelo seu próximo e é exatamente esse sentimento de respeito que chamamos amor.

Então é necessário, disse Jesus, que nos amemos. Porque, quando não nos amamos, adoecemos. Todo indivíduo que carrega ressentimento conduz lixo mental. A nova proposta da psicologia é esta: "Perdoe. Seja você quem dá o primeiro passo!". Aliás, repetiu a máxima do Espiritismo. O Espiritismo é o campeão glorioso do perdão e do autoperdão. Principalmente porque aquele que perdoa despoja-se, liberta-se do mal. Isso não equivale a dizer que, com o perdão o outro, ficará isento da responsabilidade. O perdão é bom para quem o oferta, mas o devedor continuará em débito, é claro. Talvez não fique devendo a mim, isso não é importante, mas, como ele desrespeitou a lei de equilíbrio, essa lei agora desequilibrada irá circular em torno dele, de acordo com o fenômeno das afinidades.

É comum no Brasil, dizermos: "Dize-me com quem andas, e eu te direi quem és". Alteremos a forma e asseveremos: "Dize-me quem és e eu te direi com quem andas". Se o indivíduo guarda ressentimentos, ele anda com espíritos perversos, com obsessores, com espíritos levianos, fúteis, aqueles que são parte do prazer, absorvendo-lhe as energias. Com esses resíduos do ressentimento, faz uma somatização: a mente transfere o conflito para o corpo e este adoece.

Então, a proposta espírita, hoje adotada por psicoterapeutas do mundo inteiro, é a do perdão, base do amor.

A felicidade tem como objetivo essencial o ato de amar. Seja você quem ama. Todos temos inimigos, mas isso não é importante, o importante é não ser inimigo de ninguém.

Por isso, Joanna de Ângelis elucida que a felicidade do amanhã, nós a começamos hoje através da nossa conduta reta.

Desse modo Jesus afirmou: "O meu reino não é deste mundo". Ele se referia a outro mundo. Para irmos a esse mundo transcendental, estamos na Terra preparando os degraus da ascensão através da nossa vida moral.

Concluindo, a benfeitora Joanna de Ângelis assevera que a felicidade não sendo deste mundo aqui começa através do amor.

DINHEIRO E FELICIDADE

179 - Existe um ditado popular que diz: "O dinheiro não traz a felicidade, manda buscá-la". O que pensar desse ditado popular?

Divaldo: Mandar buscar a solução de alguns problemas não significa conquistar a felicidade. Não há dinheiro que possa trazer de volta um ser querido que desencarnou e que leva o indivíduo à saudade, à angústia, ao desespero e à desvalorização da vida.

Somente uma visão interior sobre imortalidade da alma é que propicia o equilíbrio e a felicidade do indivíduo. O dinheiro também não compra o amor, nem vai buscá-lo. Busca alguém que se vende, para poder proporcionar prazeres enganosos, frustrantes, que deixam o indivíduo num estado de letargia e até mesmo de desencanto. A felicidade vinda do dinheiro ajuda a fruir o prazer, a desfrutar do gozo, a vivenciar o imediatismo e a valorizar as coisas externas, deixando sempre um vazio existencial.

SUPÉRFLUO E NECESSÁRIO

180 - As entidades venerandas, respondendo a um questionamento de Allan Kardec, afirmam que a posse do necessário seria a felicidade possível no mundo físico. Mas como diferenciar o que é supérfluo do que é necessário, se o que é supérfluo para um é o necessário para outro?

Divaldo: O necessário é aquilo que se torna indispensável, o supérfluo é tudo aquilo que pode ser usado quando se quer, sem nenhuma necessidade imediata. Por exemplo, usamos um traje uma única vez por causa da moda. Temos dez roupas e adquirimos mais dez. Utilizamos um calçado e em pouco tempo ele já está superado. São atitudes desequilibradas, um desrespeito àqueles que são profundamente carentes.

Existe uma variedade imensa de acepipes na alimentação para agradar nosso paladar. Mas o essencial é aquilo que nutre e a que, invariavelmente, não damos valor. Daí a preocupação de Kardec em estabelecer uma linha divisória entre o necessário e o supérfluo, para que o supérfluo de um seja o atendimento das necessidades de outros.

Verificamos, por exemplo, que a reciclagem do lixo das grandes cidades seria uma solução financeira para acabar com a fome que existe na África. Infelizmente o mundo vive diante do supérfluo e do desperdício.

Allan Kardec convida-nos à reflexão para uma vida saudável, o que não quer dizer que deva ser uma vida miserável, conventual, mas sim uma vida de alguém nobre, que tenha a oportunidade do prazer, do bem viver, do ser feliz, sem o desperdício.

DECISÕES QUE NOS DISTANCIAM DA FELICIDADE

181 - Acredito que todas as pessoas aspiram à felicidade. E por que muitas vezes tomamos decisões que nos distanciam dessa felicidade?

Divaldo: Devido a uma ótica errada em torno da felicidade. Aquilo que muitas vezes parece uma felicidade é apenas um capricho. Por exemplo, alguém deseja o casamento e o coloca como meta essencial da sua vida. Fixa-se nesse objetivo e, se não consegue, acredita-se infeliz. No entanto, talvez tenha sido uma verdadeira felicidade porque o outro não estava sob medida para vir completar aquele anseio de plenitude.

Outras vezes pensamos que o "ter" a qualquer preço, mesmo que através da venda dos valores éticos, nos daria felicidade. Quantas vezes vemos pessoas prostituindo-se para ter uma casa, para dar conforto aos pais... Não passam de justificativas falsas para mascarar o vício em que se comprazem.

A verdadeira felicidade está muito longe disso. O indivíduo deve compreender que é necessário um estado de harmonia interior para ser feliz.

SOFRIMENTO

182 - A felicidade é a ausência de sofrimento?

Divaldo: De maneira nenhuma. A ausência de sofrimento não quer dizer que o indivíduo seja saudável e feliz. Apenas o sofrimento não está incorporado na sua pauta. A felicidade não pode ser bloqueada por uma doença, por um insucesso, porque seria muito monótona. Uma vida horizontal é uma vida insossa. A felicidade, portanto, está nessa sinuosidade da vida, nos altos e baixos, momentos de pique e de alegria, momentos de severidade e de preocupação. O que seria a felicidade? Seria a média aritmética daqueles momentos elevados e daqueles momentos menos bons.

FELICIDADE A QUALQUER PREÇO

183 - Às vezes nós temos a impressão de que as pessoas estão buscando a felicidade a qualquer preço, como se existisse uma ditadura da felicidade. Algumas reportagens, inclusive, demonstram que a ética, às vezes, é deixada de lado se a pessoa está utilizando aque-

le ato ilícito para ser mais feliz, para buscar alguma vantagem. O que você nos poderia dizer a esse respeito?

Divaldo: Essa é uma busca hedonista. A pessoa pensa que tendo mais compra mais. E, comprando mais, goza mais. O que é um equívoco. Porque esse impulso para comprar e ter transforma-se em um transtorno de natureza neurótica ou transtorno obsessivo-compulsivo, que tipifica hoje muitas pessoas comprometidas com dívidas absurdas, porque compram por impulso, o que Freud chamaria de pulsão da morte.

Então, devemos manter uma linha ética, mesmo aquelas pessoas que não possuem certa cultura ou discernimento devem saber o que realmente lhes compraz. E não se deixar manipular pela mídia ou pelos vendedores, que são muito hábeis na capacidade de apresentar artifícios, dando valor a coisas que realmente não têm o menor significado. A felicidade está longe disso. Isso é ambição.

FELICIDADE E AS ENZIMAS CEREBRAIS

184 - Alguns psiquiatras dizem que a felicidade é uma emoção decorrente da atividade química do cérebro. Você concorda com essa afirmação?

Divaldo: Do ponto de vista fisiológico, sim. Estudiosos estabeleceram que produzimos a serotonina,[71] que seria uma das substâncias que proporcionam o júbilo, a felicidade, ao lado da dopamina e também de outros neuropeptídeos. Particularmente a serotonina e a dopamina seriam as drogas da alegria que o nosso cérebro secreta. A ausência, por exemplo, de dopamina leva o

71 Serotonina é uma substância cristalina, derivada da triptamina, encontrada em pequena quantidade no cérebro, que é um neurotransmissor e tem ação vasoconstritora; hidroxitriptamina.

indivíduo à síndrome de Parkinson e o excesso de dopamina o conduz ao transtorno esquizofrênico.

Então, vemos que não é apenas a substância que proporciona a felicidade, mas o espírito que, atuando nos neurônios cerebrais, facilita a produção equilibrada dessas substâncias para manter a alegria do indivíduo e proporcionar-lhe bem-estar, através da consciência reta.

FELICIDADE IRRITANTE

185 - Por que as pessoas chegam a ficar irritadas com a felicidade e a alegria dos outros?

Divaldo: Porque temos a tendência de invejar. E, toda vez que alguém se apresenta melhor, preferimos combatê-la a seguir. É natural que o indivíduo de semblante suave, que sorri, goze de mais saúde.

Experiências feitas na Universidade da Califórnia, em Los Angeles, demonstraram que quem sorri produz uma substância na saliva que faz parte da digestão. Um indivíduo carrancudo guarda muito mais sentimentos negativos, mágoas, ressentimentos, iras, o que proporciona a geração de substâncias prejudiciais à saúde.

Então, rir, manter um semblante suave de alegria é uma forma de felicidade. O que importa que os outros se coloquem no sentido oposto? Mantenhamos a nossa alegria interior e não aceitemos o lixo da revolta alheia, produzindo imunoglobulina.

ONDE ESTÁ A FELICIDADE

186 - Muitas pessoas dizem que devemos buscar a felicidade. Isso não dá a impressão de que ela está em um lugar em que nós nunca estaremos?

Divaldo: Aliás, o poeta brasileiro Vicente de Carvalho[72] tem uma quadra muito bonita, na qual diz: "A felicidade é um pomo, que pomos aonde não estamos e sempre estamos onde não a pomos". É que pensamos a felicidade como uma coisa, um objeto, uma conquista, quando é uma realização interior. Se em vez de correr na busca da felicidade externa, do poder, realizarmos a transformação interior para o bem, o amor, eis que a felicidade, naturalmente, como consequência, exteriorizar-se-á do mundo interior para o mundo exterior.

Carl Gustav Jung, o pai da psicologia analítica, o grande neurologista e psiquiatra suíço de Zurique, costumava dizer: "Todos querem alcançar a felicidade, mas isto é um engodo, porque a felicidade de um dia é o drama do outro". O momento da lua de mel pode ser a véspera do choro, o júbilo de um instante pode ser a lágrima de amanhã. Dizia então Jung, na sua psicologia profunda: "A vida na Terra tem uma meta, encontrar o sentido existencial". Qual é o sentido existencial? Quem sou? Por que estou aqui? Por que a vida me é tão áspera? Por que os maus progridem e os bons nem sempre?

Numa obra memorável do Dr. Raskin, publicada nos Estados Unidos, ele faz essa pergunta, que é o título da obra: *Por que pessoas boas sofrem?* Ele tinha um filho portador de progéria, uma doença genética. Aos 5 anos o menino começou a ter a presença de pelos em diferentes partes do corpo, aos 8 anos era um rapaz de 30, e nunca ninguém que tem progéria chega aos 15 anos... Então, ele viu seu filho ser ridicularizado na escola, era um

---

72 **Vicente Augusto de Carvalho** (1866-1924) foi um advogado, jornalista, político, abolicionista, fazendeiro, deputado, magistrado, poeta e contista brasileiro. Disponível em: <http://pt.wikipedia.org/wiki/Vicente_de_Carvalho>. Acesso em: 1 de abril de 2012.

rabino judeu, e perguntava-se: "Mas o que é a felicidade, se pela manhã eu vou a um batizado e à tarde vou a um sepultamento?". É o mesmo Deus.

Pela manhã as criaturas louvam a Deus pela glória, à tarde blasfemam contra Deus pelo infortúnio. Então ele terminou de uma maneira muito melancólica e pessimista o seu livro: "Deus não se preocupa conosco. Deus nos vê como formigas". E o livro deixa uma mensagem pessimista. A este nobre israelita, venerando pastor, rabino de Manhattan, em Nova York, falta uma coisa peculiar: o conhecimento da reencarnação.

Somente pelo conhecimento da reencarnação é que podemos entender essas aparentes manifestações chocantes da vida. Os maus progridem e os bons sofrem, porque o bom de hoje é o mau de ontem, ou o bom de hoje é alguém que tem a chance e a desperdiça. Amanhã voltará no eito do sofrimento.

O sentido psicológico, o significado, é o que Jung chama de uma maneira muito curiosa "o estado numinoso". Essa palavra provém do verbete latino *numem* (luz). Ora bem, Jung chega à mesma conclusão de Jesus "O Reino dos Céus está dentro de vós". E é necessário tomá-lo por assalto.

Então, a verdadeira felicidade é essa busca de sentido, de significado, essa meta ideal. O ser sabe quem é, por que sofre, por que se encontra aqui, a fim de lograr o estado numinoso.

MOMENTO FELIZ NA VIDA DE DIVALDO

187 - Você poderia compartilhar conosco algum momento feliz da sua existência?

Divaldo: São tantos que seria difícil selecionar. Um deles seria este momento, em que temos a oportunidade de dizer que ser feliz é fácil, basta não ambicionar além daquilo que se pode reter. Que está muito bem configurado num ditado brasileiro: "Somente abarcar o que pode abraçar e não abraçar o que não pode abarcar". Então, este é um momento de felicidade.

EDUCAÇÃO E FELICIDADE

188 - Você educou muitos jovens e crianças que hoje já são avós. Você considera que levou felicidade para essas pessoas?

Divaldo: Sem a menor sombra de dúvida. Porquanto encontrar alguém numa lata de lixo, propiciar-lhe dignidade, dar-lhe cidadania, tornar esse indivíduo alguém útil, fazer o pai acompanhar o desenvolvimento da sua prole, é proporcionar-lhe, realmente, a felicidade.

Muitas vezes, reflexionando em torno disso e rememorando aqueles que passaram pelo nosso caminho, a nossa assistência, agradecemos a Deus a subida honra de nos haver convocado para o ministério da educação, juntos às crianças que não tiveram lar convencional e que não foram acarinhadas pelos seus pais biológicos.

ESPIRITISMO E FELICIDADE

189 - Nas suas viagens pelo mundo, você julga que atinge as pessoas também para que elas possam alcançar a felicidade?

Divaldo: Pelo menos é o que elas me dizem. Muitas chegam, às vezes, atormentadas, indivíduos com carantonhas, armados e, à medida que vão ouvindo a mensagem do Espiritismo, de que me faço instrumento, mudam de atitude. Não é, portanto, o indivíduo Divaldo, mas a rica mensagem que conduzo que possui os meios de iluminar a consciência, de tranquilizar e de proporcionar, sim, alegria e razão de viver.

MAU-OLHADO E FEITIÇARIA

MAU-OLHADO E FEITIÇARIA

190 - A maioria das pessoas acredita em mau-olhado e feitiçaria. Há quem afirme que é crendice popular, ignorância. Já outros citam a famosa frase: "Há mais mistérios entre o céu e a terra do que imagina a nossa vã filosofia". E há uma terceira corrente que mistura as duas e diz o seguinte: "Eu não creio em bruxas, mas que elas existem, existem". Como o Espiritismo vê esse assunto?

Divaldo: Naturalmente, o texto de Hamlet é perfeito e se adapta à Doutrina. E também aquele outro dos espanhóis: "Yo no creo en brujas, pero que las hay, las hay". A Doutrina Espírita examina a problemática do ponto de vista dos fenômenos anímicos. O denominado *mau-olhado* nada mais é do que uma intensa vibração mental de alguém que é dominado por sentimentos inferiores, como a inveja e a competitividade. Ao descarregar essa onda de sentimentos negativos e de vibrações perversas, muitas vezes atinge aquele contra o qual é dirigido esse pensamento perturbador. E atinge-o, porque o outro se encontra numa faixa vibratória equivalente, estabelecendo-se uma sintonia que capta aquela descarga perturbadora.

Quanto à feitiçaria, a questão é ainda mais profunda. Se remontarmos às tradições esotéricas e às doutrinas do passado, encontraremos na historiografia dos povos, desde os mais primitivos até os mais modernos, a crença na goécia[73] e em outras formas da prática do bem e do mal.

73 Magia negra.

A feitiçaria, conforme a conhecemos no Brasil, nas Ilhas do Caribe, e em outros países dessa região, é uma herança cultural do animismo africano.

Estou perfeitamente de acordo com o egrégio codificador do Espiritismo, Allan Kardec, quando diz que os espíritos zombeteiros riem dos exorcismos e também se entregam ao deboche diante desses atos de feitiçaria. Trata-se de entidades frívolas e brincalhonas. No entanto, em alguns casos, em razão da sintonia, da indução psicológica e da autossugestão, o indivíduo pode ser vítima de espíritos perversos. Quando encontram campo mental e vibratório afim, passam a perturbar, mas sempre sob a lei de causa e efeito, porque ninguém resgata o que não deve, ninguém sofre aquilo de que não tem necessidade para evoluir.

Que existem os que se dedicam a essas práticas denominadas mágicas, sem dúvida. Que o seu resultado seja eficiente, temos dúvida.

OFERENDAS AOS ESPÍRITOS

191 - Há pessoas simpatizantes de algumas religiões que oferecem velas, alimentos e bebidas aos espíritos, a título de recompensa para obter algum favor em benefício próprio. É possível um espírito atender a esse favor?

Divaldo: Isso acontece, não necessariamente para obter esses resultados favoráveis. Alguns espíritos, muitas vezes, dependem daqueles presentes materiais. O seu perispírito está tão impregnado da matéria, conforme ensina a Doutrina Espírita, que eles ainda acreditam que podem nutrir-se do alimento convencional e que aquelas velas acesas irão beneficiá-los com a sua luz, esquecendo-se de que devem possuir luz interior.

Quando se prometem a esses espíritos, que se dedicam à prática do mal, determinadas compensações, eles vão perturbar aqueles contra quem se realiza o ato mágico. No entanto, não têm permissão da Divindade para perturbar o indivíduo se este estiver resguardado pela oração, pelos atos nobres. Se ele tem uma vida saudável, nenhuma força do mal consegue atingi-lo, porque seria uma violação do Código Divino no que diz respeito à dignidade humana.

Entretanto, eles se beneficiam de tudo aquilo que lhes é prometido, sem dúvida, pelo estado de atraso em que se encontram. Mas, mesmo quando mimados com essas dádivas, nem sempre eles logram os resultados almejados por aqueles que com eles mantêm a convivência e resgatam sua dívida por meio desses presentes.

PESSOAS QUE MEXEM NAS OFERENDAS

192 - Existem pessoas que mexem nos objetos das oferendas e acabam por se sentir mal, acreditando que estão com um "encosto". O que você pode nos dizer a esse respeito?

Divaldo: Eu acredito que sim, que isso acontece. Primeiro porque temos o dever de respeitar todas as crenças. Temos obrigação de respeitar o direito de o outro pensar de maneira diferente da nossa. Se, por acaso, encontramos um feitiço, uma bruxaria, principalmente nas encruzilhadas, não temos motivo de nos envolver, chutando-o, zombando, porque espíritos atrasados, vinculados àquela oferenda, ali se encontram e rebelam- se com essas atitudes.

Se nós, em nosso estado de desequilíbrio emocional, vamos investir contra o que ignoramos, esses espíritos passam a perseguir-nos, como é compreensível. Para eles aquilo é uma realidade, para nós é uma ilusão. Dessa forma, eles passam a transmitir-nos ideias perturbadoras, ficam encolerizados e, em longo prazo, podem prejudicar-nos, em consequência do nosso livre-arbítrio, que foi usado para zombar e menosprezar aquelas manifestações que dizem respeito a uma realidade que se encontra em outro plano da vida física.

QUEM FAZ OFERENDAS QUERENDO PREJUDICAR O OUTRO

193 - Qual a consequência para uma pessoa que encomenda um "trabalho" com intenção de prejudicar alguém?

Divaldo: Considerando-se o grau de responsabilidade, quando a pessoa faz um trabalho para prejudicar alguém, adquire um débito perante a própria consciência e a consciência cósmica.

Allan Kardec, com muita justeza, assevera que o que vale é a intenção. Se eu tenho a intenção de prejudicar alguém, mentalmente eu já estou realizando esse ato. O efeito será a consequência da assimilação do outro. Não esqueçamos o texto de Jesus sobre o escândalo, quando diz que é melhor perder uma parte do próprio corpo do que perder o direito de entrar no reino dos céus. É, naturalmente, uma forma simbólica de expressar uma realidade. Se estamos com determinados sentimentos negativos, já estamos emitindo a onda mental correspondente. Então, as pessoas que encomendam trabalhos são passíveis de uma reestruturação, porque contraíram um débito perante a Consciência Divina ao querer prejudicar os outros utilizando-se de espíritos insensatos, que se encontram nas faixas inferiores da evolução.

ALCANCE DAS PALAVRAS

194 - Quando proferimos palavras de bênção ou de maldição, elas podem de fato atingir uma pessoa?

Divaldo: Se dizemos, por exemplo, "que Deus te abençoe!", essa onda vibratória envolve o outro numa energia de ternura e de paz, porque o sentimento é edificante, mas, quando alguém pragueja e deseja a infelicidade do outro, não é idêntica a consequência, porque a inferioridade de quem emite a onda não encontra ressonância se o outro estiver numa faixa vibratória diferente.

Digamos que, quando se pretende fazer o mal, há o choque de retorno. É como se a nossa defesa fosse uma parede. Atirando-lhe uma bola de borracha, ela se choca com o obstáculo e volta para quem a direcionou. No entanto, existem paredes feitas de cobogós,[74] perfuradas. São as nossas brechas morais, e qualquer coisa que se atire contra nós pode passar por esses interstícios, por esses buracos, e atingir o objetivo. Tudo está dentro da lei de mérito, de causa e efeito, e só depende de nós mantermos nossa parede de defesa intacta.

VENDER A ALMA AO DIABO

195 - O livro de Goethe,[75] *Fausto*, imortalizou a lenda do homem que vende sua alma ao diabo para obter favores. O Espiritismo admite essa possibilidade?

Divaldo: Goethe, quando apresentou Mefistófeles, se apropriou de uma concepção muito comum na Idade Média. O inter-

---

74 Tijolo perfurado ou elemento vazado.

75 **Johann Wolfgang von Goethe** (1749-1832) foi um escritor alemão e pensador que também fez incursões pelo campo da ciência. Disponível em: <http://pt.wikipedia.org/wiki/Goethe>. Acesso em: 1 de abril de 2012.

câmbio entre as criaturas e os desencarnados sempre esteve presente na cultura popular. Está na tradição cristã, principalmente através de Santo Agostinho, que narra os intercursos sexuais com os íncubos e os súcubos.[76]

Na Idade Média, acreditava-se com muito mais vigor que o diabo seria uma personalidade perversa que poderia interferir em nosso destino. Adversário de Deus, também era poderoso, e, negociando-se com ele, podia-se conseguir aquilo que Deus negava.

Então, Goethe aproveita-se da velha tradição, mais tarde transformada em uma bela peça de teatro, em uma música fantástica, para nos dar uma ideia da luta entre o bem e o mal. Mesmo porque, Mefistófeles, o diabo, termina sendo diluído pela própria realidade. E esse pacto, muitas vezes feito com sangue, nada mais era do que um intercâmbio com espíritos muito primitivos.

Allan Kardec, analisando os gênios do mal do passado, que exigiam sacrifícios humanos, afirma que se tratavam de espíritos muito primitivos ainda nas fases primárias da evolução.

O diabo é, portanto, uma figura mitológica de que temos necessidade em face da nossa própria pequenez cultural. Mas não é uma realidade, nem histórica, nem antropológica, nem espiritual.

Nós, os espíritas, de maneira nenhuma acreditamos no diabo. Deus não poderia ter criado o mal. O conceito do mal é uma proposta filosófica, semelhante àquela da fissão da nossa psique, o ego e o *self*, em dois 'eus': o anjo e o demônio que existem em todos nós. Não, o diabo não existe.

---

76 Segundo a crença popular, íncubos e súcubos seriam demônios que manteriam relação sexual com os encarnados durante o sono.

TALISMÃS

196 - Muitas pessoas acreditam em talismãs. Algumas utilizam plantas, outras objetos, como carrancas, figas etc. Pode existir alguma proteção nessas coisas?

Divaldo: Pode sim. Através da autossugestão somos aquilo em que acreditamos. Quando alguém nos induz a crer em determinada coisa, realizamos um processo interior de natureza psíquica em que nossos neurônios produzem neurocomunicações carregadas de uma energia que faz lembrar o fóton, ou que faz lembrar o elétron.

Quando é uma coisa boa, então produziríamos, energeticamente, partículas de fótons que nos dariam saúde, que propiciariam a nossa alegria. Quando estamos sob a violência, ou em determinadas situações penosas, produziríamos um tipo de neuropeptídio carregado de elétrons e teríamos uma desagregação.

Equivale a dizer que, quando nos autossugestionamos, ou somos vítimas de uma indução mental, isso vai produzir em nosso mundo interior uma consequência. Se o indivíduo crê que uma figa, um talismã ou um *fecha-corpo* defende-o do mal, ele cria defesas psicológicas emocionais e não se deixa afetar pelas coisas negativas.

Encontramos esse processo também nos mantras, que nos proporcionam vinculação com a Divindade, e nas jaculatórias[77] da Igreja Católica Apostólica Romana, que, pela repetição, nos dão uma indução terapêutica e nos vinculam às fontes da Vida superior.

Para nós, espíritas, o melhor talismã é a boa conduta.

77 Oração breve, pronunciada ou rezada mentalmente.

MAU-OLHADO EM CRIANÇAS

197 - Sob a alegação de proteger a criança recém-nascida do mau-olhado, da inveja de outras pessoas, algumas mães, mais precisamente algumas avós, recomendam que as crianças sejam vestidas com roupas com detalhes em vermelho ou com algum broche. Isso é possível, ou não passa de uma superstição também?

Divaldo: É uma superstição. Aliás, uma superstição bastante elegante, porque vestindo a criança de uma maneira chamativa, com cores muito quentes, ou colocando broches de alto valor, a atenção é naturalmente focalizada naquilo, desviando, portanto, no conceito da vibração negativa, aquele *olhado* que seria a emissão da onda perturbadora, mas de efeito absolutamente inócuo.

BENZEDEIRAS

198 - Existem muitas pessoas que levam crianças a benzedores, e eles, com uma reza ou agitando algum tipo de erva, realmente conseguem acalmar a criança. O que, na verdade, esses benzedores fazem?

Divaldo: São normalmente pessoas portadoras de energia curativa. Quando, por exemplo, com um galho de arruda, ou uma espada-de-ogum, ou qualquer outra planta com propriedades medicinais, esse benzedor, ou rezador, movimenta os braços em torno do paciente, está aplicando um passe sem o saber. Nós transmitimos energia num toque, seja positiva, seja negativa, que é a nossa própria onda vibratória mental.

Assim, aqueles tradicionais rezadores, benzedeiros, são pessoas portadoras de faculdade mediúnica curativa, que logram resultado dispensando qualquer substância ou objeto, como sal grosso, sal fino, arruda, ou qualquer outra coisa, porque o que importa é a onda mental, a intenção, a vibração de ajudar, de curar e de amar.

SUPERSTIÇÃO

199 - Há algumas superstições curiosas, como a de usar sempre a mesma roupa que parece dar sorte quando se quer que uma situação seja favorável. Ou então a de atletas que só entram em campo pisando com o pé direito. Esses comportamentos realmente atraem boa energia ou é só superstição?

Divaldo: Superstição, sem dúvida. Trata-se de um comportamento neurótico repetitivo em que o indivíduo coloca no exterior o valor que deveria ser de natureza interna. Os fariseus vestiam-se com indumentárias alvinitentes. Lavavam-se, cuidavam-se externamente, mas, por dentro, eram sepulcros. Por fora de branco caiado e por dentro podridão.

Não será o nosso exterior que nos dará sorte, serão os nossos atos internos, porquanto as vestes de Jesus resplandeciam, mas não eram alvinitentes, ele não usava absolutamente qualquer coisa que induzisse o indivíduo a segui-Lo por esse motivo. Era o Seu magnetismo, a Sua dúlcida mensagem de amor que atraía o povo.

O venerando Francisco Cândido Xavier, o apóstolo dos tempos modernos, era um homem simples, dedicado ao bem, e nenhuma força do mal jamais o atingiu. Será que ele não tinha inimigos? Sem dúvida que sim, competidores, imitadores e invejosos. Mas a sua bonomia, a sua generosidade, sempre emitia uma onda de paz, de ternura, que diluía as vibrações perturbadoras.

Não nos deixemos empolgar pelo exterior, preocupemo-nos com o interior. Como diz o Evangelho: "Não é o que entra pela boca, é o que da boca sai". Não nos preocupemos também com tantas coisas especiais, porque lhes damos um valor que, em realidade, não têm.

ATUAÇÃO DOS ESPÍRITOS VINGATIVOS

200 - É possível a energia negativa de um espírito vingativo recair numa pessoa próxima àquela de quem ele quer se vingar?

Divaldo: Não. Seria uma injustiça de Deus. Não pagam pais por filhos. Não pagam amigos por amigos. Se por acaso a entidade que deseja perturbar-me não logra êxito e passa a perturbar um ser a quem eu amo, é porque encontrou uma ressonância, uma afinidade, e esse ser é um devedor. Ele deve ter outro tipo de débito, porque para a consciência cósmica não importa a maneira pela qual nos reeducamos e resgatamos. Importa, sim, que regularizemos a vida, libertando-nos dos nossos débitos.

Se o indivíduo está em débito perante a Consciência Cósmica, quer haja uma influência espiritual, quer não, o indivíduo será chamado à regularização por meio do sofrimento, das reflexões profundas, de fenômenos psicológicos, da solidão, da falta de sorte no amor ou no emprego.

São fenômenos metodológicos para propiciar a reeducação do indivíduo, a sua transformação moral para melhor.

VIDENTES

201 - Observamos pessoas que buscam auxílio em videntes, procurando encontrar uma resposta para as suas angústias, suas incertezas. Quase sempre são questões relacionadas ao casamento ou ao emprego. É possível alguém nos revelar o futuro? Como saber quando se trata de uma comunicação verdadeira ou de uma charlatanice?

Divaldo: Com todo o respeito que merecem as criaturas, aqueles indivíduos que vivem da cartomancia, da clarividência, na sua maioria, quase sempre são impostores. Tornam-se profissionais, e é óbvio que os espíritos não estão a seu soldo para poder atendê-los.

É natural que o indivíduo com tato psicológico para os relacionamentos humanos possa logo perceber que, se alguém foi até ele, é porque tem um problema. De início, já oferece os conhecidos chavões: "Você está muito carregado!", "Você está com um problema muito grave!". O que é verdade, porque essa pessoa não pagaria se não fosse assim. Estão em busca de uma solução cômoda e ao mesmo tempo fantasiosa para resolver seus problemas.

Mas o indivíduo, às vezes, pode sim perceber acontecimentos futuros através de um fenômeno natural chamado precognição. Que ele tenha notícia, às vezes, de acontecimentos passados, também já se demonstrou ser possível através de experiências científicas sobre outro fenômeno conhecido como retrocognição. Mas que ele possa ajudar a solucionar os problemas que lhes são levados, pedindo-lhe apoio, de maneira nenhuma conseguirá solucionar.

E só identificaremos aqueles que são autênticos daqueles que são charlatães pela maneira como se comportam. Se eles se fazem profissionais utilizando-se de recursos mediúnicos para explorar a credulidade pública, estaremos diante do charlatanismo.

Se, no entanto, o fazem com sentimento de nobreza, embora ignorando a realidade da vida, por dedicação, para ajudar o próximo, espíritos bons os ajudam, porque o amor de Deus não está vinculado a determinadas denominações religiosas ou filosóficas, ele espraia-se como a luz meridiana, que a tudo aclara, vencendo a treva.

INVEJA E ESPÍRITOS VINGATIVOS

202 - Existe alguma receita para nos protegermos dos espíritos vingativos e das pessoas invejosas?

Divaldo: Jesus o disse há dois mil anos: "Vigiai e orai para não entrardes em tentação". O que equivale a vigiar? Autopoliciar-se, autoconhecer-se, cuidar das inclinações negativas e orar, abrir-se a Deus. Não é necessário repetir fórmulas cabalísticas, elaboradas por outrem. A oração é o estado de interlóquio entre a criatura e o Criador. A princípio em um monólogo, depois talvez em um diálogo.

Há uma tradição muito curiosa sobre um homem muito modesto e o senhor, no tempo da escravidão, que iam sempre à igreja. À semelhança da parábola do rico e de Lázaro, o dono da herdade ficava diante do altar e dizia: "Vê, Senhor, eu te dei esta igreja, eu te dei tapetes, eu te dei vasos de ouro, te dei colunas de alabastros e de pórfiro". E aquele homem modesto, muito sofredor, lá embaixo ficava apenas dizendo à distância: "Negro velho está aqui, então, Senhor, se quiseres aproveitar-Te de mim, negro velho está aqui para servir-Te". E conta essa lenda brasileira que os dois morreram.

Quando chegaram ao seio da Divindade, eles receberam de Deus o agradecimento jovial. Primeiro, Deus disse ao poderoso: "Aquilo lá não era teu. Tu eras mordomo, porque tudo é meu". E àquele outro que se predispôs ao serviço, Deus disse: "Eu tenho uma tarefa, e, como tu és trabalhador, eu te incumbo de desenvolvê-la na Terra".

Então, a oração é isso, é a entrega a Deus. Com essa entrega a Deus, não há mal que nos faça mal.

CRENDICES

203 - Há criaturas que levam as crendices totalmente a sério no seu dia a dia. O que as pessoas devem fazer para mudar essa mentalidade?

Divaldo: Os hábitos arraigados constituem uma segunda natureza. Não será de um momento para o outro que nós modificaremos a cultura social. Se o indivíduo é honesto na sua crença, é claro que ela é digna, é respeitável. Mas, se ela está eivada de superstições, de dependências psicológicas, como bengalas religiosas, o indivíduo, lentamente, à medida que desenvolve o intelecto moralmente, vai deixando-as pelo caminho, como desnecessárias.

Da mesma forma que nos libertamos de maus hábitos pela substituição por outros saudáveis, libertamo-nos também das velhas crendices, dessa tradição arraigada de milênios, porque somos herdeiros das gerações passadas, mas somos também viajantes na direção da Grande Luz, representada pelo amor de Deus, que nos penetra e dilui todas essas manifestações atávicas.

ABORTO

MÉTODOS ANTICONCEPCIONAIS

204 - Para evitar uma gravidez indesejada, existem vários métodos anticonceptivos. Como a Doutrina Espírita vê essa questão do método preventivo?

Divaldo: É sempre melhor prevenir – diz o velho ditado – do que remediar. Desde que a ciência proporcionou à mulher e ao homem recursos impeditivos à procriação quando esta não é desejada, é ético e profundamente moral que utilizemos esses mecanismos. O sexo é uma dádiva de Deus, podendo usá-lo com dignidade e elevação. Porém, se não queremos assumir as consequências do ato sexual, no caso, a reprodução, devemos utilizar-nos dos recursos terapêuticos preventivos que a ciência nos coloca ao alcance.

CAUSAS DO ABORTO NATURAL

205 - Quando ocorre um aborto natural, geralmente isso causa um grande transtorno para a mulher, principalmente se é a primeira gravidez. Qual a razão de Deus encaminhar à Terra espíritos que vão durar pouco tempo na existência terrena, ou que sequer irão chegar ao final da gestação?

Divaldo: Quase sempre estamos diante da lei de causa e efeito. Espíritos que encerraram a encarnação por meio do suicídio colocam-se em débito perante as leis cósmicas.

Essas reencarnações malsucedidas, invariavelmente, são provas que o espírito se permite para resgatar aquele tempo determinado que não foi cumprido.

Em outros casos, são verdadeiras expiações, tanto para o espírito, como para a mãe. Nesse fenômeno, ocorrem transtornos metabólicos, distúrbios de natureza hormonal, e a mulher, além do choque emocional da perda, passa por um largo período de depressão. Mas tudo isso está incurso nas Leis Divinas.

Primeiro, é uma grande prova para os pais, porque são eles a sofrer essa frustração tremenda, depois de um longo período preparatório, uma interrupção súbita, muitas vezes de aparência ilógica, resgatando débitos anteriores.

Também nos explica a Doutrina Espírita, através de Allan Kardec: "O espírito, às vezes, arrepende-se de ter investido nessa reencarnação e recebe a permissão para liberar-se dela". É o caso do natimorto, invariavelmente.

Em outras oportunidades, o espírito dá-se conta da tarefa que lhe está destinada, das provas que vai experimentar, e teme. Então, roga à Divindade que seja interrompida a prova, para que possa dar continuidade em outro momento.

Apesar do sofrimento que isso representa para os pais, se mantiverem uma atitude de submissão aos divinos códigos de resignação dinâmica, o ser querido voltará e trará as bênçãos da alegria que naquele momento foram interrompidas, modificando a estrutura cármica da sua existência.

Se considerarmos que a vida real é a do espírito, o fenômeno da interrupção orgânica no plano material nada mais é do que uma experiência evolutiva para o reencarnante que teve a existência interrompida e para os pais, particularmente para a futura genitora, que não vai usufruir da felicidade momentânea da maternidade.

Podemos dizer a essas mães que tenham paciência. Que perseverem. Que superem aquele período de dor e preparem-se para uma segunda gestação, porque aquele espírito, se for muito bem-intencionado, retornará, proporcionando-lhe a grande felicidade maternal.

PARA ONDE VAI O ESPÍRITO DO BEBÊ QUE MORREU

206 - O que ocorre com esse espírito, para onde ele vai?

Divaldo: Ele retorna ao mundo espiritual de onde veio. Há comunidades no mundo espiritual, inclusive infantis.

Oportunamente, conversando com Chico Xavier sobre essas mortes prematuras, ele me contava sobre uma comunidade dirigida pelo espírito Meimei, que alberga essas criancinhas, em Nosso Lar. Ali, em verdadeiras creches, jardins de infância, são mantidas durante algum período, até que possam voltar à forma primitiva.

Quando os genitores desencarnam, os filhos costumam retornar àqueles jardins de infância para recuperarem a expressão, a aparência com que desencarnaram, a fim de que os pais os reconheçam, abracem, convivam e marquem juntos uma nova época para futuras reencarnações.

Isso acontece porque, muitas vezes, quando o espírito retorna na fase infantil e é lúcido, volve às experiências anteriores, apresenta-se como adulto. Mas, quando os pais desencarnam, se encontram um ser adulto, ficam em choque, porque as suas lembranças são de um ser pequenino, dependente. Então, a misericórdia divina plasma, de acordo com as necessidades de cada um, as emoções características, e os espíritos experimentam essas mudanças, que vão proporcionar alegria àqueles pais saudosos.

Quantas vezes, a mulher mãe fica o resto da vida pensando no filhinho, e, ao desencarnar, vai encontrá-lo exatamente como ele partiu naquele momento da primeira infância. Ela o acalenta, convive com isso até ter condições de recuperar a memória do passado e ambos voltarem às experiências anteriores, nas quais assumiram o compromisso dessa reencarnação frustrada.

O BEBÊ NA ESPIRITUALIDADE

207 - Esse bebê está sendo acompanhado na espiritualidade?

Divaldo: É carinhosamente preparado para o reencontro. Eu tenho tido experiências curiosas, principalmente depois que o Chico me contou a respeito de uma cantora brasileira, de muita importância na nossa vida artística, que perdeu o filhinho de maneira trágica e foi em busca de consolo. No momento da visita, a criancinha apareceu-lhe e informou que iria voltar, que a mãe não ficasse presa àquele passado de dor, mas receptiva ao futuro.

Ele, quando do retorno, identificaria um dos objetos que havia deixado. A mãe recuperou-se do drama, e cinco ou seis anos depois a criança reencarnou. Um dia, quando os dois desarrumavam um dos móveis, ele disse: "Mamãe, meu relógio!". Era um relógio do filhinho que havia partido e estava lá guardado até aquele momento.

Ele o identificou. Portanto, as lembranças da mãe estavam agora sem as marcas do conflito, possuindo as alegrias da esperança no futuro ditoso, porque voltou o filhinho, hoje um adulto que abençoa a existência.

CAUSAS DAS DIFICULDADES EM ENGRAVIDAR

208 - Por que algumas mulheres têm tanta dificuldade em engravidar, mesmo quando nos exames não há problema algum e fisicamente tudo está caminhando bem?

Divaldo: Conforme o conceito kardecista da lei de causa e efeito, tudo aquilo que nos acontece hoje é resultado de atos que praticamos ontem. No caso dessa dificuldade em conceber, podemos pressupor que houve o mau uso da maternidade em encarnação passada, um comprometimento nessa área, que faz a pessoa retornar com vários impedimentos.

Alguns desses impedimentos são de natureza biológica, outros psicológicos e outros mesmos que nós chamaríamos de cármicos. A pessoa possui todos os requisitos que proporcionam a fecundação, mas não consegue conceber. Existe uma ansiedade imensa de tornar-se mãe, e isso, de alguma forma, perturba a produção dos óvulos para que no momento certo a fecundação possa dar-se.

Mas nós não estamos na Terra para sofrer, nem mesmo para pagar, como normalmente se diz, aqui estamos para nos reabilitar, para nos reeducar, para progredir. Por meio da tranquilidade que a mulher se deve impor, lentamente esse carma pode ser modificado. Pela insistência, recorrendo à oração e à terapia da bioenergia, muitas vezes e quase sempre o fenômeno reverte, e a mulher pode adquirir a bênção da maternidade.

ANENCÉFALOS

209 - Alguns juízes têm autorizado o aborto no caso de crianças anencéfalas, exatamente pelo desgaste da mulher, tanto biológico quanto psíquico, e pelo fato de não haver sobrevida do feto após o nascimento. Eles alegam não existir motivo que justifique todo esse sofrimento. O que você poderia nos dizer a esse respeito?

Divaldo: É muito respeitável a colocação legal das dignas autoridades, porque não têm uma visão da realidade espiritual. O Espiritismo é uma Doutrina que possui um ângulo científico muito profundo. Não temos o direito de alterar as leis da vida. E viver é um impositivo fatalista, ninguém pode interromper essa bênção impunemente.

O anencéfalo é alguém que destruiu a caixa craniana em momento de revolta pelo suicídio. Ele retorna com essa marca que o perispírito imprime na matéria para o ressarcimento. É uma expiação. A mãezinha que passa pela grande prova também lhe está vinculada. Não teria sido ela a corresponsável pelo seu suicídio anteriormente? Agora, os dois se reencontram de modo que ela possa contribuir para que aquele espírito recupere a forma que destruiu por insensatez. Por que abortar, correr um risco de tal porte? O aborto é sempre um risco. Alguns especialistas dizem que é pior do que um parto.

Não cabe, do ponto de vista espiritual, a ninguém estabelecer a interrupção de uma gravidez, mesmo em se tratando de um anencéfalo. Além disso, têm ocorrido fenômenos muito curiosos de indivíduos, aparentemente anencéfalos, que nascem com verdadeiras ilhas de natureza neuronal e têm chegado a viver um período não relativamente longo, mas o que justifica o fenômeno da maternidade.

Por outro lado, alguns anencéfalos têm sobrevivido ao habitual, desafiando o conhecimento científico em torno da sua existência.

Qualquer justificativa tornada legal para matar será sempre imoral, porque, partindo-se desse exemplo, abre-se um precedente muito grave que poderá estender-se em direção a outras vertentes, sob a epígrafe de aborto terapêutico.

Já que a mulher concebeu, que tenha conhecimento de que seu filho é portador desta ou daquela deficiência, que lhe auxilie a viver.

Diante, portanto, da anencefalia ou deficiência de qualquer natureza, que a gestante aguarde um pouco, contribua com o amor para que esse ser se liberte e conquiste a felicidade. Se vier a ser um natimorto, haverá expulsão natural, se morrer depois do nascimento, concluiu a sua prova, e ela desempenhou um papel de grande elevação perante as leis da vida.[78]

ABORTO: UM ATO IMORAL

210 - Você falou da imoralidade do aborto, e a maioria das religiões considera o aborto um ato imoral. Por quê?

Divaldo: Porque ninguém é autor da vida, e, assim sendo, não temos o direito de interrompê-la.

Desde que a vida é patrimônio de Deus, através dos fenômenos biológicos, mesmo dentro da concepção natural do evolucionismo, não é lícito ao indivíduo interrompê-la ao seu bel-prazer.

Hoje abortamos a criança porque não queremos ter trabalho nem lutar em favor da sua educação. Algumas mulheres dizem que têm direito ao seu corpo, embora o feto tenha uma vida quase que independente no útero materno. Sabe-se que o feto produz um contra-hormônio para defender-se quando o útero tenta expulsá-lo por qualquer razão.

Se acharmos justo que o aborto se torne legal, porque o filho vai dar trabalho, a mulher não quer, ou a sociedade rejeita, logo mais também estaremos matando os portadores de Alzheimer, os indivíduos que sofrem do mal de Parkinson e simplesmente chegaremos a matar também os idosos e mais todos aqueles que

---

78 Ao final deste capítulo encontra-se página psicografada pelo médium Divaldo Pereira Franco, na reunião mediúnica da noite de 11 de abril de 2012, no Centro Espírita Caminho da Redenção, em Salvador, Bahia, quando o Supremo Tribunal Federal estudava a questão do aborto do anencéfalo.

considerarmos como um 'peso social', porque, se os condenarmos como 'inúteis', então isso será perfeitamente natural...

Allan Kardec, na questão 685 de *O Livro dos Espíritos*, aborda esse problema de uma maneira sutil: a obrigação dos filhos de sustentar os pais. E, nesse capítulo, ele fala sobre educação, a educação moral, aquela que não se aprende pelos livros, principalmente a máxima de respeito à vida. Por isso, matar é ilegal e imoral, do ponto de vista cósmico.

PAÍSES ONDE O ABORTO É LEGALIZADO

211 - Em todo o mundo, o aborto só não está legalizado na América Latina, na África e nos países muçulmanos. Então, todos os chamados países do 'Primeiro Mundo' autorizam o aborto. O que pensar sobre isso?

Divaldo: Que houve um grande desenvolvimento de natureza intelectual, mas não de natureza moral, porque, nesses países, também ainda vige, em alguns deles, a pena de morte e a eutanásia. Está mais do que provado que a pena de morte não diminui a incidência do crime, no entanto, há uma ânsia no ser humano de querer matar, de vingar-se...

No aborto legalizado, encontramos a leviandade de algumas autoridades que fazem a regulamentação da vida, desrespeitando-a na sua origem. Por que abortar se a pessoa pode evitar engravidar? E, se não evitou e não deseja o filho, existem instituições que aceitam a criança. No entanto, muitas vezes transtornada, ou por futilidade, ou por amor ao corpo que não quer ver deformado, a mulher opta pelo aborto criminoso, adquirindo uma grande dívida perante a consciência cósmica.

O QUE OCORRE COM O ESPÍRITO ABORTADO

212 - O que acontece e quais são as consequências para aquele espírito que foi abortado?

Divaldo: Muitas vezes, como já estava o seu perispírito vinculado ao corpo em formação, quando é expulso do corpo materno, ficam as fixações perispirituais na vida intrauterina, que podem provocar futuros cânceres de colo de útero. O ódio desses seres que tiveram a vida cerceada transforma-se em alucinação, e eles descarregam as ondas da cólera no organismo fragilizado da mulher, que as assimila, começando a gerar processos perturbadores na organização fisiológica.

Outras vezes, eles as seguem até aguardar o momento em que surge qualquer problemática e, nessa perturbação, levam-nas aos transtornos graves da depressão, outras vezes da esquizofrenia aparente, sendo transtornos de natureza mediúnica, transtornos obsessivos.

Eu compreendo perfeitamente isso, pois sou o 13º filho de uma família modesta.

Meu irmão, cinco anos depois que nasceu, era o último filho, quando minha mãe, já nos primeiros sintomas da menopausa, sentiu a presença de algo estranho e foi ao médico.

O esculápio disse-lhe que era uma gravidez. Depauperada, depois de 12 partos e três abortos espontâneos, o médico sugeriu-lhe:

– Dona Ana, vamos abortar. A senhora já realizou a sua missão longamente.

– Não. Eu não aborto o meu filho.

– Mas, Dona Ana, ele vai matá-la. A senhora não tem resistência para uma nova gravidez e outro parto.

Ela estava debilitada. Nossa família tinha muitas dificuldades econômicas. Mas ela respondeu:

– Morrer dando vida, para mim, é uma honra.

Então, não me abortou. Eu tenho por "essa mulher" um culto de gratidão incomparável. Oitenta e quatro anos de vida física ela me permitiu, correndo o risco de dar sua própria vida em troca.

Então, é fascinante ver como devemos preservar a vida por amor!

Aí eu me pergunto: "E se ela me tivesse abortado? Será que eu a amaria?!? Não seria dominado, talvez, por sentimentos negativos, por mágoas, rancores, e até mesmo pelo ódio, por sentir perdida essa chance que a Divindade me desenhava?".

Então, aqueles que não têm discernimento espiritual nem maturidade psicológica, simplificando de maneira negativa a vida, geram obsessões das mais lamentáveis.

RESPONSABILIDADE DO COMPANHEIRO

213 - Qual a responsabilidade do companheiro que apoia a mulher a fazer o aborto?

Divaldo: Ele é corresponsável. Porque, invariavelmente, a mulher se sente desprotegida quando se dá conta da gravidez. E, normalmente, o homem, que eu costumo chamar de "zangão fecundador", procura sair da responsabilidade, muitas vezes, abandonando-a, porque ele deseja usá-la e não ter qualquer vínculo de afetividade ou de responsabilidade.

Então, a mulher atordoada, algumas vezes, na sua suprema ignorância, por um princípio de vingança, não o podendo matar, mata o que seria o fruto daquele relacionamento que ela transformou em hediondez. Então, o homem é também corresponsável.

Quando se fala da mulher abortista, considero os parceiros de igual maneira, porque, não poucas vezes, o parceiro masculino condiciona o prosseguimento do relacionamento ao ato do aborto. Somente algumas heroínas, estoicas, preferem ter o filho a ter um amante desse nível moral e emocional.

RESPONSABILIDADE DOS PAIS

214 - Às vezes, os próprios pais de filhas adolescentes participam da decisão de praticar o aborto. O que dizer aos pais de adolescentes ou aos pais de maneira geral?

Divaldo: Que eles são criminosos duplamente, quando assim comportam-se. Primeiro, porque não educaram, não vigiaram, não atenderam às necessidades afetivas da filha. Deixaram-na correr o risco desnecessário, e agora, para poder diminuir a culpa ou as consequências da sua invigilância, levam-na para um crime muito maior. Eles são corresponsáveis, porque são responsáveis intelectuais e ativos pelo infanticídio.

MULHER QUE SE ARREPENDE DE TER FEITO O ABORTO

215 - Se ocorrer o aborto num momento de desespero, ou por pressão da família, ou porque o companheiro abandonou a mulher, posteriormente ela pode arrepender-se muito desse ato. O que você poderia dizer para essa mulher?

Divaldo: Que ela tem todo o direito ao arrependimento. É muito nobre. As Divinas Leis não são punitivas, são educativas.

Muitas vezes, encontramo-nos em situação como esta, ou equivalente, que a Divindade tem recursos para ajudar-nos na reparação do delito. Há uma grande diferença entre o indivíduo que se mata num instante de depressão profunda, num surto, e aquele que planeja o suicídio por causa de uma situação que lhe parece deplorável.

Então, temos os atenuantes para o depressivo e os agravantes para o indivíduo lúcido. Para aquela mulher que foi pressionada a abortar há muitos atenuantes. Ao arrepender-se, ela abre as portas à reabilitação, mesmo porque, sendo jovem, pode voltar a receber nos braços o espírito rejeitado na condição de filho, e, se isso não ocorrer, pode tornar-se mãe espiritual.

A médica, a assistente social, a professora, a serventuária, a ajudante de cozinha, qualquer pessoa que ame, como dizia muito bem Friedrich Nietzsche,[79] torna-se realmente mãe.

Não é necessário ser mãe biológica, mas tornar-se uma verdadeira mãe, da vida futura, no sentido profundo da palavra, em que esse sentimento é de dignificação e de elevação moral para a plenitude da vida.

Desse modo, o arrependimento é o primeiro passo. Aliás, Allan Kardec, numa bela página em O *Céu e o Inferno*, capítulo 7, a respeito do *código penal da vida futura*, estabelece e sintetizo com minhas palavras: "O primeiro passo é o arrependimento, mas não basta. O segundo passo é a expiação, o sofrimento, mas é necessário o passo final: a reabilitação". Fazer todo o bem possível é um dos instrumentos da reabilitação, de alguma forma diminuindo os efeitos daquele mal que foi praticado. É meritório esse arrependimento.

79 **Friedrich Wilhelm Nietzsche** (1844-1900) foi um filólogo e influente filósofo alemão do século XIX. Disponível em: <http://pt.wikipedia.org/wiki/Friedrich_Nietzsche#Biografia>. Acesso em: 1 de março de 2012.

RESPONSABILIDADE DO PROFISSIONAL QUE PRATICA O ABORTO

216 - Qual a responsabilidade do profissional que pratica o aborto, mesmo naqueles países onde existe a legalidade?

Divaldo: Ele se tornou profissional da área médica para salvar vidas. No juramento de Hipócrates, o "pai da medicina", o médico ergue a mão e diz: "Eu prometo salvar vidas!".

Na atualidade, como sempre tem sido, a proposta da medicina não é impedir a morte, porque o fenômeno da morte é biológico, todos vamos morrer, mas tornar a vida mais digna. Prolongar a existência quanto possível, diminuir as dores.

Por que deve o médico permitir-se o luxo de matar? Para transformar a medicina num verdadeiro açougue? Transformá-la numa indústria, em que o sacerdócio cede lugar ao profissionalismo e aos interesses subalternos? Não é essa a missão da medicina.

É claro que há muitos médicos nobres, grandes obstetras que, às vezes, veem-se constrangidos à prática do aborto por motivos que lhes são perfeitamente morais. Não obstante, o profissional da medicina, ou de qualquer área, tem o diploma não para matar, e sim para dignificar a vida.

ABORTO E DEPRESSÃO

217 - A prática do aborto muitas vezes leva à depressão. É necessária muita cautela, não é?

Divaldo: Sem qualquer dúvida, pois que esse delito demonstra a falta de amor no ser humano, o imediatismo hedonista. Aliás, eu me recordo que Carl Gustav Jung dizia que, na sua clínica, quando as mulheres chegavam à menopausa, a maioria entrava em depressão. A longo prazo, descobriu que essas mulheres haviam abortado na juventude e retinham a culpa no inconsciente. Quando perdiam a faculdade da procriação e não haviam tido filhos, começavam a manifestar culpa mais profunda, tombando em depressão.

Porque a nossa consciência, diz a Doutrina Espírita, é o depósito das Divinas Leis. Na questão 621, de *O Livro dos Espíritos*, Allan Kardec pergunta: "Onde está escrita a Lei de Deus?"

"Na consciência", responderam os Mentores da humanidade. Então, não podemos fugir da consciência que nos impõe o respeito à vida.

SIAMESES

218 - E o caso de siameses? Quem são aqueles irmãos gêmeos que, ao nascer, estão ligados por alguma parte do corpo? Como o Espiritismo vê os irmãos siameses?

Divaldo: Em uma bela mensagem do Irmão X, pseudônimo de Humberto de Campos, Chico Xavier, o venerável médium, psicografou uma iluminada página sobre a xifopagia.[80] Demonstra, na elucidação, que a mulher aborta a primeira vez, depois retorna o mesmo espírito, tentando reencarnar, e novamente é abortado e, em decorrência do crime, o espírito localiza-se perispiritualmente no ventre. Ao desencarnar, a abortista e sua vítima estão ligadas. Reencarnando-se a mulher que delinquiu, em razão de trazer imantada a sua vítima, renascem ambos em xifopagia. São

80 Xifopagia é uma deformidade genética que dá origem a dois indivíduos unidos, com a parte superior do corpo duplicada, a partir da região do apêndice xifoide, na base do tórax.

dois espíritos disputando o mesmo corpo, ou dois corpos, quando podem ser separados por meio de cirurgia.

É uma expiação dolorosa para que vítima e algoz, juntos, trabalhem pela transformação moral.

Em Salvador, houve um caso célebre de duas meninas em um só tronco que se agrediam e se mordiam. Era necessário amarrar as mãos das duas, porque se odiavam. Uma delas contraiu pneumonia e a outra dizia: "Você vai me matar! Eu a odeio! Na hora em que você morrer, você me mata!" A enferma desencarnou e como a circulação do sangue é única, a irmãzinha também faleceu.

São dois espíritos em litígio, porque ninguém foge da Consciência Divina. Podemos anestesiá-la em nossa mente, mas não impedir que se manifeste através das leis soberanas da vida.

MENSAGEM PARA QUEM ESTÁ GERANDO UMA CRIANÇA COM PROBLEMA

219 - O que você poderia dizer para a mãe que está gerando uma criança com deficiência física ou mental, ou que vai nascer sem chance de sobreviver após o parto?

Divaldo: Sugiro que agradeça a Deus a oportunidade de amar que lhe é concedida, embora as circunstâncias dolorosas. Porque é uma oportunidade de reabilitação. Eu sou o 13º filho, conforme já referido, de uma família modesta, e a minha irmã número sete nasceu com hidrocefalia. Eu não a conheci. Minha mãe me contava que somente lhe crescia a cabeça. Naqueles tempos heroicos da ignorância médica era chamada "cabeça de água". Os ossos eram visíveis quando raios de sol penetrando pelas frestas da janela atravessavam-lhe o crânio amolecido. Ela nunca falou, nunca enxergou, jamais ouviu algum som. Era um ser, portanto, vegetativo e, indo contra as leis naturais, viveu sete anos até que desencarnou.

Posteriormente, esse espírito, que era de um ex-suicida, voltou a reencarnar-se como a minha irmã número 11, que viveu 92 anos de idade. As Leis Divinas são de uma sabedoria extraordinária.

Então, ter um filho que é hiperativo, que agride, que morde, é uma bênção. Há razões anteriores que proporcionam ter o adversário nas mãos do outro inimigo, a vítima nas mãos do algoz. A lei não deseja que a vítima cobre, porque tem mecanismos reabilitadores para todos, mas que supere a animosidade através do amor de pai e mãe.

Ainda, há pouco, eu acompanhei pela *internet* a cena de um pai participando de uma competição esportiva com o filho tetraplégico. Ele colocou o filho em uma cadeira especial e fez a corrida, depois fez a natação, depois participou dos saltos, conduzindo o filho, feliz, e ele, como pai, profundamente triunfador.

Então, sem nenhum masoquismo, quando a Divindade nos proporciona determinado tipo de padecimento (porque ter um filho deficiente, ou melhor, um filho especial sobre qualquer aspecto, é uma grande dor), há razões que o justificam. Depois de passada a tempestade desse período, aquele que o soube conduzir vai entrar na plenitude para todo o sempre. É o que diria Giovanni Papini, o grande escritor italiano: "É a troca de algum breve período por todo um largo futuro feliz".

Então vale a pena. Eu direi a essa mãe: ame! Faça do seu amor um relicário de bênçãos, o mais é com Deus.

MENSAGEM DO ESPÍRITO JOANNA DE ÂNGELIS

Nada no Universo ocorre como fenômeno caótico, resultado de alguma desordem que nele predomine. O que parece casual, destrutivo, é sempre efeito de uma programação transcendente, que objetiva a ordem, a harmonia.

De igual maneira, nos destinos humanos sempre vige a lei de causa e efeito, como responsável legítima por todas as ocorrências, por mais diversificadas apresentem-se.

O espírito progride através das experiências que lhe facultam desenvolver o conhecimento intelectual enquanto lapida as impurezas morais primitivas, transformando-as em emoções relevantes e libertadoras.

Agindo sob o impacto das tendências que nele jazem, fruto que são de vivências anteriores, elabora, inconscientemente, o programa a que se deve submeter na sucessão do tempo futuro.

Harmonia emocional, equilíbrio mental, saúde orgânica ou o seu inverso, em forma de transtornos de vária denominação, fazem-se ocorrência natural dessa elaborada e transata proposta evolutiva.

Todos experimentam, inevitavelmente, as consequências dos seus pensamentos, que são responsáveis pelas suas manifestações verbais e realizações exteriores.

Sentindo, intimamente, a presença de Deus, a convivência social e as imposições educacionais, criam condicionamentos que, infelizmente, em incontáveis indivíduos dão lugar às dúvidas atrozes em torno da sua origem espiritual, da sua imortalidade.

Mesmo quando se vincula a alguma doutrina religiosa, com as exceções compreensíveis, o comportamento moral permanece materialista, utilitarista, atado às paixões defluentes do egotismo.

Não fosse assim, e decerto, muitos benefícios adviriam da convicção espiritual, que sempre define as condutas saudáveis, por constituírem motivos de elevação, defluentes do dever e da razão.

Na falta desse equilíbrio, adota-se atitude de rebeldia, quando não se encontra satisfeito com a sucessão dos acontecimentos tidos como frustrantes, perturbadores, infelizes...

Desequipado de conteúdos superiores que proporcionam a autoconfiança, o otimismo, a esperança, essa revolta, estimulada pelo primarismo que ainda jaz no ser, trabalhando em favor do egoísmo, sempre transfere a responsabilidade dos sofrimentos, dos insucessos momentâneos aos outros, às circunstâncias ditas aziagas, que consideram injustas e, dominados pelo desespero, fogem através de mecanismos derrotistas e infelizes que mais o degradam, entre os quais o nefando suicídio.

Na imensa gama de instrumentos utilizados para o autocídio, o que é praticado por armas de fogo ou mediante quedas espetaculares de edifícios, de abismos, desarticula o cérebro físico e praticamente o aniquila...

Não ficariam aí, porém, os danos perpetrados, alcançando os delicados tecidos do corpo perispiritual, que se encarregará de compor os futuros aparelhos materiais para o prosseguimento da jornada de evolução.

É inevitável o renascimento daquele que assim buscou a extinção da vida, portando degenerescências físicas e mentais, particularmente a anencefalia.

Muitos desses assim considerados, no entanto, não são totalmente destituídos do órgão cerebral.

Há, desse modo, anencéfalos e anencéfalos.

Expressivo número de anencéfalos preserva o cérebro primitivo ou reptiliano, o diencéfalo e as raízes do núcleo neural que se vincula ao sistema nervoso central...

Necessitam viver no corpo, mesmo que a fatalidade da morte após o renascimento reconduza-os ao mundo espiritual.

Interromper-lhes o desenvolvimento no útero materno é crime hediondo em relação à vida. Têm vida sim, embora em padrões diferentes dos considerados normais pelo conhecimento genético atual...

Não se tratam de coisas conduzidas interiormente pela mulher, mas de filhos que não puderam concluir a formação orgânica total, pois que são resultado da concepção, da união do espermatozoide com o óvulo.

Faltou na gestante o ácido fólico, que se tornou também responsável pela ocorrência terrível.

Sucede, porém, que a genitora igualmente não é vítima de injustiça divina ou da espúria Lei do Acaso, pois que foi corresponsável pelo suicídio daquele espírito que agora a busca para juntos conseguirem o inadiável processo de reparação do crime, de recuperação da paz e do equilíbrio antes destruído.

Quando as legislações desvairam e descriminam o aborto do anencéfalo, facilitando a sua aplicação, a sociedade caminha, a passos largos, para a legitimação de todas as formas cruéis de abortamento.

...E quando a humanidade mata o feto, prepara-se para outros hediondos crimes que a cultura, a ética e a civilização já deveriam haver eliminado no vasto processo de crescimento intelecto-moral.

Todos os recentes governos ditatoriais e arbitrários iniciaram as suas dominações extravagantes e terríveis tornando o aborto legal e culminando, na sucessão do tempo, com os campos de extermínio de vidas sob o açodar dos mórbidos preconceitos de raça, de etnia, de religião, de política, de sociedade...

A morbidez atinge, desse modo, o clímax, quando a vida é desvalorizada e o ser humano torna-se descartável.

As loucuras eugênicas, em busca de seres humanos perfeitos, respondem por crueldades inimagináveis, desde as crianças que eram assassinadas quando nasciam com qualquer tipo de imperfeição, não servindo para as guerras, na cultura espartana, como as que ainda são atiradas aos rios, por portarem deficiências, para morrer por afogamento, em algumas tribos primitivas.

Qual, porém, a diferença entre a atitude da civilização grega e o primarismo selvagem desses clãs e a moderna conduta em relação ao anencéfalo?

O processo de evolução, no entanto, é inevitável, e os criminosos legais de hoje recomeçarão, no futuro, em novas experiências reencarnacionistas, sofrendo a frieza do comportamento, aprendendo através do sofrimento a respeitar a vida...

Compadece-te e ama o filhinho que se encontra no teu ventre, suplicando-te sem palavras a oportunidade de redimir-se.

Considera que se ele houvesse nascido bem formado e normal, apresentando depois algum problema de idiotia, de hebefrenia, de degenerescência, perdendo as funções intelectivas, motoras ou de outra natureza, como acontece amiúde, se também o matarias?

Se exercitares o aborto do anencéfalo hoje, amanhã pedirás também a eliminação legal do filhinho limitado, poupando-te o sofrimento como se alega no caso da anencefalia.

Aprende a viver dignamente agora, para que o teu seja um amanhã de bênçãos e de felicidade.

(Psicografia do médium Divaldo Pereira Franco na reunião mediúnica da noite de 11 de abril de 2012, no *Centro Espírita Caminho da Redenção*, em Salvador, Bahia, quando o Supremo Tribunal Federal estudava a questão do aborto do anencéfalo.)

CARMA, PROVAS E EXPIAÇÕES

ESCOLHA DA FAMÍLIA ANTES DA REENCARNAÇÃO

220 - A família a que pertencemos hoje é uma escolha feita por nós antes de reencarnar?

Divaldo: Não necessariamente. Tudo no mundo espiritual está condicionado à relatividade, à lei de mérito. Quando o espírito possui muitos créditos, pode permitir-se propor determinadas tarefas e também o renascimento naquele grupo familiar com o qual se encontra identificado.

Mas, normalmente, a lei estabelece não a família que gostaríamos de ter, mas aquela de que precisamos para evoluir. Da mesma forma, as tarefas que nos dizem respeito não são aquelas que mais nos agradariam, mas sim aquelas que irão propiciar-nos o resgate das experiências anteriores, promovendo-nos na busca de novos arcanos[81] do universo.

RELACIONAMENTOS FAMILIARES

221 - Uma pessoa que hoje está no papel de esposa, em outra reencarnação, pode ter sido mãe ou mesmo filha do atual marido. Esses diversos relacionamentos familiares não causam conflito quando do retorno dos espíritos ao plano espiritual? Como a espiritualidade superior conduz essa situação?

81 Que encerra mistério; enigmático, que está oculto; secreto, segredo profundo.

Divaldo: Nessa questão devemos considerar a proposta do amor. O espírito Joanna de Ângelis diz que o amor é uma circunferência com epicentro e vários raios. Esses raios vão delimitar as manifestações do amor: o amor conjugal, o amor fraternal, o amor filial, o amor maternal e assim sucessivamente. O verdadeiro amor será a síntese de todas essas experiências.

Toda e qualquer expressão de amor converge para o amor total. Quando o indivíduo desencarna e se liberta da matéria, naturalmente o que prevalece é o sentimento, e não a maneira pela qual o sentimento se expressava. Assim, o amor sexual nos relacionamentos conjugais cede lugar a essa legítima fraternidade, a esse sentimento de ternura que se sobrepõe à imposição da matéria.

Allan Kardec ouviu das entidades venerandas que os espíritos são assexuados, por consequência, o sexo é um instrumento da matéria que tem por objetivo a perpetuação da espécie. O sexo também propicia os prazeres de natureza psicológica e emocional, mas nas reencarnações sucessivas é o sentimento de amor que prevalece.

LEI DE CAUSALIDADE MORAL

222 - O que são carma, provas e expiações?

Divaldo: A palavra carma vem do sânscrito *karma-n* e significa "ação, efeito, fato". Na Doutrina Espírita, ela se refere à lei de causalidade moral, que pretende demonstrar que todos somos forçados a resgatar os nossos equívocos, nesta ou em futuras reencarnações.

Allan Kardec, com muita propriedade, evitou usar a palavra carma, preferindo utilizar-se da lei da Física, a denominada *lei de causa e efeito*. Segundo a Física, todo efeito provém de uma causa, logo, numa conclusão de natureza muito feliz, Allan Kardec afirma que todo efeito inteligente provém de uma causa inteligente.

De acordo com essa visão espírita de causa e efeito, nós não somos imperiosamente obrigados a resgatar, pela dor, o mal que praticamos. O Evangelho de Jesus nos ensina que o amor cobre a multidão de pecados. O resgate pode vir através do amor que desenvolvemos e que nos reabilita perante nossa própria consciência. É claro que não estamos livres de enfrentar os efeitos negativos das nossas ações infelizes. Mas, ao enfrentá-los, devemos manter uma atitude de pacificação, de reabilitação, de perdão, de compaixão e de misericórdia, agindo sempre para o bem.

Na visão espírita, Deus é *a inteligência suprema e causa primeira de todas as coisas*, que vai muito além da nossa concepção de amor, de justiça e mesmo de misericórdia. João Evangelista, em uma de suas epístolas, afirmava que *Deus é amor*.

Naturalmente, tudo aquilo que fazemos desencadeia leis que voltam a circular em volta de nós. Chega-se mesmo a dizer que o bater das asas de uma borboleta, no Oceano Pacífico, influi na harmonia do universo, porque desencadeia determinado movimento de ondas.

Em relação a essa questão, Allan Kardec propôs duas palavras muito significativas: provas e expiações. As provas ou provações são testes de avaliação do nosso desenvolvimento intelecto-moral; as expiações são imposições da lei ao endividado, àquele rebelde que não se quer reabilitar. Imaginemos uma escola, com sua grade pedagógica, e o aluno rebelde e indiferente que fica reprovado no momento da prova, da avaliação. Ele é constrangido a repetir a experiência através de repetição da aprendizagem e, se por acaso reincide na negligência, será afastado da classe ou terá que sofrer as consequências. Chamaríamos a isso expiação.

Quais são as expiações? As enfermidades degenerativas, os dramas teratogênicos,[82] as deformações de caráter, as enfermidades infectocontagiosas muito graves, como as antigas sífilis, a tuberculose, a lepra, e hoje a Aids, que a maioria contrai por invigilância, por desrespeito aos códigos de ética e de honradez.

As provas ou provações são os incidentes normais, as pequenas contrariedades, as dores, os desajustes familiares, afetivos e sociais. Então, provas e expiações são propostas notáveis do pensamento kardecista, para que aprendamos a evoluir, senão pelo amor, como diz o vulgo,[83] então pela dor, isto é, pela experiência desagradável que nos leva a optar pelas realizações positivas.

COMO ALIVIAR AS PROVAS E EXPIAÇÕES

223 - É correto afirmar que não estamos na Terra para sofrer e que é possível aliviar nossas provas e expiações?

Divaldo: Exatamente. É fascinante a visão do Espiritismo. Deus não decreta a nossa ruína. Jesus afirmou que o Pai não quer a morte do pecador, mas a morte do pecado. A Terra é uma escola de bênçãos, e aqui estamos para desenvolver nossos valores, nosso *deus interno* das tradições esotéricas, nosso *Cristo interno*. Então, estamos na Terra para desenvolver esse fascículo de luz,[84]

82 Teratogenia - produção de monstruosidade.
83 O povo, segundo o uso comum.
84 Expressão emmanuelina, conhecida através de Chico Xavier, que significa o nosso deus interno em potencial.

realizar a autoiluminação, buscar a plenitude, o reino dos céus, no conceito de Jesus.

Aquilo que chamamos de sofrimento é uma bênção, especialmente se soubermos administrá-lo, porque será através dele que lograremos a harmonia íntima.

DEFICIÊNCIA FÍSICA

224 - Uma pessoa escolhe nascer com deficiência física ou se trata de uma imposição?

Divaldo: Desafio dessa natureza é imposto pela Lei. Quando somos portadores de uma deficiência física, estamos resgatando um atentado aplicado ao nosso perispírito, seja através de um ato covarde da nossa conduta, seja como consequência de uma programação maléfica realizada antes, noutra existência, contra alguém. Jesus sintetizou isso na célebre frase do escândalo: "Ai do mundo por causa dos escândalos!... é melhor para ti entrares na vida coxo ou manco que, tendo dois pés e duas mãos, seres lançado no fogo eterno. Se teu olho te leva ao pecado, arranca-o e lança-o longe de ti: é melhor para ti entrares na vida cego de um olho que seres jogado com teus dois olhos no fogo da geena".[85]

Equivale a dizer que o indivíduo depois de perpetrar um ato agressivo contra a vida, portanto, contra si mesmo, gera no perispírito uma deterioração que impõe um refazimento na próxima experiência. Esse refazimento, essa renovação, libera-o daquilo que a produziu. Também pode ser que, em determinado estágio de evolução do espírito, ele peça conscientemente alguns limites para poder reabilitar-se de certos sentimentos perversos do passa-

85 Bíblia Sagrada, Mateus, 18:7.

do, a fim de provar que apesar dos limites que experimenta, não tem impedimento para a evolução.

PAIS DO DEFICIENTE

225 - Existe a lei de causa e efeito para os pais desse deficiente?

Divaldo: Sem dúvida. Tudo ocorre dentro dessa realidade. Toda ocorrência espiritual e moral deflui do conjunto de méritos e de débitos. Nós sempre relacionamos a lei de causa e efeito pessoa a pessoa, esquecendo que a harmonia é universal e todos fazemos parte dela. Quando, por acaso, se agride alguém, fere-se a lei de ordem, que passa a não funcionar em torno do infrator. Se esse alguém o perdoa, ele está perfeitamente liberado de quaisquer sentimentos negativos, mas o malfeitor não. O seu perdão faz-lhe bem, a vítima liberta-se do ressentimento, o que é muito bom, mas o agressor continua com a carga negativa para resgatar perante a Consciência Cósmica. Então, poderá fazê-lo por meio de uma enfermidade, de um acidente, de uma angústia, de um desgosto pessoal, de qualquer coisa afligente ou, por outro lado, mediante a prática de ações meritórias.

No caso de uma criança deficiente, os seus pais, de alguma forma estão incursos também na ação anterior, retornando juntos para a reabilitação. A lei harmoniza pelas dores o resgate que a ambos é imposto.

PAIS DE PORTADORES DE TRANSTORNOS EMOCIONAIS

226 - Hoje existem muitos jovens e crianças com problemas de depressão, transtorno bipolar, doenças que causam muito sofrimento aos pais. A lei de causa e efeito se aplica aos problemas da mente?

Divaldo: A problemática está dentro do mesmo esquema. A depressão moderna tem raízes profundas na culpa. Do ponto de vista espírita, o indivíduo que cometeu determinados delitos traz certa predisposição no perispírito para que, atuando nos neurônios cerebrais, oportunamente, venha a perturbar a produção de serotonina, de noradrenalina[86] e de outras substâncias denominadas substâncias da felicidade, cuja ausência dão lugar ao transtorno depressivo.

Quando o indivíduo não se comportou bem em algumas existências, ele traz, inconscientemente, a culpa insculpida no ser e, muitas vezes, vai reencarnar através de alguém com quem tem algum vínculo e que lhe proporcione os genes propiciatórios ao resgate. A ciência médica demonstra que, quando o indivíduo descende de um depressivo, tem 30% de probabilidade de ser depressivo também, mas, se ambos os genitores são depressivos, ele terá 70% de probabilidade de igualmente o ser. Então, ele já vem com a predisposição genética que está de acordo com seu programa cármico. Mas ele poderá superar a provação, porque outros fatores psicológicos e psicossociais vão influir no seu comportamento que, se tornando edificante, ajuda-o a reparar os males praticados. Se ele conseguir equilibrar-se antes do transtorno, irá

86 Noradrenalina - hormônio relacionado à adrenalina.

superar aquela quase imposição depressiva, porque não é da lei que venhamos à Terra para sofrer, mas sim para evoluir e resgatar.

O *amor*, conforme referido anteriormente, *cobre a multidão de pecados*, mas não os anula. Oferece créditos através dos quais o indivíduo libera-se da culpa e dos sofrimentos.

REGISTRO GENÉTICO E REENCARNAÇÃO

227 - Existe muita discussão entre o registro genético e a reencarnação. O que você pode nos dizer sobre isso?

Divaldo: O registro genético é a marca da reencarnação. Se não houvesse uma causalidade anterior, não haveria a marca genética para desencadear aquele fenômeno através do qual o espírito progride, resgatando ou acrescentando novas conquistas.

O Dr. Collins[87] foi o grande controlador do programa de decodificação do genoma humano, que prendeu a atenção de inúmeras universidades por quase 20 anos. Ele diz que no nosso código genético estão determinadas as ocorrências. Então, se for uma fatalidade, ela foi impressa por uma causa inteligente. O Dr. Collins é teísta,[88] e penso que crê na anterioridade da alma que imprime no código genético aquilo de que necessita experienciar durante a sua jornada física.

Assevera a Doutrina Espírita que, no momento em que o espermatozoide fecunda o óvulo e o transforma em célula-ovo ou neuroblasto, começa a imprimir no código genético as suas necessidades. À medida que se vai desenvolvendo o gene, multiplicando-se as células, organizando-se no modelo biológico,

87 **Francis Sellers Collins** é um geneticista norte-americano e um dos cientistas mais respeitados da atualidade.

88 Que acredita na existência de Deus.

fixam-se-lhe as necessidades liberadoras dos nossos carmas anteriores.

MAL DE ALZHEIMER

228 - Qual seria a explicação, na visão espírita, para o Mal de Alzheimer?

Divaldo: Trata-se de uma expiação. É um problema que afeta o cérebro do indivíduo, devido a fenômenos negativos provindos de outras existências. Possivelmente, o uso indevido das faculdades intelectuais que foi impresso no perispírito desde a concepção. Ali está o expurgatório, tanto para o paciente, como para os seus familiares.

Penso que para os familiares, aqueles que amam, é muito mais doloroso ver a degeneração mental e emocional do ser querido do que para ele mesmo, porque o paciente não se dá conta, não tem o discernimento, a memória claros. Vai se esquecendo, voltando à infância, até o momento em que perde totalmente o contato com o mundo exterior... É uma expiação para a família, que deve aproveitar esse momento para amar ainda mais o seu enfermo querido, para envolvê-lo em profunda ternura, para acariciá-lo, retribuindo-lhe todo o amor que merece.

Eu me recordo de uma história que me sensibilizou profundamente. É de origem russa. A cena é no jardim da entrada de uma residência. Um homem de uns 60 anos, e o filho de 25 anos, aproximadamente. O pai está com o olhar um pouco vago e o filho está lendo o jornal. Repentinamente, o pai pergunta:

– O que é isso?

– É um pássaro! – responde o filho com bondade e volta a ler.

– Ah!

– O que é isso? – pergunta o pai pela segunda vez. Então, o jovem experimenta a primeira irritação:

– Eu já lhe disse: é um pássaro! – e ele volta a ler.

Um pouco depois, o genitor volta a interrogar:

– O que é isso?

– Mas eu já não lhe disse que é um pássaro, quantas vezes eu vou ter que lhe dizer que é um pássaro?!!! – e fica irritado.

O pai levanta-se calmamente, vai até o interior da casa e retorna com um álbum, senta-se, olha o álbum, e então pede ao filho que o veja. Ali estava uma fotografia com algo escrito atrás: "Hoje meu filho completou três anos. E ele me perguntou 16 vezes o que era aquilo. E eu lhe disse com toda ternura que era um pássaro, e, cada vez que eu lhe disse, eu o beijei e acarinhei".

Então, o rapaz caiu em si. Aquele pai generoso teve paciência 16 vezes, para poder prepará-lo para a vida, e ele agora não tinha a mesma ternura na terceira vez! Abraçou o pai, beijou-o, e naquele instante mudou sua percepção da vida.

Quem não morrer vai envelhecer. E, naturalmente, vai passar por todos os achaques da velhice, pelo desgaste e suas problemáticas.

Também me recordo de um pai que vivia na casa do filho, um grande executivo. A nora vivia irritada com aquele velho com síndrome de Parkinson, que tremia muito e sempre derramava alguma coisa na mesa, na hora da refeição, manchando a toalha. Ela foi ficando irritada e um dia expôs ao marido: "Não é possível que esse velho suje todas as toalhas todo santo dia! Eu sei que é o seu pai! Mas é impossível suportá-lo à mesa. Você há de convir que é melhor que ele coma na cozinha, afinal, é um problema para mim e para os empregados".

E o filho, que não tinha caráter, levou o pai para a cozinha.

O ancião foi degenerando. Às vezes, ia pegar o prato e escorregava, caía e quebrava.

E a nora, irritada, dizia: "Vamos ficar na miséria! Ele quebra todas as louças da casa! É melhor comprar um prato de alumínio ou de esmalte. Não vai fazer nenhuma diferença para ele, e mesmo que caia não quebra".

E o filho covarde concordou. E deu para o pai um prato de alumínio.

O genitor idoso, apesar da decadência, percebeu o drama, e começou a mortificar-se por ainda estar vivo, por ser um peso na economia doméstica, no relacionamento do filho. Por mais silencioso que ele fosse, era um entulho ali na casa.

Certo dia, o filho voltou com a mulher de um espetáculo e encontrou o filhinho de seis anos no quintal, com uma tábua e um instrumento cortante, tentando arrancar-lhe um pedaço. Então, o jovem pai interrogou:

– Meu filho, que é que você está fazendo? Você vai se cortar. O que é isso com essa tábua?!?

– Tô fazendo um prato pra você, pra quando você ficar velho.

É muito significativo. Ele, o pai de hoje, se não morrer, será o velho de amanhã.

Todos nós, que temos pais idosos, talvez desagradáveis, possivelmente inconvenientes em certas horas, aproveitemo-los enquanto os temos conosco, porque, quando eles se forem, farão uma falta inominável. Refiro-me aos pais comuns, não às exceções negativas. Eles nunca nos cobraram as noites maldormidas, as angústias das febrículas, todo o trabalho que tiveram conosco...

MÁGOAS EM FAMÍLIA

229 - Muitas vezes os filhos, por diversos motivos, guardam mágoas dos pais pelo resto da vida sem conseguir perdoar. Como a Doutrina Espírita vê esse problema?

Divaldo: Nesse sentido, posso narrar a história de um dos homens mais importantes do século XX, um homem que escreveu um livro sobre amor e sobrevivência. Ele estava, certo dia, entrando num voo de New York a Washington com tanto mau humor que a comissária de bordo sorriu-lhe e gentilmente lhe disse:

– Cavalheiro, o senhor me permite dar-lhe um conselho?

– Pois não?

– Por que o senhor não lê o livro do Dr. Dean Ornish, *Amor e sobrevivência*? Ele pode lhe proporcionar muita alegria. O senhor irá sentir-se muito bem.

Ele teve um choque, porque ele era o Dr. Dean Ornish, que escreveu um dos maiores *best-sellers* divulgado pelo *The New York Times*, com alguns milhões de exemplares vendidos, somente nos Estados Unidos. Então ele sentiu vergonha. Ele, que receitava bom humor, vivia mal-humorado. Sentou-se, pegou o jornal e tentou esconder a cara, porque era famosíssimo. Foi considerado um dos cem homens mais importantes no século XX, na América, havendo recebido e aceito o convite honroso do presidente Bill Clinton para dormir na Casa Branca. E quase sempre estava de mau humor!

Nesse momento, ele teve a coragem de se perguntar: "Por que estou de mau humor?!" Começou a autoanalisar-se e descobriu que guardava um certo ressentimento do pai, e essa era a razão básica do seu mau humor. A sua infância não fora tão feliz quanto gostaria que tivesse sido, nem a sua adolescência por causa dele. Havia uma mágoa que ressumava do seu inconsciente e que o fazia sentir-se infeliz. Possuía independência econômica, era um dos dez grandes cardiologistas americanos, um escritor famoso, um homem célebre. E mal-humorado. Chegando a Washington, ele telefonou ao pai e propôs:

– Papai, eu gostaria de visitar você.

– Muito bem! – respondeu o pai, friamente.

– Então eu poderei estar aí no dia x?

– Muito bem! – novamente respondeu o pai.

– Depois eu lhe aviso a hora da chegada e o número do voo.

– Muito bem!

E assim ele fez, avisou ao pai o dia da chegada, a companhia aérea e o horário. E chegou com a angústia de liberar-se do ressentimento.

"Meu pai é um homem frio", ele pensava. Mas, quando chegou ao aeroporto, o pai não estava lá. Ele logo pensou: "Vê? Ele não gosta de mim. Não veio".

Pegou um táxi e dirigiu-se à casa. Quando chegou, a porta estava levemente encostada. Ele empurrou-a. O pai estava sentado lendo o jornal. Ele chegou, largou a mala e falou:

– Papai, eu quero abraçá-lo!

– Abrace! É você quem quer me abraçar.

Ele ficou irado, mas abraçou, e, não aguentando mais, explodiu:

– Eu vim aqui para fazer as pazes com você. Por sua causa eu sou uma pessoa insatisfeita. (Naturalmente que isso foi dito em outras palavras.) – E continuou:

– Você tornou a minha vida uma frustração. Papai, você nunca me abraçou. Você nunca me beijou. Você nunca teve palavras de carinho para mim. Hoje eu sou uma das pessoas mais famosas da América e você me trata com essa indiferença. Eu sou seu filho, afinal eu mereço, eu honro o seu nome.

O pai dobrou calmamente o jornal e lhe perguntou:

– Já disse tudo?

– Já sim. Já lhe disse que lhe tenho mágoa. Eu tinha que lhe dizer isso.

– Pois não, meu filho, muito obrigado. Abra ali aquela mala, por favor!

Ele abriu a mala e havia muitos recortes de jornal. E o pai elucidou:

– Pegue alguns. Leia-os!

Eram as notas que a imprensa local publicava sobre ele.

Ele foi ficando emocionado.

– Pois é, meu filho. Tudo que a imprensa fala sobre você, eu recorto e guardo, e digo com orgulho para todo mundo que você é "meu filho". Você veio aqui dizer que eu nunca o abracei. É verdade. Não tive tempo, meu filho. Sua mãe quando morreu deixou você criança. Para lhe dar dignidade, eu me desdobrei no campo. Olhe as minhas mãos calosas. As suas são de cirurgião, mas as minhas são da enxada e do trator. Eu o coloquei numa das melhores universidades da América, uma das mais caras do mundo e, com meu suor, sem nunca me queixar, eu paguei todas as mensalidades, até você tornar-se um dos melhores alunos e um dos grandes cirurgiões cardiológicos da América. Nunca me queixei das noites sem dormir que eu passei junto ao seu leito, com você febril, porque aqui no centro-oeste, na lavoura, nunca tivemos médico, e eu só podia lhe dar chás e pedir a Deus que o meu filho não morresse. Eu também nunca lhe disse que não me casei para não lhe dar uma pessoa que talvez não o tratasse como você merecia. Renunciei ao prazer de uma companhia, de uma mulher ao meu lado para me amar, por amor a você. Você percorreu o mundo, e seu pai continuou trabalhando na lavoura. Você recebeu convite para ir à Casa Branca, mas eu não. Você tem ressentimento de mim porque eu nunca o beijei, é verdade. Sou um homem bruto, da terra, mas criei você com amor, com todo o devotamento da renúncia, e nunca lhe pedi nada. Continuo trabalhando no solo que educou você. E você nunca se lembrou de seu pai. E ainda se atreve a vir à minha casa dizer que tem mágoa de mim, porque não o abracei, não lhe enchi de mimos? Não tive tempo, meu filho. Estava trabalhando para a sua universidade. Então, meu filho, você tem toda a razão. Agora que você já disse o que deseja, até logo! Pode ir-se embora!

Ele então caiu em si. O egoísmo, aquele sofrimento da amargura, era sua presunção. Como ele era importante, achava que o pai deveria ser um capacho, talvez. Não se lembrando que foi o pai, um homem honrado, quem o colocou no mundo e na posição de sucesso onde estava. Então o pai concluiu:

– Eu sei que você dignifica o nome da nossa família, porque eu primeiro o dignifiquei. Não há uma falha no meu caráter. E aqui na nossa cidade modesta, nós somos honrados e queridos.

Comovido ele o abraçou e solicitou:

– Perdoe-me, papai!

Choraram juntos.

Então, pela primeira vez, o pai acariciou-lhe a cabeça. E, a partir desse dia, o Dr. Dean Ornish, que tem a coragem de narrar essa história no seu livro, libertou-se do sofrimento, porque superou o egoísmo e a presunção. (Narrado não exatamente como está no livro, mas ao sabor da emoção. Nota de Divaldo.)

ANIMOSIDADE ENTRE PARENTES

230 - Por que existem familiares que se dão muito bem e outros parecem ser verdadeiros inimigos?

Divaldo: Permitam-me narrar um pouco do que vivemos em minha família como exemplo, não é autobiografia, mas sim uma lição de vida.

Como nós éramos treze filhos, nossa casa era um laboratório de almas. Minha mãe era um anjo que reuniu todos à sua volta, muito carinhosa. E meu pai era a severidade que nos disciplinava a todos. Entre esses filhos, três deles detestavam meu pai. Não havia um motivo, odiavam-no, simplesmente.

Como sou o último e não pude conviver com os primeiros, à medida que eu crescia, perguntava aos outros por que não gostavam de meu pai, mas não sabiam me responder. Entre esses, tive uma irmã que era muito sofredora, muito angustiada pelas perturbações espirituais. Ela mantinha por mim um grande afeto, um grande respeito. E um dia ficou noiva. No dia do noivado, ela me chamou para dizer que ia desistir. Ela era muito ciumenta, agressiva e tinha certeza de que não daria certo. E assim foi, ela acabou por ficar em nossa casa junto da família. Mas odiava demais a meu pai. Certo dia, nós estávamos os dois conversando e ela me disse:

– Seu pai está vindo aí.

Ela sentia a aura dele a um quilômetro. Eu perguntei:

– Mas como você sabe?

– Eu estou sentindo. Ele está se aproximando.

Daí a dez minutos meu pai chegou.

Noutro dia eu estava sentado com meu pai num ônibus para ir à cidade. De repente, ele voltou-se para mim abruptamente, me segurou a perna e falou:

– Di, sua irmã me odeia, não é, meu filho?

– É, sim senhor. – Eu respondi-lhe.

– Se pudesse ela me mataria, não é?

– É, sim senhor.

No momento em que disse isso, eu vi a cena do passado. Ali mesmo no ônibus eu vi a cena do drama dos dois, em encarnação passada, quando ela havia sido sua amante e ele a assassinou, a punhal. Fiquei estarrecido, enquanto ele assustado me segurava, notando o meu estado psíquico.

– Meu filho...

– Um momentinho, um momentinho! – eu pedi-lhe.

Ele estava muito emocionado e começou a chorar.

Passaram-se os anos, e meu pai adoeceu. Eu o levei para residir comigo na Mansão do Caminho. Construí uma casa modesta para hospedá-lo lá com os recursos de um empréstimo que fiz na repartição em que trabalhava. E, à véspera da sua desencarnação, quando os bons espíritos me informaram: "Amanhã nós viremos buscar o seu pai", eu fui à casa onde estava minha mãe e informei:

– Amanhã o pai desencarnará.

Minha mãe ficou muito triste. Chamei minha irmã e expliquei-lhe:

– Ouça-me: amanhã nosso pai retornará ao Grande Lar. Não era bom você fazer as pazes hoje?

– Mas, Di, eu tenho medo dele.

– Mas como tem medo?!?

– Não sei. Eu tenho medo de que ele me estrangule.

O inconsciente guardava a vaga ideia. Então eu interroguei-a:

– Você acha que ele faria isso?

– Acho. Eu o odeio por medo.

– Mas era bom você ir, porque depois, se não o fizer agora, você irá arrepender-se. É a sua última chance. Ele ainda está lúcido.

– Você ficará comigo?

– Ficarei.

Então, levei-a no dia seguinte pela manhã. Ele estava muito debilitado. Entramos, minha mãe, ela e eu. Ele então olhou-a e chamou-a pelo nome pela primeira vez em muitos anos.

– Fulana!

Ela se ajoelhou e suplicou em lágrimas.

– Pai, me perdoe!

Ele lhe perguntou:

– Do quê, minha filha?

– Não sei. Eu quero que o senhor me perdoe.

Ele abraçou-a. O antigo amante. Encostou a cabeça no ombro e falou-lhe, ofegante:

– Eu é que lhe peço perdão. Eu tenho a impressão de que já matei você, minha filha. Nesta, nós chegamos ao fim juntos, não é?

Eu intervim:

– Mãe, vamos sair. Eles dois têm muito para conversar.

Ela quis reagir, mas eu retruquei:

– Não! Vão ficar a sós.

Saímos, e eles ficaram. Depois eu retornei e ela me narrou, chorando:

– Ah, que dor! Como é que eu pude ser assim?

– Não, não pense no passado. Pense no amanhã.

Ele desencarnou. Trinta anos depois, minha irmã sofreu um AVC e ficou acamada. Como o centro da fala foi atingido, nós nos comunicávamos pelos olhos, e eu conversava com ela psiquicamente.

Ela me dizia sorrindo: "Di, eu estou resgatando os anos de animosidade com o pai, não é verdade?" E desencarnou muito bem.

Então, o sofrimento é uma bênção. Cada um de nós carrega uma história especial. Daí, gostaria de concluir dizendo àqueles que ainda têm seus pais encarnados que aproveitem! Aproveitem a presença desses anjos, mesmo que um ou outro não corresponda a esse afeto, isso não importa. Se não foram bons pais, eles não são responsáveis, eram talvez doentes, obsidiados. Quem já os têm no Além, agradeçam-lhes, falem-lhes com carinho, porque eles continuam como verdadeiros anjos tutelares, protegendo-nos e socorrendo-nos.

CÂNCER

231 - Todos os tipos de câncer são adquiridos, ou existem casos de origem cármica?

Divaldo: Desde que não se trate do tabagismo, da drogadição, do alcoolismo, ou de determinados vícios de conduta sexual, o câncer é uma provação que trazemos escrita no perispírito e que resgatamos. É uma enfermidade, provação que normalmente está programada desde antes de nossa reencarnação e que podemos atenuar através dos nossos atos, pela ação do bem que pratiquemos. Podemos até mesmo evitar a provação dependendo de como iremos ressarcir os nossos débitos, da alta quota de amor que porventura conseguirmos oferecer à humanidade. Então, existem aqueles processos cancerígenos da nossa imprevidência atual, como o câncer de pulmão de um fumante, o câncer de estômago de um toxicômano, ou o câncer de fígado de um alcoólico. Naturalmente, todos estes foram procurados pelos próprios pacientes. Somente aqueles que surgem repentinamente são de natureza cármica, não tendo origem em conduta enfermiça de natureza moral e social.

SOFRIMENTO NO ALÉM-TÚMULO

232 - Muitos livros relatam o sofrimento dos espíritos no Além, que acreditavam terem sido bons doadores de amor, quando na verdade receberam muito mais do que ofereceram. Como a Doutrina Espírita explica isso?

Divaldo: Sempre recebemos muito mais do que damos. O que nos faz sofrer, às vezes, no Além, é darmo-nos conta do que podíamos ter feito e não realizamos.

Certa feita eu vi uma frase dos bons períodos da Legião da Boa Vontade que dizia: "Basta boa vontade, basta boa vontade". E um espírito amigo, que é um grande intelectual, Vianna de Carvalho, me disse: "Cuidado, Divaldo, a boa vontade só não basta, é necessário também o conhecimento".

Há uma frase que diz "Nada pior do que um grupo de pessoas de boa vontade que não sabe o que fazer". Atrapalham. É melhor uma pessoa de má vontade que sabe o que fazer, porque realiza corretamente. Então, mesmo que não tenhamos a vontade para fazer o bem, façamos o bem até mesmo por astúcia.

Existe um ditado que diz: "O egoísta planta a couve, porque come amanhã. O homem que pensa planta a árvore, porque se alberga na sua sombra, mas o homem sábio planta a árvore frutífera, porque colhe o sabor dos frutos que vai dar". E o espírito Amélia Rodrigues[89] vai mais além: "O egoísta planta a couve, porque come amanhã. O homem de consciência planta a árvore. O homem nobre planta a árvore frutífera. Mas o verdadeiro cristão planta vidas, para tê-las pelos caminhos da eternidade". Então plantemos vidas.

MILAGRES

233 - Você crê em milagres?

Divaldo: Sim, eu creio. Alguns espíritas dizem que milagre seria uma derrogação das Leis Divinas, mas a Lei Divina não é de misericórdia?

Eu creio em milagres porque perguntaram isso a Albert Einstein e ele respondeu: "Há pessoas que não creem em milagres e

89 **Amélia Augusta do Sacramento Rodrigues** (1861-1926) foi uma educadora, escritora, teatróloga e poetisa brasileira. Disponível em: <http://pt.wikipedia.org/wiki/Am%C3%A9lia_Rodrigues>. Acesso em: 1 de abril de 2012.

há outras que creem em milagres. Eu faço parte do segundo grupo". E, explicou: "Milagre, para mim, não é a derrogação das leis conhecidas, mas sim o acontecimento imprevisto que, através de leis desconhecidas, acontece na hora que menos esperamos, que é a hora que deveria acontecer".

Newton,[90] o pai da física dizia que: "Milagre é a apresentação de uma lei que a nossa ignorância não conhece".

Será que nós conhecemos todas as leis? Jesus tocava um leproso e a doença desaparecia. Milagre! Não, não. Aceleração dos movimentos das micropartículas constitutivas do átomo. Jesus, o grande mestre, foi quem demonstrou as leis. Acelerava as partículas e elas recompunham o organismo afetado. Como as células têm uma memória, elas sempre se repetem. A célula coronária não produz a célula hepática. Está sempre se repetindo, por causa do perispírito. Ele tocava no paciente e acelerava esse mecanismo. As células enfermas morriam, as novas surgiam saudáveis. Aos olhos contemporâneos, era um milagre, era sobrenatural. Não, não era uma violência às leis. Estava dentro da lei natural que até então era desconhecida.

Então, *milagre* é a cura de um paciente portador de câncer com metástase. Posso relatar um caso muito elucidativo sobre esse tema. Um grande político paranaense foi visitar seu irmão, deputado federal, que estava no Hospital do Câncer, em Brasília, ultimando-se. Despediu-se do moribundo e saiu comovido. Esta-

90 **Isaac Newton** (1643-1727) foi um cientista inglês, mais reconhecido como físico e matemático, embora tenha sido também astrônomo, alquimista, filósofo natural e teólogo. Foi considerado o cientista que causou maior impacto na história da ciência. De personalidade sóbria, fechada e solitária, para ele, a função da ciência era descobrir leis universais e enunciá-las de forma precisa e racional. Disponível em: <http://pt.wikipedia.org/wiki/Isaac_Newton>. Acesso em: 1 de abril de 2012.

va tão comovido que se descuidou, foi atropelado e morreu na porta do hospital. Quando o que estava morrendo soube de alguma forma que seu irmão havia desencarnado, teve um choque tão grande que ficou bom...

Então é um *milagre*, resultado de leis que nos escapam ao conhecimento.

CRIANÇAS COM CAPACIDADES EXTRAORDINÁRIAS

234 - Existem crianças de quatro ou cinco anos que demonstram uma capacidade extraordinária para atividades que somente os adultos muito bem treinados teriam capacidade de executar, como por exemplo, serem virtuosas em música. Seria essa uma evidência comprovando a reencarnação?

Divaldo: Indubitavelmente é uma das evidências da reencarnação. O Dr. Ramendrah Banerjee[91] teve ocasião de estudar 112 crianças que se recordavam de ter vivido antes. Também o Dr. Ian Stevenson[92] lançou o livro *Vinte casos sugestivos de reencarnação*. No Brasil, temos o engenheiro Hernani Guimarães Andrade,[93] que criou em São Paulo o Instituto Brasileiro de Pesquisas Psicobiofísicas - IBPP, sendo considerado o maior estudio-

91 **Ramendrah Banerjee**, parapsicólogo indiano, estudioso de casos de recordação de vidas passadas.

92 **Ian Stevenson**, médico psiquiatra canadense (1918-2007). Chefe do Departamento de Psiquiatria da Universidade da Virgínia, foi fundador da moderna pesquisa científica a respeito da reencarnação, tendo publicado mais de 200 artigos e vários livros sobre o tema.

93 **Hernani Guimarães Andrade** (1913-2003), formado em Engenharia Civil pela Escola Politécnica da USP, dedicou-se ao estudo científico do Espiritismo, deixando uma obra respeitável no campo da pesquisa científica com 17 livros publicados.

so de reencarnação. O seu instituto possui uma documentação valiosa e rara.

Em crianças que ainda não estão totalmente reencarnadas, ou seja, que estão na fase em que o cérebro ainda não absorveu totalmente o espírito, as reminiscências são muito mais fáceis. Nós as encontramos em todos os ramos do conhecimento humano, crianças que demonstram, por sua genialidade, a evidência de uma vida anterior.

REENCARNAÇÃO COM ÊXITO

235 - A mentora Joanna de Ângelis, no livro *Diretrizes para o êxito,* nos traz os ensinamentos para o êxito na reencarnação. O que seria uma reencarnação com êxito?

Divaldo: A reencarnação com êxito seria aquela na qual nós pudermos libertar-nos de muitos atavismos, de tendências e inclinações para o mal, de aspirações absurdas, de sonhos impossíveis e de fantasias. Não implica dizer que em uma existência iremos superar todas as nossas manifestações perturbadoras, mas pelo menos aprimoraremos o caráter, tomaremos a decisão para lograr meta superior, o que, de certo modo, já constitui um êxito.

Quando estamos diante de uma grande tentação, evocação dos nossos defeitos anteriores, impulso primitivo que nos propele à prática repetitiva de uma ação negativa, e conseguimos superar, isso significa o êxito. Penso que a proposta do espírito Joanna de Ângelis, quando fala de uma reencarnação exitosa, é como a do aluno que na escola logra ser promovido de classe, não importando muito quais as notas que obteve. Ideal seria que fossem as notas mais altas, mas é essencial que ele seja promovido.

OS PAIS E A REENCARNAÇÃO DO FILHO

236 - Qual a responsabilidade dos pais no êxito da reencarnação dos filhos?

Divaldo: Já asseverava Gibran Kahlil Gibran com muita beleza em *O Profeta*: "Vossos filhos não são vossos filhos, são os filhos e as filhas da ânsia da vida por si mesma". Os nossos filhos estão transitoriamente sob a nossa guarda e proteção. Cabe a nós, adultos, na orientação dos filhos, propiciar-lhes o que seja de melhor. Mas, tendo em vista suas inclinações pretéritas,[94] nem sempre eles assimilam nossas instruções e, por mais que nos empenhemos em favor do seu êxito, vários fatores podem interferir de maneira negativa.

Entre esses fatores estão as vinculações com entidades perversas, os hábitos arraigados, a consciência de culpa que foi transferida de uma para outra existência e que agora se manifesta como conflitos de comportamento, complexo de inferioridade, transtornos obsessivo-compulsivos, antipatia, animosidade ou excesso de afetividade. Então, os pais têm uma responsabilidade relativa de fazer o melhor, mas o resultado é sempre do espírito no seu empreendimento sob as bênçãos de Deus.

CRESCIMENTO POPULACIONAL E REENCARNAÇÃO

237 - Nos últimos 50 anos, a população da Terra cresceu em cerca de quatro bilhões de criaturas. Muitos se apegam ao crescimento populacional para negar a reencarnação. Como é possível existir a reencarnação com esse aumento populacional?

---

94 Que passou, passado.

Divaldo: Basta que consideremos a grandeza de Deus. A criação não foi um instante que terminou no chamado sétimo dia ou dia do descanso. Se nós considerarmos o texto no qual Jesus assevera: "Meu Pai trabalha até agora, e eu trabalho também",[95] a criação é infinita. Se examinarmos o ponto de vista daqueles que estudam a astrofísica, podemos afirmar com absoluta tranquilidade que existem, em nosso Universo, aproximadamente duzentos bilhões de galáxias e que a nossa galáxia possui aproximadamente outros tantos duzentos bilhões de astros.

Então, não é crível supor que a criação seja um privilégio do planeta terrestre, mesmo do ponto de vista materialista. Desde o momento do *big bang*, há 15 bilhões de anos, essa expansão universal ofereceu à Terra as condições propiciatórias para manifestar a vida. É óbvio que em outros mundos a vida também deve manifestar-se, não necessariamente com o padrão biológico da Terra. Então, Deus continua criando.

LIMITE DO NÚMERO DE REENCARNAÇÕES

238 - Existe um número certo de vivências reencarnatórias para cada pessoa?

Divaldo: Não, de forma alguma. De acordo com o progresso moral, podemos antecipar as reencarnações porvindouras. Podemos comparar, na existência física, a um curso supletivo que realiza o ensino fundamental ou médio em um prazo bem menor que no ensino convencional.

Desse modo, uma vida bem vivida, dedicada ao bem, não necessariamente do ponto de vista religioso, mas ao bem geral, fomentando o progresso da humanidade, pode ser considerada

95 Bíblia Sagrada, João 5:17.

como um supletivo da espiritualidade. Uma vida que vale por muitas reencarnações. Os indianos chamam as sucessivas reencarnações de roda de Samsara, a tediosa roda de nascimentos e mortes. Ela só pode ser rompida pela nossa determinação e esforço, quando então se abre a perspectiva de uma nova e edificante existência. As reencarnações não têm limite, mas também não podem ser mensuradas.

ESPÍRITOS QUE NÃO VÃO MAIS REENCARNAR NA TERRA

239 - Existem espíritos que não vão mais reencarnar na Terra? Por quê?

Divaldo: Naturalmente existem aqueles que chamaríamos finalistas, que já realizaram a sua tarefa nobilitante, nada obstante, por amor, eles mergulham na névoa carnal para poder ajudar aqueles que estão na retaguarda, porque a reencarnação não tem um caráter punitivo, mas sim o de promoção, de reeducação. Quando os espíritos atingem níveis elevados, digamos, até de angelitude, eles voltam à sombra do caminho para socorrer os que se encontram atrasados necessitando de apoio.

Que seria da ignorância sem os mestres? Que seria da doença sem os médicos? Então, a reencarnação enseja-nos um processo de evolução ininterrupta, mas, do ponto de vista lógico, existem alguns que não necessitam mais reencarnar-se na Terra.

TVP – TERAPIA DE VIVÊNCIAS PASSADAS

240 - Por que nós não nos recordamos das nossas existências anteriores? E qual sua opinião sobre a TVP, a terapia de vidas passadas?

Divaldo: A misericórdia divina transcende a nossa capacidade de entender o olvido das nossas existências pretéritas, que é um ato de amor proporcionado pela Divindade. Quando consideramos as nossas lembranças desagradáveis desta existência, os dramas infantis, os conflitos, naturalmente estamos diante de transtornos psicológicos, agressivos e perturbadores.

Se nos recordássemos das existências passadas, aqueles gravames muito terríveis iriam levar-nos a transtornos de conduta muito sérios. Por outro lado, se nos recordássemos daqueles que viveram conosco, estaríamos penetrando na intimidade sagrada do indivíduo. Por isso, a Divindade vela, de uma maneira sutil e não absoluta, as nossas lembranças. Aí está a psicologia mostrando o *déjà vu*, o *déjà senti* ou *déjà raconté*, experiências que revelam indícios a respeito da reencarnação. As experiências de regressão de memória surgiram a partir de 1975, mais ou menos, com as notáveis pesquisas do grande psicólogo americano, o Dr. Morris Netherton, de San Diego. Mas bem antes disso, em 1889, na Espanha, José Maria Colavida, considerado o "Kardec espanhol", realizava experiências de até quatro ou cinco regressões. No ano de 1915, o conde Albert de Rochas[96] publicou uma obra notável, sob o título *As vidas sucessivas*.

Estamos de pleno acordo com a terapia de vivências ou de existências passadas, principalmente quando o indivíduo é vítima de determinados transtornos. Mas alertamos que não se trata de uma caixa de Pandora que nos vai oferecer uma visão nítida do que fomos. A terapia nos conduz diretamente ao momento do trauma, momento em que o bom psicoterapeuta trabalha o con-

---

96 **Eugène-Auguste-Albert de Rochas D'Aiglun** (1837-1914), coronel, engenheiro, conde e ex-administrador da École Polytechnique de Paris. Foi profundo estudioso dos fenômenos psíquicos e autor de obras notáveis que muito contribuíram para o Espiritismo.

flito do passado anulando-lhe as consequências dos transtornos de hoje.

MISSIONÁRIO QUE FALHA DEVIDO À OBSESSÃO

241 - Há espíritos que reencarnam com uma determinada missão e vêm capacitados para realizá-la. Mas o que acontece se no transcorrer da reencarnação ele se deixa influenciar por um obsessor e não cumpre sua missão? Qual é a responsabilidade do espírito obsessor e do reencarnado que falhou?

Divaldo: O reencarnado é muito mais responsável, porque vem equipado de valores para resistir às más inclinações que nele jazem. Ele recebe no mundo espiritual, antes do nascimento, grandes reforços, trabalhos de preparação energética, usando uma expressão popular, banhos magnéticos, para poder ter resistência e o perispírito implantar no corpo físico novas aptidões e novas manifestações de saúde e bem-estar.

Mas todos nós, mesmo alguns missionários, temos um passado, deixamos atavismos que permanecem como tendências nem sempre saudáveis, ou como arquétipos, como diria Gustav Jung.

Naturalmente, ao tomar conta do corpo e ver desenhada a sua trajetória, as aspirações do espírito assomam-lhe na juventude. Surge, então, um grande empenho, mas a inferioridade está latente, seguindo-o. De repente, surgem as necessidades biológicas e sociais, e, por mais resistente que seja, é inevitável que a tendência se lhe manifeste, pois que do contrário ele seria um privilegiado e não alguém em experiência evolutiva. Se opta por agasalhar as ideias perturbadoras, abre campo à sintonia com entidades perversas, não necessariamente a ele vinculadas, como também a seus inimigos, alguns deles que ainda o detestam por esta ou aquela razão, justa ou não, que se lhe acoplam e que passam a estimulá-lo naquela tendência negativa. Mas ele tem o archote da verdade, tem os instrumentos da libertação e, se delinque, tem o direito de reabilitar-se, porque o cair é natural de quem anda, mas ficar deitado é postura acomodada do preguiçoso. Ele se reabilita, porque o que importa é alcançar a meta, superando os acidentes de percurso. Se por um acaso ele não corresponde ao objetivo e falha, o que é muito comum, e nós vemos isso nas obras do espírito Manoel Philomeno de Miranda, ele, naturalmente, tem uma grave responsabilidade.

O obsessor também, porque não lhe cumpre o direito de ser a "espada de Dâmocles"[97] sobre a cabeça de ninguém. Se ele sofreu, há razões que ele desconhece, mas as Divinas Leis têm mecanismos próprios para o resgate dos endividados, não necessitando que ninguém se lhe torne o algoz e venha a ser a causa da sua desdita. Então, resumindo, aquele que fracassa é o responsável em alto grau e aquele que o ajuda a fracassar tem a responsabilidade como colaborador do seu insucesso.

ANTECIPAÇÃO DA DESENCARNAÇÃO

242 - A propósito das obras do espírito Manoel Philomeno de Miranda, em um de seus livros, *Entre dois mundos*, ele narra a história de um tarefeiro espírita que teve sua desencarnação antecipada pela espiritualidade superior para evitar que cometesse erros mais graves do que já vinha cometendo. Nesse caso, como fica o livre-arbítrio? É comum esse acontecimento?

97 Expressão oriunda da antiga cultura greco-romana que significa que algo de ruim pode acontecer com as pessoas a qualquer momento, mesmo que aparentemente tudo esteja bem.

Divaldo: É mais comum do que parece. Nós vivemos sob um determinismo que é a fatalidade, e o destino é a perfeição. Para atingir essa perfeição, dispomos do livre-arbítrio, ou seja, podemos fazer a viagem em linha direta com poucos insucessos, ou por meio de inúmeros estágios, com a liberdade de optar por este ou aquele caminho.

No caso em tela, aquele espírito renasceu em um lar espírita, amparado por uma genitora nobre que o levou à evangelização na infância. Ele recebeu educação universitária e abraçou a notável carreira da advocacia. Foi um homem rico de beleza física e casou-se com uma dama que era um espírito nobre e amigo. Destinado ao triunfo, nada obstante, sucumbiu aos vícios sociais, aos relacionamentos deletérios, que começaram a trabalhar a sua natureza inferior, aquelas heranças de reencarnações ainda não superadas.

Lentamente, vieram-lhe a soberba, a presunção, e ele começou a revidar os ataques dos seus desafetos. Joanna de Ângelis sempre me diz: "Meu filho, o seu líder morreu numa cruz, o que você, como liderado, espera? O codificador foi desmoralizado na Sociedade parisiense de estudos espíritas pelos amigos, conforme confessou. Ele os chamou de traidores, mas não perdeu a experiência iluminativa. Nunca revide o mal, nunca reaja contra o mal, siga a luz da mensagem libertadora. O tempo encarrega-se, hoje ou mais tarde, de colocar as coisas nos seus devidos lugares. Mas isso não é importante, pois você está trabalhando para o líder que é Jesus e não se incomode com o vozerio em torno de você".

Mas aquele tarefeiro não teve essa resistência, começou a revidar, a contrariar-se, desligou-se do Centro Espírita em que trabalhava porque não era tão aplaudido quanto gostaria. Movido pela presunção, pela prepotência, pela fragilidade moral, entrou em sintonia com entidades perversas. Depois veio o cerco da sensualidade, o tormento da libido sexual, e, em breve, estava ele com relacionamentos extraconjugais, até lhe chegar a ideia de libertar-se da esposa. Ela se encontrava muito enferma e ele havia planejado assassiná-la, injetando no soro uma substância venenosa. Quando sua genitora, no Além, percebeu isso, rogou a Deus misericórdia.

Ele tinha méritos, havia praticado o bem, e agora, num momento de decisão, foi merecedor de uma atitude de amor, porque até para morrer é necessário crédito. Muitos ainda não merecem a morte misericordiosa, devem ficar na Terra resgatando os seus delitos de maneira dolorosa. Então, os Benfeitores espirituais optaram por ajudá-lo a não se comprometer mais, interrompendo-lhe a existência física e postergando o resto da tarefa.

O livre-arbítrio dele foi respeitado, mas não a decisão de piorar o seu processo evolutivo. Podemos concluir dessa narrativa que o determinismo sempre se sobrepõe, porque o nosso destino é a perfeição.

LIBERDADE E LIVRE-ARBÍTRIO

243 - Na convivência em sociedade somos 'forçados' a respeitar os direitos dos outros, a nos conter, digamos assim. Essa lei do Universo não é um fator que cerceia nosso livre-arbítrio?

Divaldo: De maneira nenhuma. O nosso livre-arbítrio não nos permite ultrapassar os deveres da liberdade do outro, porque a nossa liberdade cessa na fronteira da liberdade do nosso próximo. Aliás, numa obra memorável, intitulada *Os quatro gigantes* *da alma*, o Professor Dr. Emílio Mira y Lopez[98] diz que o medo é um dos grandes responsáveis por determinados comportamentos e, entre esses comportamentos, está a irresponsabilidade.

Quando somos vítimas de determinadas circunstâncias que nos levam ao medo, logo depois à ira, ao pavor, surge a agressividade, a consciência da responsabilidade anula-se, e o indivíduo brutaliza-se, perdendo, portanto, esse controle que deve viger em todos os nossos atos. Toda vez, portanto, que estivermos diante de circunstâncias que não sejam as ideais, devemos manter o controle sobre nós mesmos e limitar o nosso livre-arbítrio, para que essa liberdade não se nos torne libertinagem.

CAUSA DAS DOENÇAS HEREDITÁRIAS

244 - As doenças ligadas à hereditariedade seriam consequências de carmas coletivos?

Divaldo: Não necessariamente. Se numa família a sífilis ou outras enfermidades degenerativas passam aos descendentes, podemos ou não estar diante de um grupo que se comprometeu coletivamente, porque encontramos, não raro, pessoas com graves problemas hereditários, ao lado de outras na mesma família que não foram vítimas de nenhuma injunção dessa natureza.

Na família onde nasci, por exemplo, havia uma irmã que foi vítima da hidrocefalia e, no entanto, nós outros, os 12, fomos perfeitamente normais. Aí estava a lei de causa e efeito incidindo nela, porque era uma antiga suicida. No momento da reencarnação, o perispírito degenerou aquele sistema genético, levando-a àquele distúrbio de natureza cerebral. Mas a famí-

98 **Emílio Mira y López** (1896-1964) foi um sociólogo, médico psiquiatra e psicólogo, professor de Psicologia e de Psiquiatria na Faculdade de Medicina da Universidade Complutense de Madrid. Disponível em: <http://pt.wikipedia.org/ wiki/Emilio_Mira_y_L%C3%B3pez>. Acesso em: 1 de abril de 2012.

lia marcada por determinadas enfermidades ancestrais às vezes pertence a um grupo incurso no mesmo tipo de ações negativas e perturbadoras.

REPARAÇÃO DO MAL QUE FIZEMOS

245 - O mal que fazemos a alguém deve ser reparado fazendo-se o bem a essa mesma pessoa ou poderá ser feito a qualquer outra?

Divaldo: É indispensável fazer o bem, não importa a quem. O bem que nós fazemos a qualquer pessoa, em qualquer lugar, é ponto positivo na nossa contabilidade das ações, que vai anular o mal que praticamos em relação a outrem. A reparação, portanto, não é imposta àquele a quem prejudicamos, mas sim às Leis Soberanas da Vida. A Lei manda amar. Quando agredimos, desrespeitamos esse equilíbrio por intermédio da pessoa a quem ofendemos. Quando realizamos um ato positivo, anulamos o agravo, na sua origem. Se a pessoa ofendida prefere manter o ressentimento, é um problema da sua inferioridade. Por isso, Jesus proclamou a necessidade do perdão. Perdoar sempre, indistinta e constantemente.

EVOLUÇÃO E O SOFRIMENTO

246 - Em *O Livro dos Espíritos* nós encontramos a questão "Não há evolução sem sofrimento". Como entender essa colocação?

Divaldo: Essa questão é analisada no sétimo capítulo de *O Céu e o Inferno*, quando Kardec acentua que quem erra passa por três fases para reabilitar-se: a primeira é o arrependimento, a segunda é a expiação, a terceira é a reparação. Então, só há evolução quando nós reparamos, quando nós conquistamos. E toda reparação e conquista exige esforço e sacrifício, aos quais nós damos o nome de sofrimento. Pessoas há para quem um gesto de nobreza custa-lhe um grande sacrifício, é-lhe um sofrimento. Pessoas há que para procederem bem creem que isso será um holocausto. Renunciar a determinados prazeres para muitos indivíduos constitui sacrifício, sofrimento. Para estes, renunciar causa-lhes angústia, ansiedade, desesperação, que são formas de sofrimentos.

O sofrimento não é apenas aquele que se caracteriza pela dor, pelo processo degenerativo, angustiante. Tudo aquilo que altera o nosso comportamento normal, gerando esforço, suor, sacrifício, pode ser considerado também sofrimento.

PESSOAS QUE NÃO CONSEGUEM A CURA

247 - Por que muitas pessoas buscam transformar-se intimamente para melhor, buscam vários processos e técnicas de cura, no entanto, não conseguem curar-se?

Divaldo: Porque são portadores de débitos morais e espirituais muito graves. Curar-se não é tão importante quanto se pensa. Ideal é manter-se saudável. Porque, às vezes, temos uma doença que nos impele a manter salutares comportamentos. Ao invés de ser um castigo, é uma bênção. Uma pessoa que tem cirrose hepática diz: "Se não houvesse essa cirrose, eu iria beber até cair". A cirrose é-lhe uma bênção. Às vezes um impedimento, um processo enfermiço, constitui uma verdadeira dádiva, impedindo mais comprometimentos negativos.

Desse modo, nessa proposta não é importante considerar que não iremos ter mais a doença, que vamos ficar radicalmente bons. Há processos para os quais não encontraremos a cura total nesta encarnação. Aquele que procura a autocura, mesmo que não consiga ficar livre da doença, passa a ter uma visão bem diferente do sofrimento e da vida.

Eu conheci um jovem que nos seus dias de saúde era chamado Hércules. Era halterofilista, possuía um corpo atlético muito bem desenhado. Mais tarde, foi diagnosticado com Mal de Hansen, doença mais conhecida como lepra. Ele experimentou, então, uma terrível angústia. Foi internado no leprosário em Jacarepaguá, no Rio de Janeiro. Hoje é um homem quase nonagenário e chama-se Amazonas Hércules. É a bondade em pessoa. Tornou-se um missionário. Ele passou a tomar conta dos seus irmãos no sanatório e ergueu com a ajuda de outros um Centro Espírita. É um benfeitor da humanidade.

Conheci também outro jovem portador de uma doença degenerativa. A doença o levou da bengala canadense para duas bengalas e depois para a cadeira de rodas. Logo em seguida, sofreu um problema ocular e foi tratar da vista. Uma imperícia do oftalmologista levou-o à cegueira de um olho. Como a doença podia transferir-se para a outra vista, ele procurou um grande especialista, talvez um dos melhores na época, e mais uma vez, por imperícia, ficou cego do outro olho. Continuou doente, foi ficando paralítico até ser alcançado pela paralisia total. As juntas consolidaram. Ele então desenhou um tipo de cama que podia adaptar-se àquela posição. As pernas e os braços não dobravam e ele ficava numa postura reclinada. Cego das duas vistas, sentia muito calor, e precisava de um ventilador permanentemente ligado a um metro de distância. Era Jerônimo Mendonça,[99] da ci-

99 **Jerônimo Mendonça Ribeiro** (1939-1989) foi um grande trabalhador, palestrante e escritor espírita que, juntamente com Chico Xavier, seu amigo, trabalhou pelas causas sociais e pela divulgação da Doutrina Espírita. Jerônimo Mendonça, mesmo paralisado em uma cama ortopédica e cego, trabalhava arduamente pelo ideal espírita e, por isso, ficou conhecido como *O Gigante Deitado*. Disponível em: <http://pt.wikipedia.org/wiki/JerC3%B-4nimo_Mendon%C3%A7a>. Acesso em: 1 de abril de 2012.

dade de Ituiutaba. Jerônimo, com todas essas aflições, aconselhava pessoas que sofriam de mal-estar gástrico por excesso de comida. As pessoas iam até ele queixar-se de pequenos problemas perfeitamente contornáveis.

Jerônimo me contava: "É impressionante que eles não me veem ali paralítico, cego, dependente de tudo".

E, mesmo com esses testemunhos, era portador de um bom humor incomparável. Certa vez, veio numa Kombi, de Ituiutaba, visitar José Arigó,[100] em Congonhas do Campo. O condutor exagerou a velocidade e foi pego pelo radar. Ele ficava deitado, com um lençol, os óculos negros, muito fortes, e o guarda mandou parar o veículo. Quando o guarda acercou-se, colocou a cabeça pela portinhola e o viu, o chofer informou:

– É que eu estou levando aqui essa pessoa ao hospi..

Naquela postura, o guarda pensou que era alguma gestante e interrompeu apressado:

– Leva depressa para não dar à luz aqui agora! Vai rápido!!!

Ele contava isso com bom humor. Às vezes, quando nos encontrávamos em Uberaba, na Casa Espírita da Prece, ele chegava falando alto, sorrindo e imitando a minha voz. Memorizava, jovialmente, parte das minhas palestras e projetava a voz no auditório. As pessoas olhavam e diziam: "O Divaldo está aí?" Ele ria gostosamente. E me dizia no melhor do bom humor:

100 **José Pedro de Freitas** (1922 ou 1921-1971) foi um médium brasileiro. Era conhecido como **José Arigó** ou simplesmente **Zé Arigó**. Desenvolveu suas atividades paranormais em Congonhas durante cerca de vinte anos, tornando nacional e internacionalmente conhecidas as cirurgias e curas realizadas por intermédio de sua faculdade mediúnica, pela entidade (espírito) que se denominava como Dr. Fritz, um médico alemão falecido em 1918, durante a Primeira Guerra Mundial. Disponível em: <http://pt.wikipedia.org/wiki/Jos%C3%A9_Pedro_de_Freitas>. Acesso em: 1 de abril de 2012.

"Ah, Divaldo, que inveja você deve ter de mim, porque você fala, mas eu saio carregado". O que é uma grande verdade. Aí está um estado saudável, perfeitamente saudável. E há pessoas com mínimos problemas infinitamente doentes.

ENFISEMA PULMONAR

248 - Como se explica um não fumante desencarnar com enfisema pulmonar?

Divaldo: Porque o enfisema não é uma consequência apenas do tabaco, é uma enfermidade que tem outras origens. Há uma série de fatores que levam ao enfisema pulmonar, como a bronquite asmática e tantas outras. É um fenômeno cármico. Origina-se do mau uso do aparelho respiratório, das suas funções normais, que produz os danos nas matrizes alteradas no perispírito.

CURA NO PLANO ESPIRITUAL

249 - Podemos ser curados no plano espiritual, evitando assim uma nova reencarnação?

Divaldo: Meu Deus, reencarnar é uma beleza! Eu adoro a reencarnação. Adoro este corpo, às vezes maltratado. Ele me deu a visão do infinito, por que não reencarnar? Nós vamos reencarnar porque o processo evolutivo é uma lei da natureza até o infinito da superação das formas.

Além da Terra, noutros mundos, teremos o processo do ir e vir. Com carne ou sem carne, até atingirmos o estado de espírito puro, quando já não necessitarmos do processo evolutivo, renasceremos. No plano espiritual, não vamos ficar curados de tal forma que não necessitemos mais reencarnar. Allan Kardec disse que o progresso dá-se na Terra. No plano espiritual, colecionamos valores para aplicar na Terra, porque aqui é o lugar dos atritos, da convivência, das paixões e aqui desenvolvemos os sentimentos do belo, do bom, do forte, para preservarmos o nosso processo evolutivo.

MEDO

250 - Devido a algumas asperezas que a vida nos apresenta, colocamos uma tranca na nossa emotividade e nos tornamos pessoas "duras". Como vencer isso, ou melhor, como acabar com o medo de sermos prejudicados ou traídos se nos abrirmos para o mundo e as pessoas?

Divaldo: Devemos estar abertos, mas não permitir intimidade. Receber as pessoas com afeto, mas não nos deixar arrastar pela emotividade. Abrirmo-nos aos relacionamentos, porque, se é verdade que houve muitas lesões em nossos sentimentos, provocadas por pessoas que ainda se encontram em patamares inferiores da vida, não podemos negar que há outras extraordinárias, cuja amizade e convivência nos enriquecem demasiadamente.

Então, vale a pena que nos desarmemos. É uma tendência natural, mesmo entre as plantas sensitivas e os animais, correrem para dentro e fechar-se, toda vez que há uma ameaça ou que ocorre um perigo. Mas nós, que raciocinamos, podemos ter uma atitude menos tímida em relação aos sofrimentos do mundo. O fato de nos fecharmos para evitar traições, calúnias, maledicências, perseguições, não impede essas dores, se estiverem em nossa ficha, de nos alcançarem sob outros aspectos. Temos necessidade de expungir e de resgatar. Se não fazemos de uma maneira, por outra o faremos.

Só não nos devemos esquecer que todo bem que realizarmos diminuirá o mal que já praticamos. E isso irá mudar também a nossa dívida moral, porque a ação do bem é muito mais valiosa do que os efeitos danosos que se derivam do mal. Devemos ser como um botão de rosa. Os botões se abrem para exteriorizar pólen, perfume e beleza, mas também para serem picados pelo zangão e por outros insetos, até o momento em que liberam as pétalas e entram em decomposição. Nós somos uma vida em desabrochamento.

Há um livro muito belo intitulado *Não temas o Mal*. É uma experiência muito bonita de uma grande sensitiva austríaca, que viveu nos Estados Unidos, e por cuja boca falava um espírito guia.

Esse trabalho é para que nós nos abramos à vida verdadeira e não a temamos. Se temos hoje cicatrizes, significa que vencemos a batalha. Estejamos abertos, porque outros afetos também chegarão para compensar as nossas dores.

EVOLUÇÃO PELO SOFRIMENTO

251 - Segundo André Luiz, é um hábito infeliz as pessoas não quererem sofrer. O sofrimento é o único modo para a evolução do espírito?

Divaldo: Na lei de destruição de *O Livro dos Espíritos*, capítulo 3, Allan Kardec também se surpreende com a função da destruição e pergunta: "Que pretende Deus com a lei de destruição?" Respondem os espíritos: "...Tudo se destrói para renovar-se".

A dor tem uma função, que é fazer aquilo que nos negamos a produzir pelo amor. O que é o amor? O caminho da retidão, do cumprimento dos deveres, do respeito ao direito alheio, da sadia convivência. E, por agirmos de maneira equivocada, geramos o mecanismo educativo ao qual chamamos dor. Não é o único caminho, porquanto podemos evoluir pelo amor.

Vamos examinar a dor agora sob um aspecto muito curioso. A dor doação. Sempre nos ocorre pensar que a dor é um resgate de algo anterior. Nem sempre. Há a dor por abnegação e amor. Jesus teria resgatado algum carma? Sem dúvida que não, porque era um espírito puro. Mas Ele elegeu o caminho austero da renúncia e os momentos de dor para nos ensinar que, se sofria aquilo e era um ramo verde, o que não acontecerá com um ramo seco? Se Ele que era puro e ascendia na direção do Pai através da via dolorosa que o sofrimento lhe impunha, nós outros, com uma alta carga cármica, teremos experiências muito mais traumatizantes. Ele, porque nos amava, ensinou-nos a sofrer, sofrendo. Não foi um teórico: "Sofram, que é bom!" Ele sofreu e ensinou-nos: "Façam como eu faço". Foi a lição soberana mais notável que Ele nos deu. Esse é um ato de amor.

Também os pais sofrem por amor. Qual pai ou mãe, com raríssimas exceções, ao ver o filho doente não preferiria estar no lugar dele? O quanto não sofrem os pais de primeiro filho, por conta de suas febres repentinas, do choro constante que eles não conseguem entender? E, ao longo do desenvolvimento infantil, quantas aflições os pais não passam para educar seus filhos? Esse é um sofrimento misturado de amor e de ternura, um sofrimento natural, não cármico, que faz parte da própria condição de ser pai e mãe.

São Francisco de Assis padeceu inúmeras dores e chagas. Dores que para qualquer um de nós seriam terríveis, para Francisco eram êxtases. Li várias biografias sobre ele e todas elas sempre me cativaram e me chamaram a atenção para um episódio muito marcante. Quando voltou do Egito, da Cruzada, Francisco sofria com tracoma,[101] uma doença que havia adquirido no deserto, e era necessário queimar-lhe os olhos. Era a terapia na época.

101 Doença infectocontagiosa, caracterizada por uma conjuntivite granulosa.

Diante do bispo Guido, em Assis, pegaram um ferro em brasa para lhe queimar o olho até quase a orelha. Francisco se ajoelhou. Frei Leão olhou para aquele ferro em brasa e, quando viu o fogo chegando, começou a rezar. Mas Francisco começou a cantar as excelências do "Irmão fogo". Frei Leão padeceu tremendo sofrimento. Mas ele não. Continuou cantando. O ferro voltou a arder e por segunda vez foi-lhe aplicado, cegando-o totalmente. E ele de braços abertos, em verdadeiro êxtase, permitia-se sofrer por amor.

Saulo de Tarso foi um criminoso, rebelde, é verdade. Mas, depois de ter encontrado Jesus, na estrada de Damasco, e de ter-se transformado no grande apóstolo Paulo, passou por sofrimentos severos. Ele os aceitou como oportunidade de reparação. No momento em que estava sendo dilapidado a pedradas, entrou em estado de êxtase, pois já havia resgatado tudo. Não sentiu mais nada, pelo contrário, foi tomado por uma sensação de leveza e foi sendo levado até uma região muito feliz, *o terceiro céu*.

Ali teve contato com Estêvão e Abigail. As dores físicas não maceraram mais, apenas a dor moral de haver iniciado a perseguição, essa foi com ele até o momento da morte. Na hora em que o centurião ia decepar-lhe a cabeça, o homem se comoveu e lhe falou: "Desculpe-me, por ter que fazer isto!". Ele estava agora velho, carcomido, marcado pelas dilacerações inúmeras. Ele olhou-o, sorriu e respondeu-lhe: "Soldado, cumpre com o teu dever, porque eu já acabei o meu". E, apesar de aquele homem feroz estar acostumado a matar, quando desceu a lâmina sobre o seu pescoço, nesse misto de ternura e piedade, o golpe não foi definitivo, sendo necessário repeti-lo. Ele teve que dar um segundo golpe. Aquela foi uma dor por amor.

ATENUAR DÍVIDAS DO PASSADO

252 - Até que ponto podemos atenuar nossas dívidas do passado modificando os nossos pensamentos e as nossas atitudes? Como evitar o caso de resgates que estão impressos no perispírito e que somatizam através das doenças físicas?

Divaldo: Até ao ponto de eliminar. A soma das boas ações pode levar-nos à eliminação dos nossos débitos mais danosos e modificar completamente a nossa estrutura. É uma lei de compensação. Não é uma lei de cobrança. Aquele Deus que cobra, aquele Jeová dos Exércitos é uma figura mitológica adequada para aquele período histórico. Até mesmo no movimento Espírita notamos algumas pessoas equivocadas que afirmam que "Deus castiga", "Deus pune".

Hoje vamos decodificar esses verbos dizendo que Deus nos dá o ensejo de ressarcir, de resgatar.

Para dar um toque de humor: eu fui visitar um amigo que teve um enfarte do miocárdio. E não abro nunca o Evangelho para ninguém. Quando vou visitar um doente, peço que ele abra, porque a necessidade é dele. Eu sei que os bons espíritos, possivelmente, guiarão a mão para que caia uma página própria. E ele abriu e deu-me, e, quando eu olhei, tentei ler a página anterior, disfarçando, mas ele me disse: "Não. Leia essa mesmo". E botou a mão. Lá estava: "Se fosse um homem de bem, teria morrido". Eu então ri. E ele olhou para mim e disse: "Graças a Deus eu não era um homem de bem, mas vou esforçar-me para me tornar um homem de bem a partir de agora". E eu respondi: "Então, cuidado para que não morra!".

FAMILIARES PROBLEMÁTICOS

253 - Como ajudar os familiares problemáticos que permanecem na consciência de sono? Até onde é carma? Podemos interferir?

Divaldo: É um carma, inegavelmente. Nós temos a família de que necessitamos. Não aquela que merecemos. Mas aquela que se nos transforma em desafio. Exceções existem como em todas as áreas, mas normalmente no grupo familiar estão espíritos de variada gama, cuja convivência nos impulsiona em direção da nossa sublimação. Estão em consciência de sono, e é natural. Encontram-se nas primeiras experiências. Como ajudá-los? Perseverando nos nossos bons propósitos, mesmo que esses indivíduos não tenham a capacidade de acompanhar-nos.

Muitas vezes a mudança dar-se-á numa outra reencarnação. As impressões ficam arquivadas e na próxima experiência a pessoa já vem com lucidez porque já vivenciou um estágio do seu processo evolutivo.

Até onde podemos interferir? Até o limite da não violência ao livre-arbítrio dos nossos familiares. Muitas vezes, a pretexto de querer ajudar, nós impomos a nossa forma de pensar. Trata-se de uma questão de sutileza, de um claro-escuro muito delicado. Até onde a nossa interferência é para ajudar, ou nós, inconscientemente, estamos impondo aquilo que nos parece melhor? Nem sempre o que nos parece melhor para alguém é de fato o melhor. Mesmo que seja a Doutrina Espírita. Alguns amigos me dizem que gostariam que o filho ou a mulher se tornassem espíritas. Eu respondo: "O fruto que é forçado a amadurecer por métodos antinaturais, antes da hora, nunca tem um sabor específico. Quando não há maturidade, muitos aceitam a doutrina, frequentam a

Casa Espírita, adotam-na, mas sequer correspondem à própria expectativa".

Muitas vezes, é melhor o indivíduo sem nenhuma vinculação religiosa, bom cidadão, do que o indivíduo com uma boa religião sem cidadania. O ideal é que ele tenha vinculação religiosa e viva à cidadania. Sendo espírita, melhor. Mas isso nos ajuda a ter respeito pela liberdade de consciência do outro, conforme está em *O Livro dos Espíritos*, Liberdade de Consciência. E nos educa a tolerância. Conviver com indivíduos que não pensam como nós, exercitam-nos à tolerância.

E eu sofri uma experiência de tolerância com um colega durante muitos anos. Por vários motivos, ele raramente ia à repartição pública em que trabalhávamos. E a ele comprazia perturbar-me. E, a mim, comprazia-me ser testado por ele. Os espíritos me disseram: "É tua experiência. Aprende com ele aquilo que tu terás que exercer espontaneamente sem imposição".

E no começo ele me dizia: "Divaldo, se você me tornar espírita, será uma grande vantagem para você".

Eu ria e perguntava: "Mas por quê? Eu tenho vivido sem você até hoje e por certo viverei a vida inteira".

Então, para mim foi um teste. Porque ele fazia as perguntas mais estúpidas. Às vezes irritantes. E Joanna de Ângelis me dizia: "Aprende com ele".

Como Diógenes, certo dia em Atenas, estando a falar às estátuas, alguém disse: "Tu és um louco, não sabes que as estátuas, porque são de pedra, não te podem responder?". E Diógenes elucidou: "Sei. Estou treinando com o silêncio da pedra, ao ouvir a estupidez de quem fala".

Então, eu iria me preparar com ele para os desafios que teria que enfrentar, a conduta que eu teria que me impor. Isso foram meses. Mais de um ano. Eu usei todos os argumentos doutrinários que conhecia, recorri aos clássicos do Espiritismo. Quando terminava, ele dizia: "Não me convenceu!"

Eu não pretendia convencê-lo mesmo. Estava treinando, pois dessa forma ficaria com a mente rápida, para uma entrevista de rádio ou de televisão. Naquela época não nos entrevistavam, nos agrediam. Os repórteres compraziam-se em nos questionar, em criar situações embaraçosas, e era necessário ter rapidez mental para não ficar ingênuo demais, idiotizado. Então, ele tornou-se um grande professor.

Mas, certo dia, ele me perguntou se eu fumava. Respondi que não, mas que o Espiritismo não proibia. Em seguida, foi me fazendo várias perguntas semelhantes e a minha resposta era sempre não. Até que chegou um momento em que ele explodiu:

– Puxa vida! Mas que vida insossa! Pois eu fumo, eu bebo, eu faço sexo, eu faço isso, faço aquilo... aproveito! Quando você morrer, não tem nada. Então você não aproveitou. Eu, quando morrer, não tenho nada, mas gozei!

Então eu lhe respondi:

– Olha, eu estou de pleno acordo. Mas como você não tem certeza absoluta, a lei da probabilidade matemática dá-nos 50%. Imaginemos que você morra e não haja nada depois, nesse caso está tudo muito bem. Se para mim também não houver nada, também foi ótimo, porque você sempre me vê de bom humor, coisa que você nem sempre está. Todo dia você vem aqui, tenta me aborrecer, não consegue, e quem sai aborrecido é você. Às vezes até me perturba, mas eu não dou o braço a torcer.

Ele riu. Então eu disse:

– Agora, vamos imaginar uma coisa absurda. Imaginemos que haja vida depois da vida. Quando eu morrer, estarei muito bem. Mas e quando você morrer?

– Estarei perdido, cara! – respondeu ele.

Eu confirmei:

– Pois é!

E isso o converteu. Eu havia usado todos os argumentos possíveis, mas estava diante de uma consciência de sono que precisava tomar um "choque elétrico". Ele me perguntou:

– Olha, pra garantir aí a barra, me explica aí como é que eu começo.

– Amanhã eu lhe trago *O Livro dos Espíritos*.

Hoje ele está com a minha idade, um pouco mais velho. É um excelente espírita e tem um Lar de crianças. Um dia eu lhe perguntei:

– Mas por que você adotou a crença espírita?

– Eu, hein? Eu já havia gozado de tudo, sabia que não levava a nada. Experimentei o outro lado, porque, se eu morrer e tiver vida, estou garantido, se não tiver, também estou garantido!

PAIS EGOCÊNTRICOS E VULGARES

254 - Como conviver com pais egocêntricos e vulgares?

Divaldo: Esse é um grande desafio para muitas famílias. Como fazer isso? Há dois métodos.

O primeiro é ter compaixão, seja de um pai alcoólico, seja de uma mãe castradora e dominadora. Buda, quando recomenda o código de uma vida feliz, diz o seguinte: "Ame toda criatura como se fosse sua própria mãe, mas, se sua mãe não merecer amor, pelos menos merece respeito de não o haver abortado. Ame-a por ter deixado você viver". Então essa mãe egocêntrica deve ser tão infeliz que o filho lúcido necessita entendê-la, dar-lhe uma chance, perdoá-la e permitir-se o direito de aguardar um pouco.

O segundo é ir viver a própria vida quando adquirir a sua independência psicológica, econômica e social. Nem sempre os pais biológicos são a nossa família. Na grande razão desse fenômeno está um instrumento de desafio para a nossa evolução. Será que essa mãe egocêntrica, autoritária, castradora, não foi uma filha a quem nós cerceamos o passo, dificultamos a marcha e que agora volta no sentido oposto, para nos disciplinar, ensinando-nos a educar no futuro?

Nada justifica que ela esteja numa postura de cobrança, mas as leis assim o fizeram para nós aprendermos, na carne, a experiência da carne. É talvez um pouco mais difícil, porque o filho ainda não tem discernimento, daí nascem conflitos, surgem dificuldades. Quando atinge o discernimento, às vezes o filho está tão magoado que não consegue desculpar. Mas, no momento em que brilha a lucidez, cabe a nós, filhos, sempre desculpar, perdoar àqueles que são nossos genitores.

Meu pai, por exemplo, nunca me abraçou. E por isso eu tinha inveja dos pais que colocavam os filhos no joelho, que abraçavam, que acarinhavam, que beijavam. Lá em casa nunca houve isso. Não havia tempo. Mas ele era um homem cumpridor de seus deveres. Eu tinha uma admiração muito grande por meu pai. Às vezes, vinha correndo para abraçá-lo e ele dizia: "Não, senhor. Homem não abraça homem". E eu parava. E construí disso um mecanismo de conflito. Durante muito tempo, tinha uma vontade enorme de que alguém me abraçasse. Mas lentamente fui entendendo meu pai. Compreendi o quanto ele já tinha evoluído para quem tinha sido educado por um pai do século XIX. Ele nos deu a melhor educação que pôde, aquela que lhe pareceu mais correta. E o fez por amor. Na hora em que ele estava desencarnando, eu estava ao seu lado, e ele, então, me perguntou:

– Meu filho, você já me perdoou?

– Mas o quê, pai?

– Eu nunca lhe abracei, não é?

Ele tinha um outro filho, um irmão meu que ele adorava e abraçava muito, sempre. Mas o fato é que entre eles havia uma afinidade diferente, quase transcendental. Nós não tínhamos ciúmes, pois lá em casa a pobreza era tanta que essas coisas não faziam muito sentido. Como filho derradeiro, eu nunca tinha vez mesmo, sempre vesti as roupas usadas dos meus irmãos mais velhos e até os livros eram herdados. Tudo lá em casa passava dos maiores para os menores. Mas nunca tive esse melindre de ter ciúmes. Ele repetiu:

– Eu nunca lhe abracei.

– Fez muito bem! – eu disse.

– Mas eu abraçava seu irmão, não é? – disse ele.

– É, sim senhor.

– E você me perdoa?

– Mas pai, francamente, eu não estou entendendo. Alguma vez eu demonstrei que fiquei magoado?

– Mas por dentro fica, meu filho. Eu sei como é.

– Então pode morrer tranquilo, porque eu sempre tive um grande amor pelo senhor e ainda tenho. E isso nunca me incomodou.

– Então, meu filho, me abrace agora.

E eu não sabia abraçar. Aí é que foi o desafio. Eu disse: "Ai, meu Deus, como é que eu faço?" Então me dobrei sobre ele e fiz o gesto. Mas, quando eu fiz o gesto, eu desejei 'entrar na alma' dele. Passei a mão na cabeça, passei a mão no rosto, tudo o que eu gostaria que ele tivesse feito, e disse:

– Pai, o senhor é um homem tão honrado! Eu quero que o senhor saiba que, se alguma vez eu for feliz e proceder bem, eu devo ao seu exemplo.

Ele começou a chorar.

– Eu devo ao seu exemplo, porque o senhor me ensinou dignidade. O senhor sempre foi muito austero, o senhor sempre foi muito carrancudo, muito calado, muito quieto. E eu aprendi com o senhor a viver dignamente.

– E Deus me abençoará, meu filho?

– Já abençoou! Porque o senhor cumpriu com o seu dever. Educou 13 filhos. É um homem extraordinário.

Ele então desencarnou, suavemente.

Logo que ele adquiriu consciência no astral, eu estava proferindo uma conferência numa cidade de Santa Catarina, na Ilha de São Francisco, em um auditório do Sesi. E havia um mezanino ao fundo. Eu falava, entusiasmado, e, quando olhei naquela direção, ele estava lá. Ele estava me olhando e rindo. Os olhos brilhantes. Eu chamei:

– Pai!

– Estou acompanhando, meu filho.

Para o meu pai a coisa mais notável do mundo era um orador. Ele não entendia nada, mas adorava. Naquele tempo, na minha terra, era um costume muito elegante, enquanto o orador falava, alguém gritar:

– APOIADO!!!

Ou não apoiado. O que era um escândalo. E ele sempre ia àqueles discursos políticos em praça pública e me levava pela mão. Ele gritava "APOIADO!", e me pedia para repetir. E eu, mesmo não sabendo o que era, gritava.

Quando me tornei espírita, comecei a fazer pequenas palestras em nossa casa. Ele sempre se sentava na primeira fila. Adorava falar alto, fazer gestos e dizia: "Isso é que é orador!" Quando eu me empolgava então, ele se chegava para a pessoa do lado e dizia com orgulho: "É meu filho!". E eu ia ficando constrangido, porque às vezes havia pessoas desconhecidas. Então eu pedia:

– Pai, não diga isso!

– E você tem vergonha de ser meu filho?

– Não. É que as pessoas não entendem...

– Que elas não entendam. Mas ficam sabendo que você é meu filho.

Então, eu precisei passar a controlar quem se sentava perto dele. Dava sempre um jeito de ser alguém que já sabia que eu era filho dele. Quando eu me entusiasmava e ele falava sua famosa frase, a pessoa respondia:

– Eu sei, seu Francisco. Ele é o seu filho.

– Ah!

Aí ele ficava satisfeito.

Pois ele agora estava no além. E eu me comovi e quase entalei. E ele disse: "GRITE!" E eu dei um grande berro. E ele então repetiu mais uma vez:

– É meu filho!

Então percebam quanto vale nós amarmos ao nosso pai e à nossa mãe, mesmo que eles sejam bastante difíceis.

INFELICIDADE NA REENCARNAÇÃO

255 - O que você poderia dizer para quem não está feliz com a atual reencarnação?

Divaldo: Diria que a felicidade não é aceitar ou não as imposições da vida. A felicidade reside em entender as posturas da vida. Se nesse momento há dificuldades, desafios, problemas, e a pessoa se encontra insatisfeita com a própria existência, não iremos recomendar aquela resignação parasitária, a resignação em que o indivíduo se entrega. Recomendaríamos, sim, a resignação dinâmica, a ação nobilitante, a prática do bem, insistir na transformação moral interior, porque não estamos na Terra para sofrer, estamos na Terra para evoluir. A dor não tem apenas um caráter punitivo, ela tem o caráter também de transformação moral. Existe uma linda página de *O Evangelho Segundo o Espiritismo* na qual uma entidade diz: "Bendito o aguilhão da dor". Desse modo, o indivíduo que não está satisfeito com as circunstâncias hoje, com certeza se semear o bem estará muito mais feliz amanhã.

Para receber informações sobre nossos lançamentos, títulos e autores, bem como enviar seus comentários, utilize nossas mídias:

intelitera.com.br
atendimento@intelitera.com.br
youtube.com/inteliteraeditora
instagram.com/intelitera
facebook.com/intelitera

Esta edição foi impressa pela Lis Gráfica e Editora no formato 160 x 230mm. Os papéis utilizados foram o papel Hylte Pocket Creamy 60g/m² para o miolo e o papel Cartão Ningbo Fold 250g/m² para a capa. O texto principal foi composto com a fonte Sabon LT Std 12/17 e os títulos com a fonte Montserrat 26/30.